中共安徽省委党校（安徽行政学院）资助出版

新时代城市贫困治理的基本经济制度保障研究

樊如茵◎著

中央党校出版集团
国家行政学院出版社
NATIONAL ACADEMY OF GOVERNANCE PRESS

图书在版编目（CIP）数据

新时代城市贫困治理的基本经济制度保障研究 / 樊
如茵著 . —北京：国家行政学院出版社，2023.11
ISBN 978-7-5150-2854-5

Ⅰ.①新… Ⅱ.①樊… Ⅲ.①城市—贫困问题—研究
—中国 Ⅳ.①D632.1

中国国家版本馆 CIP 数据核字（2023）第 230981 号

书　　名	新时代城市贫困治理的基本经济制度保障研究
	XINSHIDAI CHENGSHI PINKUN ZHILI DE JIBEN JINGJI ZHIDU BAOZHANG YANJIU
作　　者	樊如茵 著
统筹策划	陈　科
责任编辑	陆　夏　宋颖倩
责任校对	许海利
责任印制	吴　霞
出版发行	国家行政学院出版社
	（北京市海淀区长春桥路 6 号　100089）
综 合 办	（010）68928887
发 行 部	（010）68928866
经　　销	新华书店
印　　刷	中煤（北京）印务有限公司
版　　次	2023 年 11 月北京第 1 版
印　　次	2023 年 11 月北京第 1 次印刷
开　　本	170 毫米×240 毫米　16 开
印　　张	14
字　　数	194 千字
定　　价	49.00 元

本书如有印装问题，可联系调换，联系电话：（010）68929022

前 言 Preface

　　贫困问题是一个全球性的挑战，减少甚至消除贫困是世界各国面临的主要问题之一。随着我国反贫困斗争的深入和突破，农村的反贫困斗争取得了全面胜利。我国的反贫困事业还包括城市的反贫困斗争，随着城乡融合发展的不断推进和城市结构的转型，城市贫困治理将成为我国下一个重要的扶贫工作方向。党的十八大明确要求，"要把制度建设摆在突出位置"。党的十九届四中全会明确提出要"建立解决相对贫困的长效机制""要抓紧制定国家治理体系和治理能力现代化急需的制度、满足人民对美好生活新期待必备的制度"。以此为标志，必将进入城市贫困治理的制度化建设阶段。同时，党的十九届四中全会实现了对社会主义基本经济制度科学内涵的重大创新，即在坚持公有制为主体、多种所有制经济共同发展基本经济制度的基础上，又把按劳分配为主体、多种分配方式并存和社会主义市场经济体制等上升为基本经济制度。立足新时代，通过发挥"三个层面"的基本经济制度的共同作用，有助于推动城市贫困的有效治理。

　　城市贫困治理的理论发展，经历了马克思恩格斯关于无产阶级贫困的理论、列宁反贫困思想，以及中国共产党人在继承和发展马克思主义理论的基础上形成的一系列关于解决贫困问题的理论与探索。这些宝贵的理论成果构成了城市贫困治理的理论基石。同时，城市贫困治理与基本经济制度有着密切的联系。一方面，基本经济制度是城市贫困治理的重要保障；

另一方面，城市贫困治理是坚持和完善基本经济制度的必然要求。

回溯历史，改革开放和社会主义现代化建设新时期我国城市贫困治理的基本经济制度保障实践经过了改革开放初期、市场经济初期和新世纪新阶段三个发展阶段。在这一时期，党和政府在完善我国城市贫困治理的基本经济制度保障的过程中取得了一系列成就：城市低保人数稳定之后逐步减少，城市贫困人口生活水平不断提升，城市贫困人口保障制度不断完善。在此过程中，党和政府不断地总结、探索和创新，逐步形成了完善城市贫困治理基本经济制度保障的宝贵经验：一是坚持"发展中治理"的实践逻辑；二是坚持进行渐进式改革；三是坚持从"政府包揽"走向"多元共治"；四是坚持探索立足城市贫困实践的变革创新。中国特色社会主义新时代背景下，我们必须继续秉承这些经验原则，不断推动城市贫困治理。

立足中国特色社会主义新时代，推进城市贫困治理是解决新时代我国社会主要矛盾的客观需要，是保证经济健康持续发展和维护社会稳定的现实需要，是推进城市治理体系和治理能力现代化的应有之义，是进一步消除贫困、实现共同富裕的必由之路。与此同时，用发展解决贫困问题的理念深入人心，国家治理能力和水平大幅度提升，社会主义基本经济制度呈现出更加明显的优势，城市贫困人口获得感显著提升，这些都为新时代推进城市贫困治理创造了有利条件。然而，随着经济社会转型、新型城镇化和城乡一体化建设的大力推进，我国城市贫困问题又有了新的表现：一是城市贫富差距依然严峻；二是阶层固化趋势日益凸显；三是城市流动人口贫困突出；四是贫困聚集现象依旧明显。究其原因主要是社会主义基本经济制度的巨大优势未能转化为城市贫困治理效能。因此，我们必须坚持和完善社会主义基本经济制度，不断推进城市贫困治理：一是坚持"两个毫不动摇"，进一步将社会责任和企业效率提高相结合，为城市贫困治理提供强大的经济保障；二是坚持和完善分配制度，注重解决好城市贫困人口获取权利的机会和渠道不足问题，强化城市贫困人口权利保障；三是坚持和完善社会主义市场经济体制，既要实施高标准市场体系建设行动，充分发挥市场在资源配置中的决定性作用，又要转变政府职能，使市场经济的发展更好地服务于全体人民的共同利益，从而为城市治贫提供动力保障。通过坚持和完善中国特色社会主义基本经济制度，加大制度层面上改革创新的力度，切实把基本经济制度优势更好转化为城市贫困治理效能，消除各种束缚和制约城市贫困人口生存和发展的制度性障碍。

我国地域广阔，人口众多，贫困依然是未来相当长一段时间内需要关注和着力解决的关键问题之一。站在新的历史方位上，关于贫困的研究已经开始更多转向相对贫困治理，但无论是与相对贫困密切相关的贫困标准还是相关体制机制，在很多方面都有待深入研究。尤其是在我国脱贫攻坚战取得全面胜利，完成了消除绝对贫困的艰巨任务的背景下，将会有更多更为复杂的贫困问题出现，关于城市贫困治理的基本经济制度保障研究仍存在很多尚未被攻克的课题。例如，如何发挥社会主义基本经济制度的显著优势，进一步提高城市贫困人口的收入增长及消费预期、建立城乡统筹的社会保障制度等。

希望本书对关于城市贫困治理的基本经济制度保障研究起到抛砖引玉的作用，期待更多的研究人员投入到城市贫困治理的基本经济制度保障研究领域中来。相信随着社会主义基本经济制度的不断完善，我国政府一定会解决好城市贫困人口所面临的种种困难，使全体社会成员共享发展成果，过上体面的、有尊严的幸福生活。

目 录 Contents

绪　论

|第一节|　研究背景和意义

一、研究背景

贫困以及消除贫困问题一直以来都是世界各国十分重视并不断攻关的重大课题。20世纪90年代之前，由于广大农村地区处在贫困境况中的人口比重较高，中国贫困问题一般被认为是农村现象。改革开放40多年来，我国城市经济与城市居民的平均收入水平取得显著提升，然而城市贫困问题却并未随着经济的提档增速而有所释缓，相反呈现明显加重的趋势。

随着我国反贫困斗争的深入开展和突破，农村贫困人口全部脱贫，脱贫攻坚战取得了全面胜利。中国共产党领导的反贫困斗争为世界反贫困事业作出了重大贡献。目前，在反贫困斗争的理论与实践上，对农村扶贫脱贫的关注较多，甚至可以说，农村的反贫困是中国反贫困斗争的关键。但我国的反贫困事业还包括城市的反贫困斗争，随着城乡融合发展的不断推进和城市结构的转型，城市贫困治理将成为我国下一个重要的扶贫工作方向。另外，党的十九大报告对当前我国社会主要矛盾进行了重新研判，表明由不平衡不充分所导致的相对贫困将长期存在。以全面建成小康社会后的新标准衡量，又会产生新的相对贫困人口，并且在经济结构转型升级和新型城镇化加速推进下，贫困问题不会再固化于农村范围，随着大规模、长时间的人口流动，贫困问题将更多体现为城市贫困。目前，随着我国国民经济的高质量平稳发展以及城市大范围社会救助等反贫困实践的探索，城市贫困问题已然不同昔日，之前难以维持基本生存条件的贫困问题得以缓解。但是，这并不意味城市贫困问题的全面消除，相反在城市仍有较大比重的群体处于生活困难行列。2017—2019年寒暑假期间，笔者在导师的带领下，和课题组其他成员在赴新疆、湖北、贵州、山东、江苏等地开展"访贫问困"的调研活动中，与不同地区城市的下岗职工、进城农民工、城市"蚁族""漂族"等群体就家庭生活、工资收入、子女状况进行交谈，发现在城市的高楼大厦之下，仍然生活着一部分生活困难的城市居民。尽管这类群体吃穿不愁，但从物质基础、文娱生活等方面来看，仍然同城市常规生活水平有一定的差距，并且在实现社会参与以及自身发展等层面还有较大困难。习近平总书记一再强调"全面小康路上不能忘记每一个民族、每一个家庭"，"小康路上一个都不能少"。在全面建设社会主义现代化国家的道路上，也不能让一个农村和城市贫困人口掉队。在脱贫攻坚战决胜之后，我们应高度重视和关注城市贫困问题，直面高楼大厦下的城市贫困群体。

党的十八大明确要求，"要把制度建设摆在突出位置"。党的十九届四中全会明确提出要"建立解决相对贫困的长效机制""要抓紧制定国家治理体系和治理能力现代化急需的制度、满足人民对美好生活新期待必备的制度"。这一方面意味着我国贫困治理的对象从关注既有贫困群体向关注更广泛贫困群体的转型升级，另一方面意味着全面建成小康社会后，要通过建立相应的扶贫制度，形成以治理制度化为支撑的长效机制，更加持续全面地反贫困。以此为标志，城市贫困治理必将迎来新的制度化建设阶段。城市贫困人口庞大而多元的需求，对我国社会福利、救助、疏导、支持等制度和体系提出了更多、更高的要求。社会主义基本经济制度是我国社会主义性质在经济领域的根本表现，在我国经济社会发展和社会主义现代化建设中具有基础性、决定性作用。党的十九届四中全会实现了对社会主义基本经济制度科学内涵的重大创新。新时代通过发挥"三个层面"的基本经济制度的共同作用，坚持"两个毫不动摇"，激发各类市场主体的活力；通过充分发挥社会主义分配制度优势，调动劳动者参与生产经营的积极性；通过充分发挥社会主义市场经济体制优势，确保市场机制有效和宏观调控有度，有助于推动城市贫困的有效治理。

二、研究意义

党的十八大以来，我国扶贫工作扎实推进并取得决定性进展。在基本解决农村贫困问题的同时，我国还有一定规模的城市贫困人口。城市贫困由于其致贫原因的多维性与隐匿性常被人们忽视，这不仅有悖于全体人民共同富裕的终极目标，也无益于经济的健康持续发展和社会的和谐稳定。同时，纵观理论界对贫困理论的研究，大多是关于农村贫困问题的研究，尚未形成系统的城市贫困问题的理论，政策指导也明显滞后。本文立足当前我国城市普遍存在的一些共性贫困问题，试图从"三位一体"社会主义基本经济制度功能和作用发挥的角度，探讨新时代城市贫困治理的基本经济制度保障问题，构建中国城市贫困治理的基本思路和基本框架，这不仅具有重要的理论意义，而且具有宝贵的实践意义，特别是在协调推进全面建设社会主义现代化强国的大背景下显得尤为紧迫与重要。

（一）理论意义

自 20 世纪 90 年代城市贫困问题出现后，众学者从制度视角对城市贫困问题进行研究，产出了累累硕果。但这些研究多是从某个或者某几个具体制度层面进行的，同时，在已有研究中对基本经济制度与城市贫困治理的关系处理方面的研究还不到位，具体改革制度中的哪些因素，从而形成统一规范的制度安排，以更好地解决城市贫困问题，在这方面还有很大研究空间。因此，从基本经济制度的视角来系统总结我国城市贫困治理的制度建设经验，重新审视城市贫困治理的历史和现实，并针对社会主义基本经济制度的巨大优势未能转化为城市贫困治理效能这一重大现实问题，从所有制结构、分配制度、市场经济体制三个维度深入探讨新时代完善城市贫困治理的基本经济制度保障路径，必将丰富关于城市贫困问题的理论研究。此外，城市贫困具有明显的相对性和多维性，具备我国实现全面小康之后扶贫工作的很多新特点，因此对其进行研究还具有一定的理论前瞻性，有利于为新时代我国城市贫困治理制度创新提供理论支撑。

（二）现实意义

第一，有利于保证宏观经济的协调发展。近年来，一些行业出现产能过剩，这可能会导致企业利润下降，城市失业率上升，消费者需求下降。为确保总供给和总需求之间的平衡，避免"生产过剩危机"，通过贫困救助等手段提高城市低收入阶层的消费能力是当务之急。因此，对解决城市贫困问题的基本经济制度保障进行研究，建立健全覆盖全面的社会保障制度，有助于扩大内需，保证宏观经济稳定协调地发展。

第二，有利于实现社会和谐稳定和国家长治久安。目前，我国社会主要矛盾已经转化，这一矛盾将导致相对贫困长期存在。而城市贫困规模的扩大或加深，容易导致城市中相对稳定贫困者阶层的出现，从而破坏原有的分层结构和体系，其结果一般是整个社会的不平衡加剧。而破解城市贫困难题，减少相对贫困群体规模，推动"橄榄型"社会结构的形成，有助于推动整个社会稳定、有序、健康、和谐发展。

第三，有利于实现社会公平正义。制度是公平的起点，本文通过探讨城市贫困治理的基本经济制度建设，以前瞻性视角对当前我国城市贫困治理中基本经济制度保障的减贫效果进行再评估，提出建构和完善保障社会各阶层的权利公平、机会公平的社会保障、收入分配等制度的具体路径，对于进一步完善我国扶贫政策和社会保障体系，防止社会不平等加剧和社会极化现象，促进社会公平正义，有着极为重要的现实意义。

第四，有利于推进城市反贫困行动。城市反贫困实践是以政府为治理主体，针对城市特定贫困群体和地区，从贫困的多维表现形式出发，采取适当措施和行动，减少、减轻和最终消除贫穷的公共治理行为。本文从基本经济制度视角提出城市反贫困行动举措，是对我国脱贫攻坚战的有力响应，对进一步推进城市反贫困行动具有重要意义。

第五，有利于扎实推进共同富裕和促进人的全面发展。党的十九届五中全会在改善人民生活品质部分突出强调了"扎实推动共同富裕"，表明我们党致力于进一步解决相对贫困问题的坚定决心。党的二十大报告强调"着力促进全体人民共同富裕，坚决防止两极分化"。对城市贫困治理基本经济制度保障问题的研究，既有利于巩固拓展脱贫攻坚成果，改善人民生活品质；又有利于在政策导向上稳步推进共同富裕。随着城市贫困问题的逐步解决，全体人民共同富裕必将取得更为明显的实质性进展。

第六，有利于完善贫困治理制度体系，促进贫困治理能力提升。随着贫困治理的不断深入，制度性贫困日益凸显。在城市贫困方面，主要表现为社会保障的碎片化特征、分配领域制度和相关政策建设不完善的现象等。面对上述问题，通过总结改革开放和社会主义现代化建设新时期城市贫困治理的基本经济制度保障的经验，在所有制结构、分配制度、经济体制等方面进行制度创新，逐步实现城市贫困治理从"政策治贫"到"制度治贫"的规范化转变，有利于推进我国城市贫困治理的制度创新，提升贫困治理的能力。

|第二节| 国内外研究综述

一、国内研究综述

一直以来，解决贫困问题，谋求全体人民的共同富裕始终彰显中国共产党执政的坚定初心。特别是为实现第一个百年奋斗目标，全社会对农村扶贫问题日益重视，并取得了丰硕的研究成果。但值得注意的是，随着我国农村绝对贫困问题的基本消除，城市贫困问题开始受到学界的广泛关注。纵观既有研究成果，就城市贫困问题，学者们主要从"城市贫困的基本属性""城市贫困治理""新时代城市贫困问题""新时代城市贫困的基本经济制度成因"等方面展开了多学科多角度的深入研究，形成了一批具有代表性的观点，为本书的研究提供了十分有益的借鉴和参考。

（一）关于贫困的研究

第一，关于贫困内涵的研究。无论研究何种贫困问题，贫困的定义都是至关重要的。从本质上讲，贫困是一个不断变化和发展的概念，随着经济社会的发展，人们关于贫困的认识与理解也会相应地变化和发展。因此，在不同时代、阶段和条件下，贫困会有不同的内涵。20 世纪 90 年代，由于我国经济文化水平较低，学者们多从物质生活资料的匮乏程度来定义贫困。国家统计局以物质生活困难这一标准来界定贫困，具体而言，"即一个人或一个家庭的生活水平达不到一种社会可接受的最低标准"[①]。张宏性等认为，低于一个客观且确定的绝对最小值即为贫困；低于社会中的其他一部分人为贫困；自我感觉日常生活需要不满足者为贫困。[②] 随着学术界对于贫困这一现象的深入认识，贫困的内涵与外延持续拓展，国内的部分专家、学者开始从个人能力、受教育水平、政治权利等方面探讨贫困的内涵。吴忠民认为仅从物质生活的窘迫来谈贫困是不全面的，所谓贫困主要是社会成员发展机会和发展能力的缺乏所导致的生活水准低下。[③] 乌德

---

① 国家统计局《中国城镇居民贫困问题研究》课题组. 中国城镇居民贫困问题研究 [J]. 统计研究，1991 (6)：12 - 18.

② 奥迪·海根纳斯，克拉斯·德沃斯，张宏性. 贫困的定义及测定 [J]. 统计研究，1991 (2)：77 - 80.

③ 吴忠民. 贫困问题与当代中国的贫困 [J]. 文史哲，1999 (6)：97 - 102.

亚·瓦格尔、刘亚秋认为贫困的内涵可以整合能力、权利、经济状况与社会排斥等指标来加以界定。① 檀学文、李成贵则将脆弱性纳入贫困定义和减贫战略。② 王文略等从风险与机会的视角对贫困展开再定义，认为单纯考虑经济收入因素缺乏解释力，应该从权利、能力、脆弱性以及社会排斥度等多个方面重新定义贫困。③

综上所述，学界关于贫困内涵的定义视角出现了从"客观"到"主观"的延展，逐渐从一维物质性层面的经济概念过渡和转变到教育、文化、权利、精神、能力、脆弱性等非物质层面的多维定义，实现了由单维收入贫困向多维福利贫困的变迁，也正是这两种趋势的重叠才催生主观贫困概念。④ 值得注意的是，由最初物质层面的收入贫困到能力贫困再到最近的权利贫困，贫困内涵不断拓宽，但这些内涵之间是存在相互补充以及替代的作用的，并非彼此冲突的，实质上就是匮乏内容的延伸。⑤

第二，关于绝对贫困与相对贫困的研究。绝对贫困和相对贫困，是目前学术界较为通行的贫困分类，并在实践中被广泛采纳运用。绝对贫困作为贫困状态的一种，它低于维持身体正常活动的最低指标，一般而言，这种指标仅包括不能购买最低层次需求的物品来维持身体健康。一直以来，国内关于绝对贫困的定义大多以经济学视角为切入点进行分析。国家统计局农村社会经济调查总队即从物质层面着眼，把绝对贫困定义为个人、家庭无法靠其全部合法收入维持基本生存需求的一种状态。⑥ 随着我国人均

① 乌德亚·瓦格尔，刘亚秋. 贫困再思考：定义和衡量 [J]. 国际社会科学杂志（中文版），2003 (1)：146-155.

② 檀学文，李成贵. 贫困的经济脆弱性与减贫战略述评 [J]. 中国农村观察，2010 (5)：85-96.

③ 王文略，毛谦谦，余劲. 基于风险与机会视角的贫困再定义 [J]. 中国人口·资源与环境，2015，25 (12)：147-153.

④ 左停，杨雨鑫. 重塑贫困认知：主观贫困研究框架及其对当前中国反贫困的启示 [J]. 贵州社会科学，2013 (9)：43-49.

⑤ 郭熙保. 论贫困概念的内涵 [J]. 山东社会科学，2005 (12)：49-54+19.

⑥ 《中国农村贫困标准》课题组. 中国农村贫困标准研究 [J]. 统计研究，1990 (6)：37-42.

收入的增加和分配不平等的加剧，带有普遍性的绝对贫困渐进式地演变为一部分人的相对贫困。因此，相对贫困逐步代替绝对贫困成为社会关注的焦点。从已有的文献来看，学术界主要是从经济、文化、社会、心理等不同层面对相对贫困展开解释。朱登兴、安树伟等认为，相对贫困就是尽管经济收入可以维持基本生活需要，但同社会平均生活水平比较，仍处于较低的生活水准。[①] 王卓主要从社会心理角度定义相对贫困，认为相对贫困包含着更高层次的社会心理需要，是一种经济落后的比较和心理落差。[②] 郭熙保、罗知认为，相对贫困代表的是一种社会形式的剥夺，大体包括无权无势、脆弱性、无尊严、无话语权和无自主权利等。[③] 近期具有代表性的观点有凌经球、蔡昉等。凌经球指出，相对贫困就其本质是一种发展型贫困，是指部分家庭或者个人因为公共服务或分配差距的差别而造成的福利水平低于全社会平均水平的一种贫困。[④] 蔡昉将相对贫困与贫困标准联系在一起，认为相对贫困是随着扶贫脱贫的标准变动而产生的一种生活困难现象。[⑤]

可见，学术界初期的研究认为相对贫困是以收入、消费以及福利等来衡量经济福利的方式。随着研究的整体深入，学术界更多地强调其是一种无发言权、脆弱性、社会排斥等社会层面的"相对剥夺感"。

第三，关于贫困、绝对贫困与相对贫困标准的研究。首先，关于贫困与绝对贫困标准的划定，学术界有着较为统一的观点。国家统计局农村社会经济调查总队指出，既然贫困是指依靠劳动所得以及其他合法性收入无法维持基本的生存需要，那么贫困标准就是计算和测量这种基本生存需要

---

① 朱登兴, 安树伟. 中国农村贫困问题与城镇贫困问题比较研究 [J]. 当代财经, 2001 (9): 20 - 23.

② 王卓. 中国现阶段的贫困特征 [J]. 经济学家, 2000 (2): 80 - 84.

③ 郭熙保, 罗知. 论贫困概念的演进 [J]. 江西社会科学, 2005 (11): 38 - 43.

④ 凌经球. 乡村振兴战略背景下中国贫困治理战略转型探析 [J]. 中央民族大学学报 (哲学社会科学版), 2019 (3): 5 - 14.

⑤ 蔡昉. 探讨脱贫攻坚战略的 "未来升级版" [N]. 经济日报, 2020 - 01 - 08 (11).

量的界线与尺度。① 杨叶基于绝对贫困的定义，利用营养法和基本需求法测度贫困。② 童星等对我国农村贫困标准线问题作了详细研究，经过一系列测算指出，1 口之家的温饱线（贫困线）为 314 元；2～3 口之家的温饱线（贫困线）为 344 元；4～5 口之家的温饱线（贫困线）为 350 元；6 口及 6 口以上之家的温饱线（贫困线）为 340 元。③ 曲圣洁基于经济发展对贫困的改善，选取摄入能量、寿命、入学率、收入等 13 个指标，认为求出各指标的派生指数可以更好地衡量贫困程度。④ 随着对贫困内涵认识的不断深入，学界意识到贫困不仅表现在收入以及由此形成的消费方面，同时也表现在健康、获得洁净资源、寿命等方面，贫困的度量逐渐趋于多维。池振合、杨宜勇研究了绝对贫困线、相对贫困线、主观贫困线以及其他贫困线测定的方法。⑤ 张晓妮、张雪梅、吕开宇、张崇尚则基于营养视角来评测农村贫困线，提出要以居民食物消费结构和非食物消费结构的变化为出发点，确定农村贫困线。⑥ 其次，相对贫困标准问题近年来也成为学术界讨论的热点。总的来说，国内文献对相对贫困线的确定方式有不同的看法。其一，关于相对贫困线应该设置的标准高度，学者持不同观点。张青提出将相对贫困线设定在社会平均收入的 30％～40％之间。⑦ 陈宗胜等提出将农村人均纯收入的 40％～50％作为相对贫困线。⑧ 其二，相对贫困标准的计算依据各不相同。以建议将某一基数的 50％定为相对贫困线为例，张立冬等建议收入中位数为相对贫困标准设定的基数。⑨ 王朝明、姚

① 《中国农村贫困标准》课题组．中国农村贫困标准研究 [J]．统计研究，1990（6）：37 - 42.

② 杨叶．贫困程度的测量 [J]．中国统计，1991（10）：31 - 32.

③ 童星，林闽钢．我国农村贫困标准线研究 [J]．中国社会科学，1994（3）：86 - 98.

④ 曲圣洁．测定贫困程度的综合评价法 [J]．统计与咨询，1995（1）：25 - 27.

⑤ 池振合，杨宜勇．贫困线研究综述 [J]．经济理论与经济管理，2012（7）：56 - 64.

⑥ 张晓妮，张雪梅，吕开宇，张崇尚．我国农村贫困线的测定：基于营养视角的方法 [J]．农业经济问题，2014，35（11）：58 - 64＋111.

⑦ 张青．相对贫困标准及相对贫困人口比率 [J]．统计与决策，2012（6）：87 - 88.

⑧ 陈宗胜，沈扬扬，周云波．中国农村贫困状况的绝对与相对变动：兼论相对贫困线的设定 [J]．管理世界，2013（1）：67 - 75＋77＋76＋187 - 188.

⑨ 张立冬，李岳云，潘辉．收入流动性与贫困的动态发展：基于中国农村的经验分析 [J]．农业经济问题，2009，30（6）：73 - 80＋112.

毅建议当期可比收入的中位数为相对贫困标准设定的基数。[1] 程永宏、高庆昆、张翼则建议人均收入这一基数。[2]

总结来看，上述相对贫困线的基本设置方式与国际标准做法类似。

（二）关于贫困治理的研究

根据已有的研究成果可以发现，随着绝对贫困问题的全面消除，学界一致转向相对贫困问题的研究，从多个角度考虑并提出了解决相对贫困的措施与政策建议，具有很强的学理价值和实践参考意义。宋敏等指出，百年来中国共产党关于贫困治理的战略演进大体沿着"特色救灾扶贫""广义救济式扶贫""制度性扶贫""开发式扶贫""综合性扶贫""整村推进和'两轮驱动'""精准扶贫"路线展开。[3] 侯守杰在总结后小康时代相对贫困治理存在问题的基础上，提出：一是要构建起贫困治理政策转型的衔接机制，二是要注重促成外部力量与内生动力互动整合，三是要建立包括组织、社会、法制、人力、资金在内的多重保障机制，四是要健全贫困地区的人文发展机制。[4] 王太明、王丹认为随着绝对贫困问题的历史性解决，我国已经进入后脱贫时代，要进一步解决好相对贫困问题，就要坚持兜底脱贫与发展脱贫齐头并进，要加强民生保障以促进城乡一体化建设，要统筹实施精神脱贫以及代际脱贫。[5] 王国敏、侯守杰指出，相对贫困作为我国乃至世界长期的减贫任务，建立健全长效治理机制至关重要，具体包括转型衔接机制、内生动力机制、多重保障机制和人文发展机制。[6] 姜安印、

---

① 王朝明，姚毅. 中国城乡贫困动态演化的实证研究：1990—2005 年 [J]. 数量经济技术经济研究，2010，27（3）：3-15.

② 程永宏，高庆昆，张翼. 改革以来中国贫困指数的测度与分析 [J]. 当代经济研究，2013（6）：26-32+93.

③ 宋敏，金博，李秄颥，高旭红. 从贫穷到富裕：建党百年来我国贫困治理的庄严承诺与路径探索 [J]. 西安财经大学学报，2021，34（2）：56-63.

④ 侯守杰. 后小康时代的相对贫困治理 [J]. 西北农林科技大学学报（社会科学版），2021，21（2）：36-42.

⑤ 王太明，王丹. 后脱贫时代相对贫困的类型划分及治理机制 [J]. 求实，2021（2）：51-69+111.

⑥ 王国敏，侯守杰. 后小康时代中国相对贫困的特征、难点、标准识别及应对之策 [J]. 内蒙古社会科学，2021，42（2）：106-113+213.

陈卫强在总结了贫困时代转换的证据和阶段性特征后，构思了后脱贫时代贫困治理的路径，具体包括抢抓特色产业发展机遇、强化贫困群体行为能力的适应性培育、充分发挥巢状市场平台功能和深度释放生态保护红利。[①]王元聪、刘秀兰从四川藏族、彝族地区相对贫困绿色治理的视角切入，提出首先要根据生态资本增殖逻辑来加速助力减贫发展，其次要深入挖掘地区文化资源来不断彰显藏族、彝族民族化的特色优势，再次要统筹地区外对口支援并打造绿色产业减贫府际协作的大格局，最后要动态调适绿色绩效考核指标与体系，健全优化绿色减贫奖惩的机制。[②]杜庆昊认为当前我国已经进入相对贫困治理阶段，应该从以下几个方面构建巩固脱贫成效以及有效解决相对贫困问题的治理机制。具体而言，一是探索解决深度贫困地区摆脱贫困的系列帮扶机制，二是建立健全保障相对贫困人口日常生活的基础性机制，三是建立健全帮助相对贫困人口更好发展的内生性机制，四是建立健全一体化解决城乡贫困难题的统筹机制，五是建立健全标准严格的相对贫困人口退出、返贫以及致贫的治理机制。[③]

（三）关于城市贫困问题的研究

第一，城市贫困的内涵。与贫困概念一样，城市贫困概念是一个不断变化的概念，目前理论研究者与实践部门还未达成共识。20 世纪 90 年代，由于我国物质文化水平较低，学者们主要用物质生活资料的缺乏来定义城市贫困。随着我国国民经济的持续快速发展，城市贫困群体日益多元化，城市贫困的内涵和外延也在不断拓展。一部分学者认为城市贫困是一种社会贫困。如何慧超立足可行能力，指出城市贫困不仅表现为低收入，而且表现为就业、教育、医疗、社会保障等方面的排斥和剥夺。[④]唐丽萍、曹

---

① 姜安印，陈卫强．贫困时代转换的经验证据、特征研判及路径选择［J］．经济学家，2021（3）：63－70．

② 王元聪，刘秀兰．相对贫困绿色治理：逻辑、困境及路径：以四川藏彝民族地区为例［J］．民族学刊，2021，12（2）：61－67＋99．

③ 杜庆昊．中国贫困治理演进逻辑与相对贫困治理机制［J］．理论视野，2021（2）：75－80．

④ 何慧超．中国城市贫困与治理：基于可行能力的视角［J］．学习与实践，2008（2）：122－129．

君君从表象视角解释了城市贫困，认为城市贫困就是因城市中就业、教育、医疗和低收入等原因所导致的人们基本生活难以满足的一种城市现象。① 还有一部分学者从贫困的相对性角度定义了城市贫困，如王錤提出，随着我国精准脱贫目标的逐步实现，接下来的扶贫工作需要从农村向城市、绝对贫困向相对贫困转变，需要以相对贫困来理解城市贫困。② 还有学者根据产生城市贫困的原因来定义城市贫困，如罗玉辉、侯亚景认为城市贫困是由于社会结构转型、经济体制转轨、经济产业结构调整和国有企业改革等原因而产生的贫困现象。③

可见，研究初期大部分是从收入、消费等经济指标来定义城市贫困的，此后城市贫困也作为社会贫困的一种表现形式被提出，学界更多地强调其是城市贫困群众在政治、经济、社会和文化等多方面的不公平性。同时，从对城市贫困的定义也可以看出，城市贫困群体范围进一步考虑了我国的现实基础，城市中非农业户口的群体逐渐受到关注，彰显出城市贫困问题研究的科学性。随着城市贫困概念内涵和外延的不断拓宽，对于如何更好地界定城市贫困，缺乏更为详细的研究。

第二，城市贫困的测度方法。我国城市贫困的测量方法也经过了从一维到多维的转变历程。由于我国各地区经济发展水平差异较大，因此尚未形成统一的城市贫困衡量标准。目前"最低生活保障线"代表了我国各个城市"贫困线"的官方标准。早期大部分学者通常立足城市贫困人口基本生活需求构建贫困测量指标体系，以量化的方式计算贫困。国家统计局使用"马丁法"计算贫困线。曹艳春调查发现我国各省市的制定方法主要有抽样调查法、市场菜篮法、恩格尔系数法、收入比例法等。④ 唐钧提出了

---

① 唐丽萍，曹君君. 城市化背景下我国城市贫困问题研究 [J]. 甘肃理论学刊，2015（5）：113 - 117.

② 王錤. 以相对贫困来看城市贫困：理念辨析与中国实证 [J]. 北京社会科学，2019（7）：74 - 83.

③ 罗玉辉，侯亚景. 中国扶贫改革40年：过去、现在和未来 [J]. 宁夏社会科学，2019（5）：104 - 109.

④ 曹艳春. 我国城市居民最低生活保障标准的影响因素与效应研究 [J]. 当代经济科学，2007（2）：15 - 20＋124.

综合法。①

随着城市贫困的研究重点向相对贫困、多维贫困转移，越来越多的学者开始构建多维指标以进一步识别城市贫困，并以此展开实证研究。如张全红、周强通过 Alkire 和 Foster 提出的多维贫困测度方法，利用 CHNS1991—2011 年的数据，选取了教育、儿童和青少年生活条件、就业、健康、公共服务和生活条件等 5 个维度共 12 个指标，分析了当前我国多维贫困的广度、深度和强度。② 侯卉等通过模糊集方法，利用 CHNS2009 年的数据，选取了货币收入、住房、教育、健康保险、饮用水、电器资产、卫生设施等 7 个维度对我国分区域城镇的多维贫困进行了测量。③

总的来看，我国城市贫困测度指标体系逐渐摆脱了绝对贫困层面，反映人文关怀的指标比重明显增加，体现了我国城市贫困识别研究从单维向多维的研究趋势。但仍存在介绍和借用国外相关方法较多，未研究制定出一套被不同学科认可、能够体现符合我国贫困人群共同特征和内部差异的多维测量方法和指标体系等问题，这在一定程度上影响了城市贫困人口规模的测定和政府的扶贫力度。因此，弥补这方面的缺失，使城市贫困测量更具科学性和可操作性，仍是需要研究的重点问题。

第三，中国城市贫困人口的规模。目前，对中国城市贫困人口的统计仍存在底数不清、情况不明的问题。因此学界关于中国城市贫困人口规模的讨论由于估算标准不同也存在不同观点。唐钧认为，我国城市贫困人口的绝对数应该是处于 1500 万～3000 万人之间，并且这一观点得到了官方部门的支持。中国社科院社会学所朱庆芳估算我国城市贫困人口约有 3100 多万人。国家发展改革委社会发展研究所杨宜勇支持这一观点，并进一步指出这一估计可能还是保守的。亚洲开发银行"中国城市贫困问题研究"

① 唐钧. 确定中国城镇贫困线方法的探讨 [J]. 社会学研究, 1997 (2): 62-73.
② 张全红，周强. 中国贫困测度的多维方法和实证应用 [J]. 中国软科学, 2015 (7): 29-41.
③ 侯卉，王娜，王丹青. 中国城镇多维贫困的测度 [J]. 城市发展研究, 2012 (12): 123-128.

专家组依据市场菜篮法和热量支出法测量了各省的最低生活保障标准，算出全国的贫困者为 1480 万人。[①] 骆祚炎根据扩展线性支出系统（ELES）分析方法计算出贫困发生率，以此为依据计算出 2000—2004 年我国城镇贫困人口分别为 2295 万人、2883 万人、3766 万人、3912 万人、4071 万人。[②] 吴鹏森依据低保线和贫困救助率测算得出我国城市贫困人口规模达 3500 万～4500 万人。[③] 蒋贵凰、宋迎昌在此基础上，根据低保线和比例法，进一步估算得出我国东部、中部、西部、东北地区城镇贫困人口分别约为 756 万人、1657 万人、1717 万人、845 万人。[④]

目前由于缺乏统一标准，我国城市贫困人口的具体规模还难以获得一个权威而准确的答案，这是我国推进城市贫困治理的一大阻碍。但毋庸置疑的是，与城市贫困的斗争仍是一项特别艰难的任务。

（四）关于完善制度保障以治理城市贫困的基本思路研究

洪大用主要从扶持企业到直接救助贫困人口、从道义性扶贫到制度性扶贫、从救助制度分立到救助制度整合、从基本生活救助到综合救助、从消极救助取向到积极开发取向、从依托单位体制到重视社区作用等出发，提出了进一步完善城市扶贫政策的基本思路，包括考虑政策的长期性、注重扶贫政策创新、大力完善社会保障体系、进一步完善城市居民最低生活保障制度和坚持以促进就业为导向的经济发展等。[⑤] 经过多年的积累和城市贫困的演进，学界关于完善我国城市贫困制度保障的基本思路又呈现出新动态。如范逢春建议解决城市贫困问题，应秉持公平正义的价值观，构建多元主体合作共治的城市新贫困治理制度体系，同时还要以解决就业为

---

① 唐钧. 中国城市贫困与反贫困报告 [M]. 北京：华夏出版社，2003：17 - 18.
② 骆祚炎. 城镇化进程中的人口流动与城镇新增贫困人口问题分析 [J]. 人口与经济，2007（4）：46 - 51.
③ 吴鹏森. 中国城市贫困问题及其现代保障体系的建构 [J]. 南京师大学报（社会科学版），2008（2）：33 - 39.
④ 蒋贵凰，宋迎昌. 中国城市贫困状况分析及反贫困对策 [J]. 现代城市研究，2011（10）：8 - 13.
⑤ 洪大用. 试论改革以来的中国城市扶贫 [J]. 中国人民大学学报，2003（1）：9 - 16.

导向激发城市贫困群体的个体潜能。① 魏后凯、王宁提出未来解决中国的城市贫困问题，应结合我国城市贫困格局的新变化，探索形成城市反贫困长效机制，主要做法是建立科学的城市贫困标准和贫困检测指标体系，走参与式反贫困道路，在经济发展中反贫困，完善城镇社会保障制度，重视参与式规划，建立多元化反贫困机制等。② 杨帆等探讨了城市流动人口的贫困治理思路，提出近期应将流动人口真实纳入我国贫困救助范围，提升其可行能力；远期应将包括流动人口在内的所有贫困者纳入社会保障制度范畴。③

（五）关于改革开放以来中国治理城市贫困的制度保障成效研究

一是城市居民最低生活保障制度取得重大进展。周文明、谢圣远通过对我国城市低保制度发展的研究，发现近年来我国城市低保制度的覆盖面不断扩大，救助水平不断提高，救助机制不断创新、低保制度日益规范化法制化以及管理手段不断创新，在保障贫困群体基本生活方面发挥了重要作用。④ 郑志龙等认为，自我国提出城市居民最低生活保障"应保尽保"的目标后，我国低保人数基本维持在相对稳定的水平，2011 年起，我国低保人数逐渐下降，贫困发生率也逐年降低。⑤ 二是城市特殊贫困群体的需求不断得到满足。陈云认为，政府相继出台的保障房援助政策、大病医疗救助政策、就业培训与安置政策、贫困助学政策、临时救助政策等，进一步满足了贫困群体的多元化需求。⑥ 吴小芳以广州为例，认为广州市就业制度的设计和实施进一步扩展了城市贫困者的社会网络资本。⑦ 郑志龙等

---

① 范逢春. 城市新贫困：扶贫之困与治理之道 [J]. 理论探讨，2016（1）：156 - 161.
② 魏后凯，王宁. 参与式反贫困：中国城市贫困治理的方向 [J]. 江淮论坛，2013（5）：9 - 17.
③ 杨帆，庄天慧，王卓. 城市流动人口贫困识别与精准帮扶管理机制研究 [J]. 内蒙古社会科学（汉文版），2019（3）：51 - 57.
④ 周文明，谢圣远. 中国城镇居民最低生活保障制度的发展演进及政策评估 [J]. 广东社会科学，2016（2）：206 - 212.
⑤ 郑志龙等. 基于马克思主义的中国贫困治理制度分析 [M]. 北京：人民出版社，2015：290.
⑥ 陈云. 城市新贫困治理问题研究 [J]. 理论探索，2015（2）：94 - 98.
⑦ 吴小芳. 我国城市就业救助政策研究 [J]. 社会保障研究，2011（4）：67 - 77.

从财政支持层面分析认为，我国社会救助已实现综合化救助，满足了贫困群众的多元化救助需求。① 三是就业与收入分配制度日趋完善。朱汉国认为，伴随经济体制改革的推进，我国就业制度突破原有局限，社会就业方式日益多元化，城镇登记失业率长期处于较低水平，同时党和政府着力深化收入分配制度改革，城乡和区域收入差距持续缩小。②

（六）关于新时代中国治理城市贫困的研究

为认清新时代我国新城市贫困的具体形式以及导致其产生的制度成因，学者们对其现状进行了调查研究。

第一，新时代城市贫困的类型与组成。李实和 Knight 率先从收入、消费视角将我国城市贫困分为了持久性贫困、暂时性贫困和选择性贫困三种类型。③ 张冰子等认为目前我国暂时性贫困和持久性贫困的发生率已经很低，贫困人口以选择性贫困为主。④ 郭君平等认为，当前进城农民工家庭的贫困类型以消费贫困和选择性贫困为主，且贫困程度与种类随着区域变化有着显著不同。⑤

关信平认为，目前我国传统城市贫困问题已逐渐缓解，但新的城市贫困问题突出，并把我国城市贫困分为了生存型贫困、生活型贫困、发展型贫困。其中，生存型贫困表示个人或家庭的收入难以维持其基本生存条件的情况；生活型贫困是指能够维持基本生存，但难以达到普通居民都能达到的常规生活水平；发展型贫困的特点是个人和家庭成员缺乏靠自身摆脱贫困的能力。同时他还进一步指出目前我国生存型贫困已大大缓解，但仍存在生活型贫困和发展型贫困问题。⑥ 笔者认为，这种分类方法反映了当

---

① 郑志龙等．基于马克思主义的中国贫困治理制度分析 [M]．北京：人民出版社，2015：293．

② 朱汉国．新中国 70 年社会建设的成就与经验 [J]．当代中国史研究，2019，26 (5)：141 - 152＋253．

③ 李实，John Knight．中国城市中的三种贫困类型 [J]．经济研究，2002 (10)：47 - 58＋95．

④ 张冰子，贾珅，申广军．城镇贫困的特征演变 [J]．统计研究，2019，36 (2)：11 - 22．

⑤ 郭君平，谭清香，曲颂．进城农民工家庭贫困的测量与分析：基于"收入—消费—多维"视角 [J]．中国农村经济，2018 (9)：94 - 109．

⑥ 关信平．当前我国城市贫困的新特点及社会救助改革的新方向 [J]．社会科学辑刊，2019 (4)：81 - 89．

前我国城市贫困多层次、多诱因的特点，进一步表明了随着我国经济社会的发展，我国城市贫困已发生质的改变，生活得体面以及有更多的获得感、幸福感和安全感是当前城市贫困群体所热烈向往的。

有些学者在研究时并没有按照一定标准区分城市贫困，而是以列举的方式阐明了城市贫困人口的组成。与传统城市贫困人口不同的是，许多学者敏锐地观察到了新贫困人口的涌现。一般学者都认为农民工是城市贫困人口的重要组成部分，但对于其他贫困群体的认识仍存在分歧。如陈志钢等认为，由于城镇化率的提高与国企改革等历史因素，农民工与城市失业工人逐渐成为城市贫困的主要人群。[①] 张安驰认为，目前我国城市贫困人口主要由处于城市绝对底层的相对过剩人口（失去劳动能力的"三无"人员，即无劳动、无依靠、无收入来源的人员）与处于停滞状态的相对过剩人口（进城农民工）两部分构成。[②] 关信平则将我国城市贫困群体概括为城市低保对象、城市贫困边缘户、特殊困难家庭及临时困难家庭、其他困难群体等四大类别。[③] 另外，还有部分学者对贫困学生、贫困女性、贫困老人、贫困儿童、贫困家庭及其网络支持展开了更加细致的研究，在此不再赘述。

由此可见，我国城市贫困主体在结构上已经由传统的"三无"人员向以下岗失业人员、农民工为主的新贫困群体转变，农民工群体越来越受到学界的关注，将农民工纳入我国城市反贫困体系是未来我国扶贫工作的重点和难点。

第二，新时代中国城市贫困的特征。一是相对贫困突出。曾明星、吴瑞君认为，相对贫困化（发展型贫困化）已成为城市贫困问题的新趋势，

[①] 陈志钢，毕洁颖，吴国宝等．中国扶贫现状与演进以及 2020 年后的扶贫愿景和战略重点 [J]．中国农村经济，2019（1）：2-16.

[②] 张安驰．中国式分权下的经济发展与城市贫困人群获得感提升 [J]．经济与管理评论，2020，36（1）：15-25.

[③] 关信平．当前我国城市贫困的新特点及社会救助改革的新方向 [J]．社会科学辑刊，2019（4）：81-89.

特别是支出型贫困化突出及突发性返贫现象增多。① 陈云认为，城市贫困以相对贫困为主，含有绝对贫困。② 二是阶层性、行业性和区域性。李霞、韩保江指出，从地区分布看，我国老工业基地、中西部地区、三线地区城市贫困人口较多。从行业构成上看，城市贫困人口多集中在传统行业和计划体制控制严格的行业。从阶层方面看，受教育程度低、从事简单劳动职业的人口容易陷入贫困。③ 李姗姗、孙久文进一步指出，中国城市贫困呈现出空间分异与固化特征。所谓空间分异即东北和西部地区城市贫困发生率高于东部地区。资源型城市、老工业基地和少数民族地区是高度贫困人口和极度贫困人口主要分布地区。大中城市贫困群体多为支出型贫困。固化特征主要体现为特定行业固化、区位固化和一定代际传递导致的社会空间固化。④ 针对城市贫困的空间分布问题，慈勤英、张芳分析指出，目前我国城市贫困相对集中在城中心、外围区和城乡接合部，贫困空间具有一定碎片化的特点，并且呈现出向城乡接合部和远郊区进一步集聚的发展态势。⑤ 三是贫困群体多样化特点。当前大部分学者都认为我国城市贫困群体除"三无"人员外，还包括了失业人员、下岗职工以及大量进城务工的农业转移人口等群体，体现出多样化的特征。关信平对当前我国城市贫困者进行了详细的划分，主要分为城市低保对象、城市贫困边缘户、特殊困难家庭及临时困难家庭和其他困难群体等三大类。其中，其他困难群体主要包括困难老人、困难残疾人、困难儿童、困难职工、城市中困难流动人口、城市失业者、困难刑满释放人员、困难单亲家庭和流浪乞讨人员等。⑥

---

① 曾明星，吴瑞君. 论转型时期城市贫困化内涵嬗变及其新趋势 [J]. 兰州学刊，2012（11）：139-144.

② 陈云. 城市贫困精准治理体系的构建 [M]. 北京：科学出版社，2019：14.

③ 李霞，韩保江. 我国城乡双重贫困的表现、原因与对策 [J]. 宁夏社会科学，2012（5）：53-59.

④ 李姗姗，孙久文. 中国城市贫困空间分异与反贫困政策体系研究 [J]. 现代经济探讨，2015（1）：78-82.

⑤ 慈勤英，张芳. 城市贫困空间固化的社会治理研究 [J]. 西南民族大学学报（人文社科版），2017（3）：1-5.

⑥ 关信平. 当前我国城市贫困的新特点及社会救助改革的新方向 [J]. 社会科学辑刊，2019（4）：81-89.

此外，还有学者指出了我国城市贫困其他方面的特点。如张冰子等认为，消费不足是我国城镇人口贫困的主要特征。① 张安驰认为，绝对数量大、抗风险能力差、生存环境恶劣是我国城市贫困的总体特征。② 梁汉媚、方创琳认为，我国城市贫困的基本特点为收入和保障程度低、消费结构落后、社会交往能力弱等。③ 范逢春还提出了老龄化和机会公平遭受剥夺等特点。④

　　第三，新时代城市贫困的制度成因。目前，学界已达成共识，即不合理或不完善的制度与政策应该为贫困负责。吴燕霞（2011）、陈琦（2012）、黄晶（2016）等均认为制度变迁是城市贫困形成的主要原因之一。韩莹莹和范世民（2016）、陆红（2013）等都提出要重视解决制度性贫困问题。具体而言，一是低保制度标准和定位不清。关信平针对当前我国低保人数减少的现象，指出当前我国低保标准和水平低、救助范围窄，导致"漏保"现象，进而提出未来城市低保制度应以反相对贫困为目标，适当提高标准和扩大规模，切实发挥保障和改善民生的积极作用。⑤ 周沛通过访谈法进一步研究发现，目前我国最低生活保障制度除存在救助水平低问题以外，还存在着非物质性、非灵活性、非自助性等刚性缺陷，未能与城市贫困人口建立彼此信任的关系，缺乏"助人自助"的基本理念与"同理心"，从而导致不能从根本上帮助其摆脱贫困。⑥ 二是社会保障制度不完善。梁汉媚、方创琳认为，目前我国城镇离退休人员的养老金主要是由社会统筹发放，但数额不高，受物价水平提升以及疾病、不可抗因素影响，容易被列入贫困家庭的行列。⑦ 柯雄、李宁秀认为，目前我国医疗保障制度一方

　　① 张冰子，贾珅，申广军. 城镇贫困的特征演变 ［J］. 统计研究，2019，36（2）：11-22.
　　② 张安驰. 中国式分权下的经济发展与城市贫困人群获得感提升 ［J］. 经济与管理评论，2020（1）：15-25.
　　③ 梁汉媚，方创琳. 中国城市贫困的基本特点与脱贫模式探讨 ［J］. 人文地理，2011（6）：61-66.
　　④ 范逢春. 城市新贫困：扶贫之困与治理之道 ［J］. 理论探讨，2016（1）：156-161.
　　⑤ 关信平. 新时代中国城市最低生活保障制度优化路径：提升标准与精准识别 ［J］. 社会保障评论，2019，3（1）：131-140.
　　⑥ 周沛. 城市贫民的生存现状与社会救助制度的完善 ［J］. 南通大学学报（社会科学版），2006（5）：53-58.
　　⑦ 梁汉媚，方创琳. 中国城市贫困的基本特点与脱贫模式探讨 ［J］. 人文地理，2011（6）：61-66.

面存在"显性社会排斥",导致无工作单位或单位效益不佳的城市贫困人口参保率低;另一方面存在"隐性社会排斥",即政府机构的有限财力无法满足城市贫困人口多元化高品质的卫生服务,最终造成城市贫困人口中因病致贫或返贫的人员占有很大的比例。① 三是户籍制度限制。我国贫困和流动人口领域广泛关注户籍限制问题。张文宏、雷开春认为户籍制度和对城市新移民的歧视会降低其社会融合程度。② 贺庆生、刘叶认为,目前我国已经初步建立了较为完善的城市贫困治理政策制度体系,但在城乡二元社会结构下,其瞄准对象更多的是城镇户籍居民,这对于非户籍常住人口而言显然更不公平。③

可见,目前学界普遍认为制度是造成城市贫困的重要因素,尤其是在收入分配、社会保障、教育、医疗、就业等制度方面的共鸣较多,并且大部分学者都意识到了制度排斥与缺失是影响城市贫困的重要因素,但深挖不够。

(七) 关于新时代完善城市贫困治理制度保障的基本路径研究

第一,健全社会保障制度。林闽钢认为,社会保障体系涉及面广,应根据城市不同贫困群体的需要进行分类管理。④ 蒋贵凰等认为,需要进一步加强对三条保障线扶持力度,扩大扶贫项目。⑤ 冯丹萌、陈洁提出应进一步扩大城市贫困群体的保障范围,提高低保与社会保障之间的融合度,特别是农民工子女的教育问题。⑥ 杨舸建议消除城乡分割,构建和完善统一的城乡社会保障体系,解决流动人口的社会保障问题。⑦

---

① 柯雄,李宁秀.试析我国城市贫困人群的医疗保障问题:以社会剥夺与社会排斥的角度 [J].中国卫生事业管理,2010,27 (11):740-741+764.

② 张文宏,雷开春.城市新移民社会融合的结构、现状与影响因素分析 [J].社会学研究,2008 (5):117-141+244-245.

③ 贺庆生,刘叶.论我国城市贫困治理的现实困境与路径选择 [J].学习与实践,2015 (12):81-88.

④ 林闽钢.中国社会救助体系的整合 [J].学海,2010 (4):55-59.

⑤ 蒋贵凰,宋迎昌.中国城市贫困状况分析及反贫困对策 [J].现代城市研究,2011 (10):8-13.

⑥ 冯丹萌,陈洁.2020年后我国城市贫困与治理的相关问题 [J].城市发展研究,2019,26 (11):102-107.

⑦ 杨舸.流动人口与城市相对贫困:现状、风险与政策 [J].经济与管理评论,2017 (1):13-22.

第二，完善城市居民最低生活保障制度。徐超、李林木调查显示，我国的最低生活保障制度并未显著降低家庭的贫困脆弱性，反而有可能增加家庭未来陷入贫困的概率，提出应从多维角度确定受保对象，拓展补助形式，加强政府相关队伍建设。① 叶响裙从提高救助水平、优化结构设计、加强资源整合、完善医疗救助制度等方面提出了进一步完善我国城市低保制度的建议。② 林闽钢提出要推动目前单一的城市居民最低生活保障制度发展成综合的生活支持制度，从而进一步缓解城市贫困家庭代际传递。③

第三，完善城市社会救助制度。关信平认为，为贯彻落实新发展理念，应在进一步提升社会救助的目标和水平的基础上，优化城市救助制度体系。一是正视"福利叠加""福利排斥"等现象，设立新的贫困标准，实现专项救助与低保制度的剥离。二是增补和调整社会就职制度的内容体系，如建立老年长期护理救助制度、困难刑满释放人员过渡性生活津贴和就业补贴、贫困失业者寻求就业津贴、完善社会救助管理的制度规范和队伍建设，以及形成规范化和系统化的社会救助制度体系等。④ 张冰子等提出应拓展专项救助的范围，使不符合低保标准的低收入及脆弱家庭也能得到必要的支持，防止因病致贫、因学致贫等情况发生。⑤ 李姗姗、孙久文提出应构建多元化社会救助制度。⑥ 陈云提出要构建城市贫困测量的指标体系，全面落实分类救助。⑦

第四，改革户籍制度。盛广耀认为，对于城镇化进程中的外来人口问

---

① 徐超，李林木. 城乡低保是否有助于未来减贫：基于贫困脆弱性的实证分析 [J]. 财贸经济，2017 (5)：5 - 19.

② 叶响裙. 我国城市贫困问题与最低生活保障制度 [J]. 经济研究参考，2013 (43)：70 - 75.

③ 林闽钢. 缓解城市贫困家庭代际传递的政策体系 [J]. 苏州大学学报（哲学社会科学版），2013 (3)：15 - 19.

④ 关信平. 当前我国城市贫困的新特点及社会救助改革的新方向 [J]. 社会科学辑刊，2019 (4)：81 - 89.

⑤ 张冰子，贾坤，申广军. 城镇贫困的特征演变 [J]. 统计研究，2019，36 (2)：11 - 22.

⑥ 李姗姗，孙久文. 中国城市贫困空间分异与反贫困政策体系研究 [J]. 现代经济探讨，2015 (1)：78 - 82.

⑦ 陈云. 拓展选择主义：城市贫困救助目标的再定位 [J]. 西北人口，2016 (4)：96 - 100.

题，需要进一步深化落实户籍制度改革措施，使其能够与户籍人口在教育、医疗、住房、养老等方面享有同等的社会权益和公共服务。[①] 贺庆生、刘叶提出应通过推动"以居住证为依托"的户籍制度改革，逐步改革现有城市贫困治理中不适宜非户籍常住人口的制度安排。[②] 杨舸进一步提出，为保证户籍改革的进度，还需统筹好土地管理制度和财税改革的进度，从而增强流动人口的落户意愿。[③]

第五，完善就业扶持制度。臧元峰提出缓解城市贫困，需要构建以就业为导向的城市扶贫体系，重点关注贫困群体的人力和社会资本的积累，加大就业培训、教育补贴等方面的投入。[④]

总之，目前学界从城市贫困治理以及具体制度改善等角度，对解决城市贫困的制度保障问题进行了深入研究，但城市贫困人口治理成效仍不明显，这一问题值得深入研究。

（八）关于新时代城市贫困的基本经济制度成因和治理路径研究

1. 关于新时代城市贫困的基本经济制度成因研究

一是公有制和非公有制企业发展存在障碍。洪银兴指出，长期以来非公有制企业发展对于增加居民收入、安置就业等功劳显著，但当前个体私营经济发展仍然面临很多问题。比如，融资困难，隐性负担较重，经营成本上升，产业结构滞后，自身管理经营机制不完善，等等。[⑤] 陈云指出，公有制经济收缩和非公有制经济在国内外市场的竞争中处于弱势地位，以及在非公有制经济实体内部所产生的不良劳资关系，都进一步加大了城市贫困人口落入贫困的风险。[⑥]

———————————

① 盛广耀. 中国城镇化的态势与转型发展 [J]. 中国党政干部论坛，2016 (4)：26 - 29.
② 贺庆生，刘叶. 论我国城市贫困治理的现实困境与路径选择 [J]. 学习与实践，2015 (12)：81 - 88.
③ 杨舸. 流动人口与城市相对贫困：现状、风险与政策 [J]. 经济与管理评论，2017 (1)：13 - 22.
④ 臧元峰. 双重转型背景下的城市贫困问题研究 [J]. 现代城市研究，2017 (7)：107 - 113.
⑤ 洪银兴. 新编社会主义政治经济学教程 [M]. 北京：人民出版社，2018：125.
⑥ 陈云. 城市贫困精准治理体系的构建 [M]. 北京：科学出版社，2019：37.

　　二是分配机制不完善。在经济结构调整已经严重导致失业以及贫困问题时，福利制度却并未与时俱进，在众多的福利项目和社会保障改革中，城市贫困者的受益程度都非常有限。林伯强通过实证研究证明经济增长使得中国减少了贫困，但是收入分配的恶化又很大程度地抵消了经济发展的减贫成效，造成贫困的发生。[①] 高云虹指出，一方面，从竞争性条件来看，随着我国改革开放后非公有制经济的快速发展，广大城市范围内国有和集体企业的劳动成本以及其他成本普遍提高，公有制企业同时也担负了数量更多的社会责任以及更重的纳税压力，从其社会贡献和经济效益的比较来看，两者不对等的问题突出。相比不同部门之间的企业，特别是具有明显竞争优势的垄断部门的企业，其员工陷入贫困的概率则相对较低。另一方面，以国有和集体企业为代表的公有制企业在发展的过程中有时会产生过度的利益损失。具体而言，上述企业在承担分量较重的社会责任以及国家法律规定的相关税赋之外，还由于国有经济管理部门行政方式上的"各自为政"，以及与政府之间的特殊经济利益关系，甚至不同程度的官僚腐败等原因，仍然要面对来自多方面的种类繁多的摊派与收费，这就使得企业的发展乃至职工的利益因为过分的掠夺和切割而受到影响。[②] 王雨林[③]、胡兵[④]、高云虹[⑤]等在长期的研究中通过实证分析得出相同的结论，认为高速的经济增长对于减少贫困是必要而非充分条件，尤其是 20 世纪 90 年代后期开始，随着不平等因素加剧，城市相对贫困率又有明显的上升，提出要通过制度改革合理调节收入分配。崔学刚等认为，现行分配制度由于政策不完善、财富分配不均衡、对居民收入调节不到位等原因，导致居民收入

---

　　① 林伯强．中国的经济增长、贫困减少与政策选择［J］．经济研究，2003（12）：15 - 25＋90.

　　② 高云虹．中国城市贫困问题的制度成因［J］．经济问题探索，2009（6）：57 - 62.

　　③ 王雨林，黄祖辉．影响转型期中国农村贫困率指标的因素的分解研究［J］．中国人口科学，2005（1）：52 - 59＋98.

　　④ 胡兵，赖景生，胡宝娣．经济增长、收入分配与贫困缓解：基于中国农村贫困变动的实证分析［J］．数量经济技术经济研究，2007（5）：33 - 42.

　　⑤ 高云虹，刘强．收入增长和收入分配对城市减贫的影响［J］．财经科学，2011（12）：90 - 98.

在初次分配中所占比例偏低，同时也导致了居民收入分配在不同行业和地区间的不平衡。[①]

三是市场经济体制尚不完善。高云虹指出，在劳动力资源过剩而资金、技术等其他生产要素严重不足的情况下，因为我国社会主义市场经济体制还不够完善，所以市场的缺失和扭曲以及多元化的分配方式就更加凸显了要素收益层面的不对等。实质上，大部分类型相异企业之间的效益差异反映的正是企业对稀缺资源的不同占有及控制能力，这也恰恰是劳动密集型产业的职工更容易陷入贫困的重要原因之一。[②] 郭宇畅、谷明远认为，经济体制改革是造成城市贫困的历史性原因。20 世纪 90 年代，随着国家统包统分单位保障体系被彻底打破，与就业密切关联的福利保障时代也随之结束。因此，通过参加社会劳动来获取工资收入的部分城市人口失去了工作，也就意味着没有了换取生活资料的资本，下岗即代表陷入了贫困的境地。[③]

2. 关于新时代完善城市贫困治理基本经济制度保障的政策建议研究

一是坚持并不断完善所有制结构。朱方明、刘丸源认为，生产资料所有制作为基本经济制度内容的核心，对于社会基本性质乃至发展方向起着决定作用。因此，要解决相对贫困问题既要毫不动摇地坚持和完善以公有制为主体、多种所有制经济共同发展的所有制结构，又要毫不动摇鼓励、支持、引导非公有制经济的发展，还要推动农村集体产权制度改革的深化发展。[④]

二是改革收入分配制度。李兰英通过分析城市贫困原因提出了相应对策：大力发展生产力，拓展就业渠道；通过多种渠道的职业培训提升劳动

---

① 崔学刚，王成新，王雪芹，王波涛. 新型城镇化背景下我国城市贫困问题及对策 [J]. 宏观经济管理，2015（7）：34 - 36＋39.

② 高云虹. 中国转型时期城市贫困问题研究 [M]. 北京：人民出版社，2009：115.

③ 郭宇畅，谷明远. 我国城市贫困现状、形成路径及应对举措 [J]. 经济研究参考，2018（10）：23 - 28.

④ 朱方明，刘丸源. 坚持和完善社会主义基本经济制度，保障脱贫攻坚任务全面完成 [J]. 政治经济学评论，2020，11（2）：43 - 51.

力成本；健全税收法律制度，通过税收调节收入分配；建立完善的社会保障体系。① 孙芬较早指出，建立健全社会公平机制，就是要通过二次分配，将社会贫富差距调节至合理的范围之内，使各类群体在社会发展中的结果不公平不断缩小，以此达到缓解贫困的目的。② 何慧超认为，城市贫困治理应该由一元化的经济救助向综合式的可行能力培育转变，既要完善收入分配制度，又要实施有利于扩大就业的相关政策，还要健全社会保障机制并强化权利公正，加强人文关怀。③ 陈永成等提出应规范收入分配秩序，调节收入差距。即坚持促进经济发展，发挥经济增长的涓流效应；完善市场机制同时加强政府监管，缩小行业差距；完善税收征管机制，加大对高收入的调节力度；强化权力约束，取缔非法收入，规范收入分配秩序。④ 朱方明、刘丸源认为，一个国家的分配制度直接影响并决定着该社会的财产分化以及收入分配结构，进而关系整个社会的发展、激励导向和社会稳定。因此，下一阶段的减贫策略仍要坚持和完善按劳分配为主体的原则；健全劳动、土地、资本、数据、管理、技术、知识等生产要素由市场自主评价贡献，进而按贡献决定报酬薪资的机制；健全以税收、转移支付以及社会保障等为主要措施的再分配调节机制；重视发展以慈善等社会公益事业为代表的第三次分配的作用。⑤

三是坚持和完善社会主义市场经济体制。张思锋等认为，生产要素流向高价区域和行业，是市场配置资源的一种重要方式。产业扶贫就是在政府主导下，充分发挥市场在反贫困治理中资源配置的决定性作用。⑥ 朱方

① 李兰英. 城市贫困：原因分析及治理对策 [J]. 人口与经济, 2003 (6)：42 - 45.
② 孙芬. 全面小康视角下的城市贫困问题 [J]. 兰州学刊, 2004 (2)：166 - 167.
③ 何慧超. 中国城市贫困与治理：基于可行能力的视角 [J]. 学习与实践, 2008 (2)：122 - 129.
④ 陈永成, 陈泽旭, 刘小红. 反城市贫困：基于财税政策的视角 [J]. 地方财政研究, 2012 (6)：33 - 37.
⑤ 朱方明, 刘丸源. 坚持和完善社会主义基本经济制度, 保障脱贫攻坚任务全面完成 [J]. 政治经济学评论, 2020, 11 (2)：43 - 51.
⑥ 张思锋, 汤永刚, 胡晗. 中国反贫困 70 年：制度保障、经济支持与社会政策 [J]. 西安交通大学学报 (社会科学版), 2019, 39 (5)：1 - 11.

明、刘丸源指出，在我国取得全面脱贫攻坚的历史性胜利后，建立健全解决相对贫困的各类长效机制，有效预防资本主义市场经济导致的收入分配和财富两极分化等现象，必须要坚持并完善中国特色社会主义市场经济体制。一要健全能够助力先进制造业发展并振兴实体经济的有关体制机制；二要加快建设高标准的市场体系；三要推动要素市场制度的整体建设以实现各类要素的自主有序流动；四要完善城乡融合发展机制，实现区域协调发展。① 孙咏梅立足化解劳动保障类的相对贫困，提出要进一步完善社会主义市场经济体制，提升我国减贫优势：发挥社会主义公有制的减贫优势，重视劳动者的就业权，建立健全社会保障制度，监督用人单位对加班报酬的落实。②

二、国外研究综述

著名经济学家西奥多·W. 舒尔茨在获得诺贝尔经济学奖后的演讲中，开宗明义地指出："世界上大多数人是贫穷的，因此，如果我们懂得了穷人的经济学，我们就会懂得许多真正重要的经济学问题。""衷恳地希望经济学家们在构筑自己的理论大厦时不要忘记给贫困问题留点位置。"③ 西方国家对城市贫困的研究始于 20 世纪中期，并且得益于西方市场经济的快速发展，其在 20 世纪中期就完成了城市化的目标，使农村和城市得到了均质化的发展。因此，西方学术界对贫困的研究相当于对城市贫困的研究。

（一）关于城市贫困内涵的研究

早期西方学界研究城市贫困问题，大多使用绝对贫困的概念。布斯

---

① 朱方明，刘丸源. 坚持和完善社会主义基本经济制度，保障脱贫攻坚任务全面完成 [J]. 政治经济学评论，2020（2）：43-51.

② 孙咏梅. 马克思反贫困思想及其对中国减贫脱贫的启示 [J]. 马克思主义研究，2020（7）：87-95.

③ [美] 西奥多·W. 舒尔茨. 论人力资本投资 [M]. 吴珠华，译. 北京：北京经济学院出版社，1990：406.

（Booth）和朗特里（Rowntree）通过对英国伦敦和约克镇详细的调查研究，最早提出了绝对贫困的概念。他们认为，家庭生活正常维系势必需要基本条件，但家庭的总收入不足以支付这些基本条件的花费，那么这个家庭就陷入了贫困。1979 年，汤森（Townsend）在《英国的贫困》一书中提出了相对贫困的概念。他认为，贫困通常是指一种由于缺乏足够的资源来满足基本生存需求的社会状况。但当资源不足以在特定社会背景下实现最低生活水平时，即使个人或家庭勉强生存，他们仍被孤立、边缘化和被剥夺，这就是"相对的贫困"。自此，相对贫困成为贫困问题新的研究方向。20 世纪末，在西方经济重构和社会变迁的大背景下，明焦内（Mingione）提出了"新城市贫困"的概念，具体表现为乞丐和无家可归者、高失业率和在业低收入、年轻团伙犯罪、住房老化和地方退化等。为了解释新的城市贫困现象，西方学界对贫困内涵的讨论逐渐开始向可行能力和社会排斥等方面转变。阿马蒂亚·森从全新的视角，提出了以能力、权利和福利为主要内容的新贫困观。他认为，贫困是指穷人缺乏获得和享受正常生活的可行能力。"根据这一视角，贫困必须被视为基本可行能力的被剥夺，而不仅仅是收入低下。"[①] 默达尔（Myrdal，1962）最先提出"底层阶级"概念，主要指现代后工业社会中大规模的失业群体。经过甘斯、西尔弗、伍德沃德等学者的讨论后，威尔逊（Wilson）把"底层阶级"概括为"缺乏劳动技能，或者是经历了长期失业，或者是非劳动力，也包括那些从事街头犯罪和其他脱轨行为的人，还包括那些经历了长期贫困而依赖社会福利保障的家庭"[②]。拉诺（Lennoir）最先提出了社会排斥的概念，针对的是不在社会保障范围内同时又被视为"社会问题"的人。20 世纪 90 年代以来，社会排斥的内容进一步扩展到公民政治、经济、社会权利的剥

---

① ［印］阿马蒂亚·森. 以自由看待发展［M］. 任赜，于真，译. 北京：中国人民大学出版社，2002：8.

② 转引自刘玉亭，何深静，顾朝林，陈果. 国外城市贫困问题研究［J］. 现代城市研究，2003（1）：78-86.

夺以及与空间聚集之间的联系。世界银行（2001）把贫困定义为"贫困不仅仅指收入低微和人力发展不足，它还包括人对外部冲击的脆弱性，包括缺少发言权、权力和被社会排斥在外"[①]。

（二）关于城市贫困特征的研究

第一，地域性特征。20 世纪 30 年代，学者罗伯特·帕克关注到城市中的移民集聚区和贫民窟，注意到城市居住区与多种社会群体地理分布之间的作用关系。厄内斯特·伯吉斯以芝加哥为例，最早提出了城市地域结构理论，即基于城市贫富区域划分的同心圆模式。[②] 霍伊提出了扇形模式。[③] 美国地理学家哈里斯和乌尔曼提出了多核心模式。[④]

第二，经济分异特征。明焦内指出，后福特经济时代，工作机会短缺造成的劳动力市场不稳定性，使得没有受过教育和职业能力培养的人缺乏就业竞争力，进而陷入贫困的陷阱。[⑤] 美国社会学家甘斯认为，相较于社会和制度的隔离，经济排斥造成的城市贫困更为可怕。[⑥]

第三，社会分异特征。明焦内认为贫困是被充分剥夺权利和资源的过程，贫困人口之所以与非贫困人口存在行为上的差异，是因为它们被排斥、被剥夺，是社会分异结果，而并非其主观行为。因此他提出，反贫困应改变穷人的处境。[⑦] 奥斯卡·刘易斯（Oscar Lewis）的"贫困文化理

---

① 世界银行 . 2000/2001 世界发展报告：与贫困作斗争 [M]. 北京：中国财政经济出版社，2001：28.

② Burgess Ernest. "Concentric Zone" Model of Urban Structure and Land Use [M]. Landmark Publication，1925：125.

③ Hoyt H. The Structure and Growth of Residential Neighborhoods in American Cities [M]. Washington D. C. ：Federal Housing Administration，1939：263.

④ Harris C D. E L Ullman. The Nature of Cities [M]. Annals of the American Academy of Political and Social Science，1945：242.

⑤ Mingione E. The New Urban Poverty and the Underclass：Introduction [J]. International Journal of Urban and Region Research，1993（17）：145 – 152.

⑥ Gans H J. From "Underclass" to "Undercaste"：Some Observations about the Future of the Post-industrial Economy and Its Major Victims. In：Mingione E. Urban Poverty and the Underclass [M]. Oxford：Blackwell，1993：322.

⑦ Mingione E. The New Urban Poverty and the Underclass：Introduction [J]. International Journal of Urban and Region Research，1993（17）：145 – 152.

论"认为，由于亚文化的存在，贫困者往往在其内部形成独特的价值观念和生活方式，并世代传递。

第四，贫困阶层的结构特征。从比例结构看，有学者指出城市中的残疾人、儿童、在业低收入者、老人和临时性失业者以及少部分有劳动能力的个人在贫困人口中占据较大比重。[①] 从年龄和性别的结构看，老弱妇孺等弱势群体构成了城市贫困阶层的主要人群，同时来自低收入家庭、受教育程度较低、就业面狭窄的年轻人日益成为贫困者的主力军。[②] 从就业角度看，在福利程度较高的欧洲国家，主动失业者构成了贫困的主要群体；而在失业率较低的美国，低收入者构成了贫困的主要群体。

（三）关于城市贫困原因的研究

第一，人力资本理论对贫困的解释。舒尔茨认为，贫困者在人力资本方面投资不足是造成贫困的主要原因之一。父母对子女教育等方面的投资不足是导致家庭贫困代际传递的原因之一；而对贫困群体人力资本的公共投资不足是导致贫困问题长期难以解决的根源之一。

第二，贫困文化理论对贫困的解释。奥斯卡·刘易斯认为："贫困文化一旦形成，就必然倾向于永恒。棚户区的孩子到六七岁时通常已经吸收了贫困亚文化的基本态度和价值观念，因此在心理上已不准备接受那些可能改变他们生活的各种变迁条件或改善机会。"莫雷（Charles Murray，1984）在《失落的地平线》一书中，通过对美国少数民族聚集区的调查，证实了这一观点。

第三，功能主义对贫困的解释。帕森斯认为，"各种社会角色构成了发达的工业社会系统，不同的人群扮演着不同的社会角色，而且各种角色互相协调"。因而，为维持社会均衡，那些在社会中承担着重要角色的更有天赋的人一般拥有较高的报酬，相应地，对那些重要性较低的角色只能

---

① Steward E W. Social Problems in Modern American [M]. New York：McCraw-Hill，1983：287.

② Zajczyk F. The Social Morphology of the New Urban Poor in a Wealthy Italian City：the Case of Milan. In：Mingione E. Urban Poverty and the Underclass [M]. Oxford：Blackwell，1996：264.

够提供较少的劳动报酬，因此这些人容易成为贫困者。

第四，社会地理学对贫困的解释。明焦内指出，经济损失、社会排斥、制度分割、就业机会缺乏、民族、种族起源、文化特征、异常行为形式和空间聚集都会影响对贫困问题的分析。[①] 威尔逊致力于对贫民窟的地理分析，指出大量蓝领工人失业是产业重构的结果，他们往往被陷在都市中心区。[②]

第五，结构主义对贫困的解释。安东尼·吉登斯的结构化理论认为，城市贫困的产生是社会结构因素、个体行动因素相互作用的结果。社会冲突学派认为，贫困阶层处于权力等级的底层，有限的社交网络致使他们成为相对稳定的贫困阶层。

第六，社会经济根源对贫困的解释。马克思认为，社会制度与经济制度的不合理性是资本主义社会城市贫困问题产生的根源。同时他进一步指出，无产阶级无论是在社会衰落状态中还是在增长状态中都无法摆脱贫困的命运，源于现代劳动的本质。

（四）关于城市贫困治理的研究

国外学者普遍认为，中国自改革开放以来，随着扶贫开发工作的实施、工业化发展进程的提速以及社会保障水平的提高，在扶贫方面取得了举世瞩目的巨大成就。通过对贫困的归因分析，国外一大批学者对反贫困的举措，尤其是对路径、机制等进行了不同层次的思考，取得了较多的研究成果，这其中不乏有益和具有代表性的观点。

第一，进行社会制度改革。瑞典学者冈纳·缪尔达尔认为贫困是社会、经济、政治、制度等多种因素综合作用的结果，其中最重要的原因是资源稀缺，资本形成不足以及收入分配制度上的不平等，根本原因是一种"制度性贫穷"。为此，他着重提出要进行激进的包括教育制度、土地制

---

① Mingione E. Urban Poverty in the Advanced Industrial World: Concepts Analysis and Debates. In: Mingione E. Urban Poverty and the Underclass [M]. Oxford: Blackwell, 1996: 145.

② Morris L D. Is There A British Underclass [J]. International Journal of Urban and Region Research, 1993 (17): 89-96.

度、村社组织、官僚制度、科学技术在内的制度改革，构建出和谐平等的社会生活大环境，让大部分贫困群众的生活水平因此得到提高，以达到最终摆脱贫困、获得发展的目的。第二，进行金融扶贫。Rahman，M. W（2014）对陕西的小额信贷项目以及 NGO 提供的小额信贷等金融服务进行了评估，评估结论证明成功以及可持续的小额信贷对于改善贫困人口生活、缩小城乡之间差距、改善农村经济都有重要作用，一定程度上是减贫的重要方法之一。第三，提高贫困群体的可行能力。印度著名学者阿马蒂亚·森通过论述个人的可行能力同其生活质量间的辩证关系，认为摆脱贫困不能单纯注重经济的增长，而是应该聚焦于面向"人类"这一主体且"以自由为中心"的良好发展。在他看来，把注意力从收入贫困转移到更具包容性的可行能力的被剥夺，能够更好地理解人类生活的贫困和自由。因此，可以通过提高贫困主体的可行能力来保证个人行动和决策的自由过程，进而让贫困者能够真实有效地决定自身的命运，最终摆脱贫困的处境。

可见，国外学者所探讨的贫困主要是西方富裕社会中的城市贫困问题，更多意义上是一种城市相对贫困问题。这些研究既以物质贫困为起点又超越了物质贫困的藩篱，其所涵盖的社会排斥、能力贫困、权利贫困、社会分异等理论解释模式，为我们深入认识和理解我国城市贫困问题提供了新的理论视角和工具。

三、对相关研究的简要评价

通过详细的文献梳理可以发现，贫困问题一直以来都是国内外学界关注的热点话题。长期以来，国内外学者从不同的研究角度对不同类型的贫困进行了系统而深入的分析和论述，产出了包括论文和研究专著等在内的一大批理论成果，为本研究的进一步展开奠定了良好的学术氛围和学理基础。具体而言，目前国内外学者都意识到了制度不平衡带来的城市贫困问题，并且对于城市贫困的研究也由最初的绝对贫困到相对贫困再到社会排斥逐渐演变。特别是近几年来，关于个别制度的研究取得了一定的成绩，例如关于城市居民最低生活保障制度的研究成果比较丰富，对于该制度的建立、发展和完善作出了重大贡献。但是，现有研究也同时表明，国内外相关专家、学者在进一步探讨新时代城市贫困治理的基本经济制度保障研究方面还存在不足，主要表现在以下方面。

第一，从历史角度考察并梳理城市贫困治理的理论资源不足。目前，学术界对我们党探索贫困治理作了分时段研究，对新时代以来全面取得脱贫攻坚胜利的基本经验作了概括和总结，这些为本文的研究提供了重要的参考价值。但是从既有的贫困治理的理论基础来看，还显得比较零散和不够深入，主要表现为学术界还未系统、全面梳理马克思主义经典作家以及中国共产党重要代表人物在这一方面的理论线索，特别是从关于城市贫困治理的理论基础来看，鲜少有学者详细对城市贫困治理的理论基础进行系统性梳理和归纳。因此，关于城市贫困治理的理论基础部分还有待全面系统地研究。

第二，从基本经济制度视角研究城市贫困治理的内容还十分匮乏。城市贫困相比农村的绝对贫困在治理的周期、路径等众多方面都更具复杂性和艰巨性。从国内外已有的研究成果来看，讨论城市贫困治理的学术成果颇丰，从制度层面讨论城市贫困治理的研究成果也相对深入。但将制度这一宏大的研究视角聚焦为经济制度中的基本经济制度的相关研究就显得十分有限，学者们多是从收入分配这一分支来讨论城市贫困的产生原因和治理路径，并且就现行收入分配差距拉大、社会保障体系不完善造成城市贫困等方面已达成共识，同时还提出了针对性的建议。而在所有制结构、市场经济体制这两个方面与城市贫困相结合的研究成果可以说十分有限，是值得深入挖掘的领域。

第三，研究范式还较为常规化。其一，综观国内外学界，都强调个体和结构的综合考量，既关注产生城市贫困的制度性因素，也关注个体的能动性，并且这已逐渐成为研究该问题的一种共识。这样一来，虽然对解决中国城市贫困有一个整体性把握，但面面俱到式的分析对于系统把握制度这一根本性因素稍显匮乏。其二，对城市贫困治理的基本经济制度保障的研究多为片断性的、静态的，从历史和发展的眼光研究制度变迁的较少，而且多数研究并没有走在政策实践之前。任何一个社会问题与其相对应的解决对策都存在于一定的历史条件之下，具有历史延续性。其中，静态研究是必要的，但从历史发展的角度研究制度变迁，全面、系统分析制度走向更是必不可少。

综上所述，我国在新时代消除城市贫困的制度保障的研究领域，虽然从不同学科、不同角度研究的理论文献可谓汗牛充栋，但在理论上和实践中仍有着待研究的宽广领域。针对当前研究现状及其不足，笔者认为，今后的研究应不断增强研究的问题意识，拓宽研究方法路径，对新时代城市贫困治理基本经济制度保障的基本理论、主要内容、历史经验、对策建议等方面进行系统性研究，不断增强学理分析、拓宽研究视野、加强理论建构，以推动关于城市贫困制度保障的学术研究取得新的发展。

|第三节| 研究思路和方法

一、研究思路

本文在对相关概念界定与阐述的基础上，形成了以下思路。首先聚焦制度和城市，系统梳理了马克思主义经典作家和中国共产党人的城市贫困治理思想，并概括了城市贫困治理与基本经济制度之间的关系，从而为本文明晰思路并积淀有益的思想灵感。其次，本文详细梳理和总结了改革开放和社会主义现代化建设新时期城市贫困治理的基本经济制度保障的历程、成就与经验。这一部分的研究一方面有助于从历史中吸纳成功的治理经验，另一方面可以为当前的研究提供警示，减少研究的不必要尝试。再次，本文分析了中国特色社会主义新时代城市贫困治理的重大意义、有利条件和现实困境，成因主要是从基本经济制度优势转化角度展开的。最后，针对城市贫困的上述表现及其成因，从所有制、分配制度、市场经济体制三个大方面给出了相关政策建议。总体来看，研究围绕着是什么、怎么样、为什么、怎么办的思路有序展开，具有严密的逻辑性。

二、研究方法

一是文献研究法。本文研究的重点是城市贫困治理的基本经济制度保障，所使用的文献主要是国内外关于城市贫困及其相关制度保障的理论研究、实证研究、政策文件和调查报告等。在总结、梳理现有研究材料的基础上，确定了研究方向，并系统地构建了本文的逻辑框架。

二是理论与实践相结合的方法。城市贫困问题既是理论问题，也是重大的现实问题。本课题着眼于中国共产党治理城市贫困问题的全过程，着眼于党中央为解决城市贫困问题而采取的一系列战略和制度措施，并从分析城市贫困的现实问题及其成因入手，有针对性地提出相关政策建议，切实做到理论与实践相结合。

三是系统分析法。新时代城市贫困治理的基本经济制度保障研究是一项系统工程，要分别考虑城市贫困和所有制、分配制度、市场经济各方面的有机结合点，故需要采用系统分析方法。

四是跨学科研究方法。由于研究对象涉及较多的研究领域，本文坚持以马克思主义贫困治理学说为研究基础，运用理论经济学、社会学等其他学科的成果，深入探讨我国城市贫困治理的基本经济制度保障问题。

|第四节| 研究的重点与难点

一、研究重点

本文的研究重点主要包括：对城市贫困进行界定；对我国城市贫困治

理的基本经济制度保障的实践历程和经验进行梳理和总结；对当前城市贫困的现状及其成因进行系统性、全面性的分析；对新时代如何完善城市贫困治理的基本经济制度保障提出宏观性和适用性的对策建议。

二、研究难点

第一，要更好开展城市贫困问题研究，就必然离不开对贫困人口规模的统计，其所涉及的贫困度量指标、贫困线的测算是本研究的一大难点。同时，为聚焦制度和城市，全面系统掌握城市贫困治理的思想资源，对马克思、恩格斯、列宁以及我们党历代领导人的反贫困思想进行整理归纳，这也是研究的难点所在。

第二，为解决城市贫困问题，国家先后出台了各项扶贫政策及具体措施，有效的制度安排缓解了城市贫困问题，城市贫困人口的基本生活逐渐转好。但是通过对既有文献的梳理发现，直接从基本经济制度视角来研究城市贫困治理问题的内容还较少。因此，剖析城市贫困治理的基本经济制度保障就需要从有限的文献中进行深刻的总结和提炼。

|第五节|　研究的创新点与不足

一、研究的创新点

本文坚持以马克思主义为指导，以马克思主义贫困治理学说为理论基础，以改革开放和社会主义现代化建设新时期城市贫困治理的基本经济制度保障实践为分析对象，以探寻新时代完善城市贫困治理的基本经济制度保障的政策建议为逻辑归宿，综合运用马克思主义理论、理论经济学理论、社会学理论等学科理论的研究方法，深入探讨了新时代城市贫困治理的基本经济制度保障问题。总体来看，本文构建了一个相对完整、富有逻辑、视角新颖的分析框架，主要体现为以下三方面的创新。

第一，研究视角创新。从现阶段学术界已有的研究成果来看，探讨城市贫困的学术成果颇丰，从制度层面讨论城市贫困治理的研究成果也相对深入。但将制度这一宏大的研究视角聚焦于基本经济制度的相关研究还比较薄弱。本文正是以此为着力点，试图从社会主义基本经济制度功能和作用发挥的角度，全面分析和研究新时代我国的城市贫困问题，提出坚持和完善我国城市贫困治理基本经济制度保障的政策建议，明确相关制度的目标定位，从而为城市贫困群体提供更好的经济支持和帮助。同时，根据当前我国基本经济制度的发展现状和新形势下的现实国情，为完善我国城市贫困治理的制度保障提出具有创新性的政策建议，并对我国城市贫困人口如何避免社会排斥、保证其可持续生计和社会权利公平进行了大胆探索。

第二，研究内容创新。首先，本文将城市贫困问题的研究置于"历史"、"理论"和"现实"三个维度之中，在理论、历史与现实三个维度的统一中深刻把握我国城市贫困治理的内在逻辑。其次，本文尝试对城市贫困的科学内涵进行新概括、新阐发。本文认为城市贫困是指由于制度因素和非制度因素，使城镇常住人口而非仅城镇户籍居民，不能获得一定精神和物质需要的一种相对贫困状态。再次，本文在基本经济制度视域下，对改革开放和社会主义现代化建设新时期我国城市贫困治理的实践经验进行系统总结。本文认为，推进城市贫困治理，应坚持"发展中治理"的实践逻辑、坚持渐进式变革，坚持从"政府包揽"走向"多元共治"，坚持探索立足城市贫困实践的变革创新。最后，本文以中国特色社会主义新时代城市贫困问题为立足点，从社会主义基本经济制度优势转化的角度切入，剖析了新时代城市贫困治理面临的现实困境及其原因，并尝试提出新时代完善城市贫困治理的基本经济制度保障的政策建议，即应当从经济保障、权利保障、动力保障三个方面进一步推动城市贫困治理。

第三，研究方法创新。本文结合我国新的历史方位，始终坚持马克思主义理论学科的指导地位，以强烈的责任感推进城市贫困治理研究。运用马克思主义理论、理论经济学、社会学等学科的研究方法进行历史与现实、理论与实践的分析，以求对新时代城市贫困治理问题进行全方位的制度性研讨，并相应构建中国城市贫困治理的制度保障。

二、研究的不足

第一，个案调查与研究不足。我国城市类别多、数量多，不同城市所面临的贫困问题和采取的治理方式各不相同。从本质上讲，我国城市贫困问题兼具分散性和复杂性，进行大规模、长时间的调研，并在此基础上提出更具针对性的治理措施是符合逻辑且极为必要的。虽然笔者和课题组其他成员在导师的带领下展开了相关调研工作，但本研究由于受选题的难度、时间和笔者阅历的限制，还未形成有价值的调研报告，所以提出的相关对策难免会出现整体性有余而针对性欠缺的不足。不过，这也为在后续的研究学习中，不断积聚和增强对该选题"说清楚"的能力留下了进步空间。

第二，实证研究不足。本文主要从马克思主义理论的学科视角进行一般性的理论分析和抽象概括，缺少通过科学的统计方法对城市贫困治理的微观细致阐释。所以，部分观点的逻辑性和说服力还有待进一步加强。

|第六节|　相关概念界定

一、贫困和贫困线

（一）贫困的含义

厘清贫困的概念是全面认识城市贫困的前提。贫困作为社会生活中的一个常用词，是一个不断变化的概念，人们对贫困的认识和理解会随着经济和社会的发展而不断变化，因此，在不同时代、阶段、条件下的贫困具有不同的内涵。最早的贫困概念是朗特里提出的，即"如果一个家庭的总收入不足以支付仅仅维持家庭成员生存所需的最低量生活必需品开支，这个家庭就基本上陷入了贫困之中"。在此之后，诸多学者和各国政策制定者从物质匮乏、权利和能力、排斥和剥夺以及脆弱性等方面研究了贫困概念。从这些定义中，不难看出贫困是一个非常复杂的社会现象，具有多种表现形式，但从贫困概念的演化中可以看出，贫困仍具有缺乏、多维、动态等内在特性。综合国内外学者对贫困概念的研究，本文认为，贫困是一个以人为主体，与发展相对应的概念，是一种由低收入造成的缺乏基本的生活必需品和服务以及发展机会和手段的生活状态。这一概念会随着时间、空间和人们的思维方式的变化而变化，在不同的社会制度、思维体系和学科中，贫困的定义和理解方式大不相同。由于生产力和社会经济发展水平的差异，贫困的性质、表现和原因也因国家而异。随着经济的发展、社会的进步、人类文化水平的提高以及一些人们对平等、社会福利等观念理解的深化，人们对贫困问题的认识也在不断加深。简言之，贫困不仅是物质方面的匮乏，而且是文化、精神、社会服务以及权利、获取资源等方面的匮乏。

（二）贫困线

1. 贫困线的内涵

贫困线是指一个国家（地区）或组织确定一个人或家庭在一定时期、一定地区或一定经济发展水平下，为了维持必要的生计或社会所认为的体面生活而必需的费用，一般量化为货币形式。由于城市贫困出现较晚，成因复杂且内容涵盖较多，与农村贫困相比，城市贫困的标准难以统一。目前，我国还没有明确的城市贫困标准，国家主要将"城市最低生活保障线"即"低保线"作为判断城市居民是否贫困的主要标准。城市最低生活保障群体主要是指人均收入低于当地规定的最低生活水平的群体。但由于我国各地经济发展水平不一，各地政府对居民必需品最低支出的财政承受能力不同，因此低保标准也不尽相同。

2. 贫困线的测定方法

贫困标准的确立直接关乎贫困救助的范围。标准过高，会使一部分有切实需求的人被排除在外；标准过低，又会导致国家财政压力过大。因此，必须采取与经济社会发展水平和物价水平相适应的科学的测定方法，为各项保障制度的实施奠定前提条件。但由于城市贫困标准不统一，对其测定也没有确定的衡量方法。当前，关于城市绝对贫困标准，国际上主要流行着以下几种测定方法。

第一，恩格尔系数法。这种方法是由19世纪德国统计学家恩格尔根据消费结构的规律提出的观察和测量贫困的一种常用方法。其中，食物支出所占全部生活支出的比例就叫恩格尔系数。通常恩格尔系数超过59％，就表明这个人或家庭处于贫困状态，50％～59％的人为温饱，40％～50％的人为小康，40％以下的人为富裕，低于30％的为最富裕。

第二，市场菜篮法。市场菜篮法又称标准预算法，是1901年英国社会学家朗特里在《贫困：城镇生活研究》中提出的。使用这一方法的关键就是要查明人所需基本生活的商品和服务清单，并根据市场价格对其进行测算。在实际工作中，确定商品和服务清单的标准主要包括营养学的标准、低收入户的家庭调查和两者结合等。其计算程序是根据满足人的基本生活需求的最低营养日摄入量标准，通过确定食物的组成部分和消费量，并按市场价格估计其成本，再除以相应的恩格尔系数。由于这一方法与人们的生活息息相关，所以称之为市场菜篮法。

第三，马丁法。美国经济学家马丁·雷布林提出的这一方法。该方法主要包括高、低两条贫困线，其中，食品贫困线加上非食品必需品支出即为低贫困线。高贫困线即假定那些实际已达到食品贫困线的居民也将满足他们的非食品需求，这样就计算了一个较高的贫困线，即高贫困线。

第四，支出法。支出法是较为传统的一种测量贫困的方法。世界银行认为，消费比现有收入更能反映人们的长期福利水平，因此把它视为反映民众福利状况的首要指标。其确定贫困线的方法主要是通过食物和非食物支出相加的方式。目前，世界银行以人均日消费支出不低于1.92美元作为绝对贫困线。

通过比较贫困人口和社会其他较不贫穷成员的生活水平就是城市相对贫困标准。这一标准通常还包括所研究社会的总体平均水平。测量的方法主要有以下三种。

第一，收入比例法。收入比例法是指一个以国家或地区社会中位收入或平均收入的1/3到1/2作为国家或地区的贫困线。这一方法只需要获取社会平均收入或社会中位收入，再乘以50%或60%即可。这样一来，有助于救助者分享国家经济发展的成果，可以与社会平均收入实现同步增长。目前，这一方法多集中在发达国家使用，如英国、日本、美国等。相对贫困标准在实践中也有一定的区别。例如，2000年，美国的贫困线为平均收入的27%，它使用家庭总收入，并根据消费物价指数进行调整；欧盟2001年提出的莱肯指标中的金融贫困线为国家中等可支配收入水平的60%。[①] 但必须指出的是，这一方法适用于发达国家的贫困状况，发展中国家不能机械地套用。

第二，收入等份定义法。国民收入首先被分成5～10等份，然后用基尼系数对差异进行比较，以确定贫困人口占总人口的百分比；贫困标准就是根据这一百分比，再加上家庭收入调查的资料而确定的。我国国家统计局公布了按人均可支配收入水平对所有被调查家庭进行的排名，共分为5个等份，其中最低的20%被视为低收入家庭，这也就是我们所说的相对贫困户。

第三，生活形态法。生活形态法是测算最低生活标准的一种方法。具体过程是就贫困家庭的生活方式提出一系列问题，根据受试者的回答选择

---

① 王宁，魏后凯，苏红键. 对新时期中国城市贫困标准的思考 [J]. 江淮论坛，2016 (4)：32-39.

一些"剥夺指标",根据这些指标以及受访者的实际生活条件,确定贫困人口,最后根据其生活收入与支出情况以及被剥夺的需求测算出贫困线。使用这种方法的关键是确定一个社会所公认的基本生活形态。因为相对贫困是一个高层次的贫困概念,它是建立在绝对贫困已基本解决后所面临的收入不平等和低收入群体发展问题上的。所以,相对贫困线测量的是总人口中的一部分处于收入底层水平人口的状况。在正常情况下,这一比例既不会太高,也不会消失。使用相对贫困指标,可以顾及在社会发展进程中"走在后头"的那部分人,通过对其进行社会救助,不使距离被拉得过远。我国于 1999 年通过的《城市居民最低生活保障条例》中并没有规定确定"低保"标准的具体方法,只规定:"直辖市、设区的市的城市居民最低生活保障标准,由市人民政府民政部门会同财政、统计、物价等部门制定,报本级人民政府批准并公布执行。"由于我国地区发展的差异较大,各个城市的财政状况不同,建立全国统一的"低保线"比较困难,因此,各省市的制定方法也不尽相同,例如,北京主要采用的是抽样调查法,广州采用的是收入比例法。[①]

二、贫困分类

根据中外不同领域学者在各个时期对贫困的理解,贫困主要有以下几种比较典型的定义方法。

(一) 绝对贫困和相对贫困

英国社会学家朗特里于 1941 年率先提出绝对贫困概念,绝对贫困被视为低于维持身体有效活动的最低指标的一种贫困状态。目前国内学术界对绝对贫困的定义也大都是基于经济学视角,即从物质层面着眼,基于对维持个人或家庭的生存所必需的食物消费和收入水平确定的。绝对贫困主

---

① 曹艳春. 我国城市居民最低生活保障标准的影响因素与效应研究 [J]. 当代经济科学,2007 (2):15-20+124.

要以基本生存需要为内核，经常与营养不良、饥饿联系在一起。正如阿马蒂亚·森所指出的，在任何情况下温饱问题没有解决必然意味着绝对贫困。因此，绝对贫困主要是指个人和家庭依靠劳动收入不足以维持其基本生存需要的状况，体现为一种生存贫困。随着人均收入水平的提高和收入分配不平等的加剧，相对贫困问题越来越突出，并引起了社会各界的关注。20世纪下半叶，汤森（Townsend）明确把贫困的相对意义提上议事日程，他认为，"人们常常因为社会剥夺而不能享有作为一个社会成员应该享有的生活条件"，所以他们是处于贫困的。① 世界银行把收入低于平均水平1/3的社会成员视为处于相对贫困状态。但同时也有学者围绕经济、社会、文化、心理等不同方面展开。关信平、林闽钢等认为，相对贫困就是虽然收入可以维持基本生活需要，但与社会平均生活水平相比，仍处于较低的生活水准。王卓认为相对贫困包含着更高层次的社会心理需要，是一种经济落后的比较和心理落差。凌经球认为，相对贫困是一种发展型贫困，主要是指部分家庭或个人由于分配差距或公共服务的差别所导致的福利水平低于社会平均水平的一种贫困。可见，在研究初期，相对贫困是根据收入、消费或经济福祉来衡量的，随着研究的深入，相对贫困开始更加强调社会层面的"相对剥夺感"。综上，可以将相对贫困进一步界定为当一个人或家庭的生活状况（收入水平、资产积累、基本公共服务均等化、生活环境、政治参与等）比社会平均水平少到一定程度时所表现出来的贫困状态。由此可以看出，相对贫困既包含有"相对"的含义，又存有"贫困"的内核，如果说消除绝对贫困是一个生存问题，那么，缓解相对贫困则是一个改善收入不平等和缩小生活质量差距的问题，其反映了"丰裕社会"的贫困本质，斗争更为复杂，需要综合考虑。

与绝对贫困相比，相对贫困具有以下几种特殊的性质：一是比较性。

---

① Townsend. The International Analysis of Poverty [M]. New York: Harvester Wheatsheaf, 1993: 31.

相对贫困的起点不是人类生存或生理效能所需的最低标准，而是不同群体之间物质和精神的比较和差异。如一些国家将收入低于平均水平40%或50%的人归类为相对贫困，世界银行估计，收入低于平均水平1/3的社会成员处于相对贫困之中。二是主观性。相对贫困除了满足基本生存需要和其他基本生活需要外，更多地还与贫困主体的主观感受和社会共识的形成有关。因此，相对贫困本身可以视为一种主观贫困。如果说客观贫困是基于客观事实的判断，如营养不良，那么相对贫困则是基于主观感受，如获得感、幸福感和满足感。三是多元性。相对贫困往往意味着避免苦难、获得教育、享有政治权利、参与社群生活等能力的缺失。造成这些能力缺失的原因主要有资源贫乏、社会排斥、相对剥夺等，因而相对贫困的主体和特征呈现多元性。四是长期性。相对贫困的比较性和多元性决定了贫困治理的结构性挑战和困难的长期性。可以看出，相对贫困更多地关注发展和资源分配问题，其不是简单地通过社会救助可以解决的，它不仅需要在促进整体国民经济健康持续发展方面进行探索，而且需要运用就业政策、社会保障政策、教育政策、医疗政策、住房政策以及相关收入分配手段才能够解决。

（二）物质贫困和精神贫困

物质贫困是贫困的主要表现形式，主要是指经济的"贫"。这一贫困所带来的后果是物质资料匮乏导致基本的生存生活需要受到制约。根据马斯洛的需求层次理论，生理需求是第一位的。因此，处于这种贫困状态的贫困人口，通常对收入、食物、衣着、燃料、住房等物质资料有着强烈的需求，而对于其他需要，如安全、爱和尊重等，则显得没有那么强烈。在经济落后、绝对贫困人口相对较多的广大发展中国家，摆脱经济上的"贫"必然成为贫困治理面临的首要问题。党的十八大以来，我国将"两不愁三保障"作为扶贫的底线标准，目的是要确保到2020年在满足农村贫困人口基本物质需要的基础上，促进人的全面发展。"两不愁三保障"作为贫困人口脱贫的基本要求和核心指标，是确保如期打赢打好脱贫攻坚战的重要基石。

精神贫困主要是指贫困群众自身脱贫意愿不高和积极性、主动性不足，即常说的不坚定。它具有一定的隐蔽性，相较于物质贫困，治理难度更大。丁志刚、李航从认知失调理论出发，指出精神贫困是"现代社会边缘化的贫困人口由于受到传统生存方式、文化样态、行为模式、风俗习惯等因素的影响，在思想观念上贫穷落后，无法适应现代社会主流价值要求，从而制约个体乃至群体可持续发展与进步的一种社会现象；它在心理上主要表现为安于现状、故步自封、低自我效能感、以贫为荣、'等靠要'以及听天由命的宿命论等，在行为上主要表现为'靠在墙根晒太阳，等着政府送小康''干部干、群众看'等消极脱贫甚至主动抗拒脱贫的行为"[①]。脱贫攻坚以来，从中央到地方多次提出"扶贫先扶志，扶贫必扶智"的实施路径，目的就在于实现贫困人口的思想解放，促使贫困群众树立脱贫的决心和信念、积极性和主动性，从而摆脱精神贫困。事实上，西方学界很早就形成了对精神贫困的相关研究。20 世纪五六十年代，美国学者奥斯卡·刘易斯通过对贫困家庭和社区的调查研究，率先提出了关于贫困文化的著名理论。这一理论主要是从文化角度论证穷人的特征，认为社会中的穷人因在社会生活中与其他人相对隔离而产生的一种脱离社会主流文化的、受贫困群众所共同认可的价值观和生活方式，即贫困亚文化。奥斯卡·刘易斯认为，处在贫困文化环境中的人们有一种强烈的边缘感、无助感、依赖性和不归属感。他们就像生活在本国的外国人，深信现有政府无法满足他们的利益和需要。与这种无助感相伴产生的还有普遍存在的自卑感、无价值感，并且生活在贫困文化中的人几乎没有社会感。

（三）单维贫困和多维贫困

受数据收集限制和对贫困的传统认知理念，经济上的贫困一直被认为

---

① 丁志刚，李航. 精准扶贫中的"精神贫困"及其纾解：基于认知失调理论的视角 ［J］. 新疆社会科学，2019（5）：136－144＋154.

是贫困的症结所在，收入、消费或其他货币尺度一直被用来作为测度贫困的标准。随着贫困长期性和贫困个体脆弱性的出现，人们越来越意识到如果仅从收入角度测度贫困，可能会忽视那些在教育、健康等其他相对维度处于贫困的人口不能得到及时救助，进而增加贫困的风险。同时，货币贫困在一定时期内具有可逆性，而非货币贫困却不是一日就可以瓦解的。因此，仅以收入这一单维度作为贫困标准具有一定的片面性，健康维度、教育维度、生活标准维度上的贫困状态逐渐被纳入考量范围。

最早提出多维贫困概念的学者是阿马蒂亚·森。在 20 世纪 80 年代之前，以收入水平的高低作为判断贫困的标准是西方学界的主流观点，而阿马蒂亚·森通过对传统贫困概念的反思，强调从实质自由的视角看待贫困，进而提出了以能力、权利和福利为主要内容的新贫困观。阿马蒂亚·森认为，贫困不仅是低收入的结果，而且意味着穷人可行能力的贫困，贫困实际上意味着剥夺贫困人口的可行能力。收入低下与可行能力被剥夺有密切的联系，一方面收入低下会导致饥饿和营养不足，另一方面更好的教育和健康即可行能力的提高会提升收入水平。但他又指出，"收入不是产生可行能力的唯一工具"，[①] 因为有着同样收入的人因具有"异质性"可能会对可行能力产生不同的影响。因此，他提出，减少收入贫困不是反贫困政策的终极目标。在他看来，把注意力从收入贫困转移到更具包容性的可行能力的被剥夺上，能够更好地理解人类生活的贫困和自由。基于以上认识，他提出，识别贫困应"确定一个'基本'或'最低'生活必需品集合，把缺乏满足这些基本需要的能力作为贫困的检验标准"[②]。而相关能力不仅包括避免夭折、保持健康和接受教育等基本要求，还包括是否能参加社交活动。

---

① ［印］阿马蒂亚·森. 以自由看待发展［M］. 任赜，于真，译. 北京：中国人民大学出版社，2002：86.

② ［印］阿马蒂亚·森. 贫困与饥荒：论权利与剥夺［M］. 王宇，王文玉，译. 北京：商务印书馆，2001：24.

在阿马蒂亚·森的影响下，关于贫困的测量维度不断得以补充和创新。在《1997 年人类发展报告》中，联合国开发署提出了"人类贫困指数"（HPI）的概念，主要是采用短寿早夭、缺乏基础教育和资源不可及三个基本指标，并下设了 3 个一级指标和 5 个二级指标用以描述那些因考虑经济收入而被忽视的其他因素。目前，全球多维贫困指数包括 3 个维度，共 10 个指标。健康维度：营养、儿童死亡率。教育维度：受教育年限、入学儿童。生活标准维度：做饭使用燃料、厕所、饮用水、电、屋内地面、耐用消费品。目的是识别贫困家庭在以上 3 个维度所遭受的多维剥夺。可见，多维贫困和多维贫困指数较好地利用了可收集的不同维度的剥夺结果以及影响数据，是一种更为先进的社会政策理念，对新时代城市贫困治理制度保障的研究具有重要参考价值。

（四）长期贫困和短期贫困

贫困的长期性就是指所持续时间较长的一种贫困。持续时间较短的为暂时贫困。21 世纪初，长期贫困研究中心指出，长期贫困是指个人、家庭或家族被剥夺能力 5 年或 5 年以上的情况。也有研究认为，90％的长期贫困者都经历了 4 年的贫困时期。[①] 处于长期贫困中的人口，往往生活在贫困线以下，并且持续整个生命周期甚至跨代传递。长期贫困研究中心区分了 5 种贫困类型：一是在生命各个时期都一直处于贫困线以下的始终贫困；二是平均支出低于贫困线，但有时高于贫困线的经常贫困；三是平均开支处于贫困线以上，但偶尔低于贫困线的偶尔贫困；四是平均开支在贫困线上下浮动的波动贫困；五是平均开支一直处在贫困线以上的从不贫困。其中，始终贫困和经常贫困属于长期贫困的情况。波动贫困和偶尔贫困是暂时贫困的一部分。但如果波动持续时间较长，暂时贫困转为长期贫困的可能性就会增加。McCulloch 和 Calandrino 在对我国四川省长期贫困的研究中，区分了三种形式的长期贫困：一是平均消费处于贫困线以下；

---

① 何晓琦. 长期贫困的定义与特征 [J]. 贵州财经学院学报，2004（6）：53－57.

二是一段时间内经常处于贫困水平或以很大概率处于贫困状态；三是很大程度处于贫困水平。① 世界银行认为，某些人群的贫困持续时间不超过 5 年，通过救助可以避免的现象是暂时贫困。与长期贫困相比，暂时贫困多为偶发性的或突发性的，它既可以是地震、洪灾等自然因素所带来的家庭或个体入不敷出的状态，也可能是生病、失业、子女上学、物价上涨、收成下降等因素导致的平均收入在一段时间内低于贫困线的情况。这些情况可以通过自己的努力或外部的帮扶，从暂时的贫困状态中脱离出来。但这并不意味着处于暂时贫困的贫困人口扶贫难度小，在遇到重大自然灾害、经济危机或重大疾病时，如果没有新的收入来源或难以扭转的现金支出，暂时贫困仍有可能变为长期贫困。但是，长期贫困不仅仅是从暂时贫困转化而来，其极端方式是代际传递。贫穷的代际转移意味着贫困阶层的流动从"代内"向"代际"转变。② 事实上，早在 19 世纪 70 年代，社会学家基尔坦就分析了代与代之间在身高、教育和收入水平方面的关系，并且涉及了代际流动和阶层变化的研究。马克思认为，剩余价值规律和资本主义积累导致了无产阶级和资产阶级之间的贫富对立和阶级鸿沟。马克思·韦伯认为，经济上的阶级地位影响个体生命发展，而阶级结构又不断再生着同样阶级地位的个体，从而持续产生了贫穷阶层。1953 年，美国经济学家拉格纳·纳科斯提出了"贫困恶性循环理论"，从国家层面分析指出，发展中国家之所以贫困，不是因为它们没有足够的国内资源，而是因为低收入造成的供求不足限制了资本形成。这一理论仅仅考虑了影响贫困的资本因素，而忽视了导致贫困发生的其他因素，因而受到一些学者的批判。奥斯卡·刘易斯从社会文化的角度提出，"亚文化"会对贫困者后代产生重大影响，从而陷入贫困代际传递的恶性循环。乔治·赫伯特·米德（George Herbert Mead）提出长期接受福利救济的家庭所形成的"等靠要"

---

① Neil McCulloch. Vulnerability and Chronic Poverty in Rural Sichuan [J]. World Development, 2003, 31 (3): 611 - 628.

② 王卓. 论暂时贫困、长期贫困与代际传递 [J]. 社会科学研究，2017 (2)：98 - 105.

心理也容易使贫困代代相传。帕金认为，社会分层不仅是一种不平等，还能够保障处于优势地位的家庭的子代报酬与父辈具有连续性。还有学者认为，家庭结构中若出现兄弟姐妹多或父母离异，也容易导致后代的贫困。可见，与暂时性贫困相比，处于长期贫困的人口由于经济资本、文化资本、社会资本等十分薄弱，所以其应对风险的能力更弱，对外部冲击所带来的伤害表现更明显。无疑，由于处于长期相对贫困中的人口在阶层流动中基本处于固化状态，其治理难度比长期绝对贫困要困难得多。

此外，从研究范围来看，贫困还可分为狭义贫困和广义贫困。狭义贫困仅指从经济意义上或经济的角度来理解贫困，反映在一定条件下维持生产与生活在经济上的最低标准。广义贫困除包含经济意义上的贫困之外，还涉及从社会和文化等综合角度来理解贫困。从社会经济发展层次来看，贫困还可分为生存贫困、温饱贫困和发展贫困等。物质贫困即为生存贫困。精神贫困和物质贫困并存的一种生活水平很低的情况为温饱贫困。发展贫困，也可视为相对贫困，是一个在稳定解决衣食住行问题的基础上，还需要进一步提高生活质量的发展问题。根据贫困的测量方法，贫困可分为客观贫困和主观贫困。客观贫困是指根据收入、能力等客观方法估计的贫困。主观贫困则是由社会所接受的最低生活标准构成的个体主观判断而定义的贫困。

三、城市贫困

我国作为发展中国家，贫困现象一直较为普遍。改革开放以前，受传统高度集中计划经济下的高就业、高福利、低工资体制的影响，我国贫困现象主要存在于农村地区，城市贫困问题并不十分突出。20 世纪 90 年代以来，随着经济改革的纵深推进，国有和集体企业市场化改革致使下岗失业人口剧增，"贫困突然变得像流行病一般在城市中爆发"。与此同时，大量的农村劳动力流入城市，在进入城市工作后，逐渐成为城市底层的主体，城市贫困日益成为我国社会经济发展中的一个突出问题。

城市贫困，顾名思义就是指发生在城市中的贫困。在国外，关于贫困的定义多是指城市贫困。当然，随着贫困内涵的不断演变，发生在城市中的贫困不再单纯以收入为理解的切入点，而是包含着绝对贫困和相对贫困、单维贫困和多维贫困、精神贫困和物质贫困、长期贫困和短期贫困等多视角，并与剥夺、贫困感、脆弱性和缺少发言权等内容密切相关，涉及社会排斥、底层阶级、社会剥夺、社会极化等一系列问题。总而言之，随着我国改革开放政策的实施和综合国力的增强，我国城市绝对贫困人数急剧减少。当代的城市贫困人口已不再主要是生存意义上的贫困，而是在基本生存需求得到满足后，与其他社会成员相比，仍未过上当时社会通行的某种生活标准的一种缺乏或不足的状态。正如阿马蒂亚·森所指出的，"与另外一些人相比，一些人在某些方面的欲望得到了较少满足，如收入、舒适的职业或者权利等"①。因此，对城市贫困的定义，不仅需要突破户籍制度的限制，还要突破贫困维度的限制，从更广阔、更综合的视角来界定城市贫困，对那些在城市生活、工作、学习、奉献的贫困者予以关注。

本文综合贫困内涵及其演进两个方面，认为城市贫困是指由于制度因素和非制度因素，使城镇常住人口而非仅仅城镇户籍居民，不能获得一定精神和物质需要的一种相对贫困状态。具体来说，城市贫困就是指城镇地区的常住居民个人或家庭受自身及各种外部因素影响，生活水准无法达到当地普遍认可的、有尊严的最低水平，综合表现为消费水平及收入水平低，享受到的教育、医疗卫生、营养以及用于个体发展的各类资源少于当地正常水平，极大地限制了他们自身发展的能力。

与农村贫困相比，城市贫困具有以下几方面的特征：一是相对性。当前我国城市贫困呈现出鲜明的相对性特征。贫困的相对性是在人们基本需要被满足之后而产生的一种比较性的概念。在城市居民贫困差距逐步扩大的趋势中，我国城市贫困总趋势是绝对贫困逐渐减少，相对贫困程度不断

---

① ［印］阿马蒂亚·森. 贫困与饥荒：论权利与剥夺 ［M］. 王宇，王文玉，译. 北京：商务印书馆，2001：25.

加深。城市贫困人口不再局限于生存意义上的绝对贫困，还表现为缺乏某些基本价值物而形成的相对贫困，在相互比较中产生贫困感、相对剥夺感。二是长期性。其一，贫困人口众多。与农村贫困人口持续下降的变动趋势相反，城市贫困人口的数量正处于增加的阶段。其二，贫困程度深，城市贫困人口不仅表现为收入水平低，难以维持基本生存需求，还面临着经济、社会、文化、精神等多维度的贫困。其三，扶贫任务艰巨。相较于收入贫困，能力贫困、多维贫困更加难消除。以上因素都导致了城市贫困具有长期性的特征。三是多元性。在经济体制转轨、社会结构调整和市场经济发展的过程中，我国城市贫困人口的构成也在不断变化，除了传统"三无"人员、鳏寡孤独以及残疾人等特殊群体，还包括破产企业中因超编被辞退、提前退休的职工，因罹患重病或遭遇各类灾害而造成生活困难的企业职工，未被纳入城市社会保障体系的农民工，因产业结构调整而导致的失业群体，留城大学生、"蚁族"、"漂族"等。四是社会性。城市通常是一定地域范围内的政治、经济、文化中心，人口众多，社会文化异质性较大，具有明显的行业、区域和空间聚集特征。任何社会资源、财富分配不平等的现象、歧视性待遇，都可能引起较大的社会反应，给社会安定带来较大威胁，影响社会公平正义和社会共享发展的实现。

四、贫困治理

俞可平认为："治理不同于统治，它指的是政府组织和（或）民间组织在一个既定范围内运用公共权威管理社会政治事务，维护社会公共秩序，满足公众需要的活动。治理的目标是实现善治，即公共利益最大化的管理活动和管理过程。善治意味着官民对社会事务的合作共治，是国家与社会关系的最佳状态。"① 面对全面深化改革的时代新课题，习近平总书记

---

① 俞可平.中国的治理改革（1978—2018）[J].武汉大学学报（哲学社会科学版），2018，71（3）：48-59.

提出了"社会治理"的科学内涵，具体体现为"系统治理、依法治理、源头治理、综合施策"。"贫困治理"是社会治理理论运用到我国反贫困事业的具体体现。不同的是，治理对象由"治理社会"聚焦为"治理贫困"，即特定的治理主体对贫困实施的管理。相同的是，新时代"贫困治理"也蕴含着理念、方法、手段和制度等多个层面的深刻变革，同样强调政府、社会组织、企事业单位、社区以及个人等多元角色的互动。总之，它是根据我国由"社会管理"到"社会治理"的深刻转变，提出的关于治理贫困的新思路。与"反贫困""扶贫""减贫"等词语不同，贫困治理涵盖了非政府组织的作用，更加强调贫困人口的参与、制度在减贫中的作用以及减贫的可持续性。因此，本文认为贫困治理就是由政府主导的，由非政府组织和企业等多方主体共同参与和推动的，针对贫困地区和人口而采取的扶贫行动，目的是以可持续和制度化的方式促进贫困人口福祉的全面提升。

五、制度和基本经济制度

（一）制度的内涵

了解制度，必须先明确什么是政策以及政策与制度之间的关系。政策是由国家政权机关、政党组织和其他社会政治团体以权威形式制定的一系列谋略、法令、措施、办法、方法、条件等的总称，是"一种含有目标、价值和策略的大型计划"[①]。从本文的扶贫政策来讲，就是国家采取的应对城市贫困挑战的各项政策，如为下岗职工提供就业信息和就业培训，建立养老保险、失业保险和医疗保险，建立社会救助制度，完善最低工资保障制度等，在如此众多的政策设计和政策实践过程中，构建完备的城市反贫困制度体系。所谓制度就是为人们的日常生活提供一种规则，从而减少不确定性。制度包括人类设计出来用以塑造人们相互交往的所有约束，既有

---

① 陈振明.政策科学：公共政策分析导论［M］.北京：中国人民大学出版社，2003：48.

规章、规则和法律等正式的制度，也有像风俗、习惯、传统、伦理道德等非正式的制度。制度中正式制度的确立与政策安排有着密切联系。一项政策得以推行，需要以相应制度体系的确立为前提，同时正式制度的建立也需要借助政策的推行来实现。可以说，正式制度的内容源于各项政策的出台。对于制度的认识和理解，学者们给予了不同的解释。

制度经济学家康芒斯认为，制度是集体行动依靠组织的运转与调节，实现对个体行动的控制。[①] 集体行动可以通过各种业务规则指出个人能或不能做，必须这样做或必须不这样做，可以做或不可以做的事。新制度经济学的代表人物诺斯认为，制度是人们所创造的用以限制人们相互交往行为的框架，既包括法律、产权制度、契约等正式规则，又包括各种规范和习俗等非正式规则。凡勃伦强调，从心理学的角度来看，制度本质上是个人或社会对某些关系或角色的一般心理习惯，而生活方式则是社会发展某一时期或某一阶段的制度的综合，因此制度就是一种流行的精神态度或一种流行的生活理论。[②]

近年来，制度问题也是我国理论界关注的一个热点问题。社会学家李汉林认为："在社会学里，制度主要被认为是在主流意识形态和价值观念基础上建立起来的、被认可的、被结构化和强制执行的一些相对稳定的行为规范和取向，这些行为规范和取向融入相应的社会角色和社会地位之中，用以保证人与人之间的互动、调整人们之间的相互关系，满足人们的基本社会需求。"[③] 李松玉认为，制度概念一般是在两种意义上使用，如工作制度、管理制度等。目前，国内外多数学者一般都是在前者的意义上使用。[④] 综上所述，虽然经济学和社会学对制度有着不同的研究兴趣指向，但都承认制度是对个人行为的各种规则和约束。

---

① ［美］康芒斯. 制度经济学：上 ［M］. 于树生，译. 北京：商务印书馆，1962：92.
② ［美］凡勃伦. 有闲阶级论 ［M］. 北京：商务印书馆，1964：139－140.
③ 李汉林. 中国单位社会：议论、思考与研究 ［M］. 上海：上海人民出版社，2004：3.
④ 李松玉. 制度权威研究 ［M］. 北京：社会科学文献出版社，2005：20.

（二）制度的构成

剖析制度的构成，是运用制度分析问题的关键。诺斯认为，制度是由正式规则、非正式约束以及实施机制共同构成的。正式规则是人们有意识地创造出来的一套政策法规，从一般性规则到特别界定，它们共同约束着人们的行为。非正式约束是人们在长期交往中无意识形成的。在正式规则出现之前，人与人之间的关系基本上是由非正式约束所支配的，即使在现代社会，人与人之间的大多数关系也是由非正式规则所支配的。构成制度的一项重要组成部分还有实施机制，主要包括制度的实施主体、程序、手段、监督等。实施机制若无效，任何制度，特别是正式制度，都将是徒劳或无效的。虽然制度安排是科学合理的，但如果没有完善的执行机制，它们的运作和效力就难以实现。诺斯认为，一个国家之所以会在历史发展中落伍，一个重要原因就是制度实施机制不完善。

（三）制度的功能

根据制度的定义可以看出，制度总是"社会的"，它对个人的行为具有限制和约束作用，有助于调节人际关系。如果把人或组织看作系统，制度在与它们结合时，会产生促进该系统效率增长或非效率增长的影响，二者则完全取决于它同人或组织的"适应性效率"。制度作为人或组织来适应环境的"软件"，可通过反馈信息逐步消除人们行为"外部性"的负效果，满足人和组织"适应性效率"最大化的目标需求，进而提高全社会的资源配置效率。

与此同时，制度具有公共产品的性质，在使用上具有非排他性。制度作为协调"公众"各方之间社会关系的一种规则，必须被大家共同"消费"，从这个意义上讲，制度的非排他性又体现出"强制性消费"的意味，有人能在制度中获利，也有人会遭遇损失。因此，利益冲突就包含在制度之中，对制度的选择只能是利益冲突条件下的一种公共产品选择。

制度与组织有着密切联系，任何组织都是按照某种制度框架建立的，制度为组织提供游戏规则、构造模式和结构框架，制度约束功能在组织中就体现为"组织约束"功能，组织的效率在一定程度上取决于它对制度框架的适应程度，换句话说，就是组织构造的制度模式能否为该组织提供"适应性效率"，因此，制度创新对社会组织形态的进化具有重要作用。一个国家或地区的经济发展的本质就是在一定制度创新和有效制度供给基础上的经济增长及其相应的结构变革。在各国和地区的经济发展过程中，贫困是必须要面对的重要内容之一，不同的制度和实施无疑对这一过程产生重要影响。相关制度的失误、不当导向都有可能引起不平等进而导致贫困，甚至有时为抑制贫困而出台的制度却适得其反地加剧了贫困。

（四）制度变迁

制度变迁是指制度的替代、转换和交易的过程。林毅夫曾把制度变迁分为强制性和诱致性制度变迁。由个人或一群人追求获利机会而自发倡导、组织和实行的新的制度安排的变更或替代为诱致性制度变迁。其动力主要来自制度不均衡的获利机会。它是依据共同的利益和经济原则，针对外部性和"搭便车"问题，自发进行的制度变迁过程。而由国家或政府引入和实现的制度变迁过程为强制性制度变迁。国家凭借自己的强制力量，能够在短时间内以最有效率的方式实现低成本的制度变迁。我国城市贫困伴随着各种制度的变迁，这一制度变迁主要就是由政府主导和推动的。国家所有制结构、分配制度、社会主义市场经济体制改革的不断调整，改变了部分社会成员的社会资源占有结构，一些社会群体和个人因占有资源不同而成为失业下岗人员，进而陷入贫困。

（五）社会主义基本经济制度

在一个社会中，反映占统治地位生产关系发展要求的制度、规则和措施就是经济制度，它是一定经济关系或生产关系在制度上的反映。马克思从"经济基础"和"生产关系"的范畴研究了经济制度，认为构成经济基础的生产关系主要包括生产资料归谁所有、人们在生产中的地位和相互关系、产品如何分配等三个方面的内容。其中，生产资料归谁所有即所有制关系是社会最基本、决定性的方面，它是区分不同社会形态和社会性质的重要标志。例如，在奴隶社会，奴隶被视为"会说话的工具"，作为生产资料归奴隶主所有；在封建社会，生产资料主要归封建主或地主阶级所有；在资本主义社会，生产资料主要归资本家所有；在社会主义社会，生产资料则归全体社会成员所有。因此，基本经济制度就是关于一个社会所有制结构的制度化规定。生产资料所有制决定了一个社会的基本性质和发展方向。中国特色社会主义基本经济制度是中国共产党人立足我国经济建设实践，经过改革开放 40 多年的持续探索而逐步形成的。其中，如何处理好公有制经济和非公有制经济的关系是贯穿我国社会主义基本经济制度形成和发展的一条主线，党的十九届四中全会实现了对社会主义基本经济制度科学内涵的重大创新，即在坚持以公有制为主体、多种所有制经济共同发展基本经济制度的基础上，又把按劳分配为主体、多种分配方式并存的分配制度和社会主义市场经济体制等上升为基本经济制度，这三项基本经济制度作为"三位一体"的有机整体，是我国社会主义性质在经济领域的根本表现，在我国经济社会发展和社会主义现代化建设中具有基础性、决定性作用，它不仅同我国社会主义初级阶段社会生产力发展水平相适应，而且具有不断解放和发展生产力、促进我国经济建设和社会进步的积极作用。本文正是着眼于"三位一体"的社会主义基本经济制度的功能和作用，对新时代城市贫困治理这一现实问题进行研究。

（六）制度保障

城市贫困既是人们真实生活的反映，同时也受当时经济社会发展水平和相关制度的影响。城市贫困作为一种与市场经济相伴发生的长期性现象，是不能通过各项救急性政策加以解决的，相应的制度安排是保障陷入贫困人口基本生活目的的必要条件。新中国成立后，特别是改革开放以来，市场经济体制的建立、国有企业的改革、供给侧结构性改革等一系列改革致使一部分城市居民失去了体制性保护，逐渐成为城市贫困人口。对此，国家通过变革劳动力市场、进行所有制改革、调整产业结构、完善分配机制、建设保障体系等，补偿城市贫困群体因制度变迁所导致的利益损失，为他们提供基本的生活保障，减缓其不满情绪，这就是制度保障。

第一章

城市贫困治理基本经济制度保障的基本理论分析

系统梳理和挖掘马克思主义经典作家和中国共产党人的反贫困思想，并在此基础上明晰城市贫困治理与基本经济制度之间的联系，有助于在实践中更好地坚持和完善基本经济制度，推进城市贫困治理。

|第一节| 城市贫困治理的理论基础

中国城市贫困治理的理论发展，经历了马克思恩格斯关于无产阶级贫困的理论、列宁反贫困思想、中国共产党人在继承和发展马克思主义理论的基础上形成的一系列解决贫困问题的理论的发展历程。这些宝贵的理论成果构成了我国城市贫困治理的理论基石。

一、马克思、恩格斯关于无产阶级贫困的理论

17、18 世纪资产阶级革命胜利后，广大劳动人民并没有享受到平等、自由的权利，包括无产阶级在内的广大劳动人民一直处在被奴役、被剥削和贫困的状态下。面对劳动者一贫如洗的状况，马克思、恩格斯立足资本

和雇佣劳动的对立关系，从资本主义社会制度及生产关系角度，深入分析了私有制、剩余价值、资本积累等带给无产阶级的严重贫困现象，并进一步把消除贫困和人的解放结合起来，为人类从根本上消除贫困奠定了理论基础、指明了方向。

（一）贫困产生的根源是社会制度

马克思、恩格斯认为："工人阶级处境悲惨的原因不应当到这些小的弊病中去寻找，而应当到资本主义制度本身中去寻找。"[①] 17、18 世纪腐朽落后的封建制度被资产阶级革命摧毁，资产阶级获得了统治地位，并承诺让广大劳动人民过上好日子。19 世纪上半叶，英国在世界工业、贸易、海运和金融方面都处于垄断的地位，是当时世界上最强大的工业国家和殖民帝国。然而，国内的贫困现象依然很严重，现代工人并没有在社会财富的增长和工业的进步中，实现生活的改善，反而变成赤贫者。对此，恩格斯认为，这是资产占有的不平等而导致的阶级上的对立。在资本主义社会里，基本特征就是人剥削人，到处都存在不近人情的利己主义者和无法形容的贫穷。只有少数富人掌握着日益丰富的财产，大多数人都越来越贫困，贫富的阶级对立就此产生。恩格斯认为，这种现象产生的原因就在于当时的以私有制为基础的社会制度。在资本主义制度下，土地所有者为谋求更多的利益，进行着剧烈的竞争，这种竞争"挤掉了小农，把他们降到无产者的地位"[②]，加上地租的不断提高，使得日子本就拮据的农业工人陷入更深的贫困当中。

恩格斯把资产阶级对工人的剥削叫作"社会谋杀"。因为资本主义制度剥夺了成千人的生活必需品，造成工人们既不能保持健康，也不能长寿，只不过用一种隐蔽的阴险的谋杀的方式，使工人自然地死去。马克思、恩格斯认为，私有制是工场手工业和大工业发展的产物，不平衡的生产力最终导致了无产者难以忍受的悲惨境遇，只要生产力发展程度不能满

---

① 马克思恩格斯选集：第 1 卷 ［M］．北京：人民出版社，2012：67．
② 马克思恩格斯全集：第 2 卷 ［M］．北京：人民出版社，1957：359．

足所有人需要，依然有剩余产品能够进一步发展生产力和增加社会资本，那么，一定会产生有支配生产力的统治阶级和贫穷的被压迫阶级。因此，马克思、恩格斯提出，无产阶级上升到统治阶级的地位后，必须尽可能地发展生产力，增加其总量。这是因为"在极端贫困的情况下……全部陈腐污浊的东西又要死灰复燃"①。

在《雇佣劳动与资本》中，马克思指明了资本与雇佣劳动这两种关系的对抗性和劳资利益的根本对立性。马克思深刻论述了资本与雇佣劳动的关系。一方面，资本与劳动互为前提。资本只有同劳动交换，才能增长。另一方面，资本与劳动互为存在条件。资本存在的前提就是剥削劳动，否则就会灭亡，而要实现剥削，资本就得购买劳动，资本的增加就是无产阶级的增加。接着，马克思特别强调了资本与雇佣劳动之间的本质。按照资产阶级经济学家的观点，在资本与雇佣劳动交换的过程中，工人和资本家分别获得了"公平的工资"和"公平的利润"，因此，工人的工资会随着生产资本的增加而增加。马克思无情地批驳了这一劳资和谐论。他认为，在资本主义制度下，工资是资本家根据工人劳动的时间或生产的产品数量支付的一定数量的货币。换句话说，资本就是劳动价格的特种名称。表面上看，工人通过自己的劳动，换取了资本家的商品即资本，是一种不存在剥削的等价交换。但实际上，在交换过程中，工人用自己的劳动换到了生活资料，但资本家通过换取工厂的生产活动，不仅能支付工人工资，而且还使积累起来的劳动具有了比以前更大的价值，即资本增殖。所以，生产资本的增加不过是积累起来的劳动对活劳动的支配权力的增加。马克思强调，在雇佣劳动制下，劳动者成为资本家榨取剩余价值的手段。劳动产品不是依赖于生产者本身的力量，而是作为异己的存在物与劳动对立。由于劳动的异化，无产阶级失去了改变贫困和苦难的机会，并在资本主义不合理的分配制度的作用下，为资本家创造大量财富。对此，马克思、恩格斯

---

① 马克思恩格斯文集：第 1 卷 [M]. 北京：人民出版社，2009：538.

精彩地论述道：一方面，劳动为资本实现规模和范围的扩大，另一方面也给工人带来了贫困。不仅如此，资本家一方面通过缩减必要劳动时间，榨取工人的剩余价值；另一方面通过机器生产排挤工人，提高劳动生产率，工人生活状况日趋恶化，并产生了相对过剩人口。对此，马克思指出，只有建立社会主义公有制，才能使无产阶级彻底摆脱贫困。

（二）贫困的形式有绝对贫困和相对贫困

马克思指出，随着生产总量的增长，需要、欲望和要求也提高了，于是绝对的贫困减少，而相对的贫困可能增加。"在一个前进着的国家，生产总量在大约十年内与社会相比增加了三分之一，而工人挣得的工资仍和十年前一样多，他们不但不能保持过去的福利水平，而且比过去穷三分之一。"[①] 马克思进一步阐述无产阶级陷入绝对贫困的具体表现，即工资收入低于劳动力价值的最低限度。当这种情况发生，意味着工人基本生活没有得到保障。在资本主义私有制下，即便无产阶级的绝对贫困状况得到缓解，他们的相对贫困也依然严重。"工资的显著增加是以生产资本的迅速增长为前提的。"[②] 所以，工人与资本家、一般社会发展水平相比，其相对贫困水平反而升高了。马克思、恩格斯认为，生产过程中人（劳动者）与物（生产资料）的分离，使"物化劳动"拥有了对"活劳动"的占有权。这种资本本质上是对劳动者生产资料所有权剥夺所形成的"社会关系"。而导致无产阶级"不可避免的、无法掩饰的、绝对不可抗拒的贫困"[③] 正发轫于此。马克思认为"劳动能力表现为绝对的贫困"[④]。绝对的贫困不是因工人自身能力导致的，而是"被剥夺了劳动资料和生活资料的劳动能力"[⑤]。在资本主义私有制下，无产阶级通过出卖自己的劳动力只能勉强维持生存。

---

① 马克思恩格斯全集：第3卷 [M]. 北京：人民出版社，2002：233.
② 马克思恩格斯文集：第1卷 [M]. 北京：人民出版社，2009：729.
③ 马克思恩格斯全集：第2卷 [M]. 北京：人民出版社，1957：45.
④ 马克思恩格斯全集：第47卷 [M]. 北京：人民出版社，1979：38.
⑤ 马克思恩格斯全集：第47卷 [M]. 北京：人民出版社，1979：39.

加上计件工资的执行，不仅进一步降低了工资水平，而且加剧了工友们之间的竞争，使得更多的无产阶级在同样恶劣的条件下出卖自己。工资被逐日花掉，工人除劳动能力之外变得一无所有。马克思还指出，随着劳动生产率的提高和社会资本的扩大，工人实际工资可能会增加，但并不会改变工人的绝对生活水平，相反，"他的相对工资以及他的相对社会地位，也就是与资本家相比较的地位，却会下降"[①]。

（三）反贫困的根本途径是发展生产力

马克思、恩格斯认为，不平衡的生产力最终导致了无产者难以忍受的悲惨境遇，只要生产力发展程度不能满足所有人需要，依然有剩余产品能够进一步发展生产力和增加社会资本，那么，一定会产生支配生产力的统治阶级和贫穷的被压迫阶级。马克思、恩格斯认为，资本主义使千百万贫苦农民和城市贫民、使千千万万无产者遭受贫困和苦难，他们受的苦常常不是小于而是大于无产者。无产阶级的彻底革命性不仅仅决定于它是一个指望推翻资本主义的被剥削阶级，而且也决定于它在一切被压迫被剥削的劳动者集团中是新的、更高级的，即社会主义的生产方式的唯一代表者。因此，他们认为，只有让生产和生产的高度达到个人资产的高度之上，由工人真正占有劳动成果和社会财富，才能消除各种事实上的不平等和贫困。此外，马克思、恩格斯还注意到，农村人口向城市集中导致了人口拥挤、房屋密集、垃圾遍布等城市问题。他们认为，只有高度发达的生产力才能完全消除城乡生产发展水平的差异，消除脑力劳动和体力劳动的差异。恩格斯指出："由社会全体成员组成的共同联合体来共同地和有计划地利用生产力；把生产发展到能够满足所有人的需要的规模；结束牺牲一些人的利益来满足另一些人的需要的状况；彻底消灭阶级和阶级对立；通过消除旧的分工，通过产业教育、变换工种、所有人共同享受大家创造出来的福利，通过城乡的融合，使社会全体成员的才能得到全面的发展。"[②]

---

① 马克思恩格斯文集：第 3 卷 [M]．北京：人民出版社，2009：67.
② 马克思恩格斯文集：第 1 卷 [M]．北京：人民出版社，2009：689.

（四）反贫困要保证社会成员的基本生活需要

人的各种需求是人活动的动力和源泉，对人需求的满足，是实现人的全面发展的前提。马克思从人的基本生活需要出发，认为在资本主义社会，无产阶级必须把劳动出卖给资本家，以换取很少的生活资料，因此社会主义社会的社会保障首先必须保证社会成员的基本生活需要。马克思、恩格斯还强调了人们获得生产劳动保障的必要性，提出了最低工资保障的思想。最低工资即工人维持生计所需的生活资料的数额。马克思还指出，在社会化的大生产条件下，劳动者的教育和培训成本会增加，失业的风险也会增加，工伤和职业病增多，而制度建设的责任在于为每个人提供公平的发展机会，为弱势群体提供更多的社会保护。恩格斯强调："我们谈的是为所有的人创造生活条件，以便每个人都能自由地发展他的人的本性，按照人的关系和他的邻居相处，不必担心别人会用暴力来破坏他的幸福；而且也应当记住，个人不得不牺牲的东西并不是真正的人生乐趣，而仅仅是我们的丑恶的制度所引起的表面上的享乐……我们决不想破坏那种能满足一切生活条件和生活需要的真正的人的生活；相反地，我们尽一切力量创造这种生活。"①

（五）反贫困的最终归宿是实现共同富裕和人的自由全面发展

马克思指出，未来社会的生产是以所有人的富裕为目标的，它消灭了人与人之间利益的对立，从而实现"所有人共同享受大家创造出来的福利"②。马克思指出，生产资料公有制是实现社会主义共同富裕的制度前提。他从唯物史观角度，对资本主义社会的生产社会化和资本主义私人占有制之间的矛盾进行了无情地揭露，强调了生产力与资本主义制度之间存在不可调和的矛盾。马克思根据生产社会化必然要求占有社会化的趋势，设想在高度发展的社会主义社会，所有制应是单一的全社会所有制。马克

---

① 马克思恩格斯全集：第 2 卷 [M]．北京：人民出版社，1957：626.
② 马克思恩格斯选集：第 1 卷 [M]．北京：人民出版社，2012：308.

思认为，共产主义是人对其本质的真正占有。恩格斯进一步指出，社会主义社会是在"实行全部生产资料公有制（先是国家的）基础上组织生产"①。《资本论》提出，生产资料的公有制是超越资本和贫困的制度保障。在共产主义社会，所有的集体财富都是充分流动的，没有私有财产，没有剥削，没有贫困。马克思、恩格斯还认为，生产力的充分发展不仅能够创造出丰富的生产生活资料，消除因生产资料和劳动者分离而产生的贫困问题，而且能够为人的自由全面发展创造可能。即"通过社会化生产，不仅可能保证一切社会成员有富足的和一天比一天充裕的物质生活，而且还可能保证他们的体力和智力获得充分的自由的发展和运用"②。社会生产力的充足发展可以为人的自由全面发展提供必要的"个人受教育的时间，发展智力的时间，履行社会职能的时间，进行社交活动的时间，自由运用体力和智力的时间，以至于星期日的休息时间……"③ 这些自由时间为个人在科学、文化、艺术等领域的潜能和造诣的发挥提供了机会，而人的各项潜能的发挥又会促进生产力的极大提高，两者在相互作用中为人的才华和能力的施展，自由而全面发展目标的实现提供了更加广阔的天地。在这种情况下，因资本积累而产生的贫困现象不复存在，由不合理分工所导致的贫富差距消失，所有人都能成为独立自由的劳动者，成为社会真正的主人。总之，马克思、恩格斯对未来社会制度的完美设想，使"实现共同富裕和人的全面发展"成为世界各国无产阶级在进行制度变革时所追求的价值目标。

二、列宁反贫困思想

（一）资本主义社会是贫困与奢华并存的社会

1861 年，俄国通过农奴制改革，长期以来的经济社会停滞状态被打

---

① 马克思恩格斯选集：第 4 卷 [M]. 北京：人民出版社，2012：601.
② 马克思恩格斯选集：第 3 卷 [M]. 北京：人民出版社，2012：814.
③ 马克思恩格斯文集：第 5 卷 [M]. 北京：人民出版社，2009：306.

破，社会生产力获得了解放，社会财富迅速积累。但列宁注意到，社会财富并不是由社会全体成员所享有，而是集中在一小撮厂主、商人和土地占有者的手中，随着社会财富的日益增加，他们的奢侈程度也随之增加。

列宁认为，资本主义社会中的贫困，不仅表现为物质贫困的绝对增长，还表现为一种社会贫困。这是因为，在资本主义市场经济中，人与人之间的关系通过冷酷无情的现金交易连接起来，道德完全建立在卢布之上。当时的民粹派认为，俄国农民之所以道德滑坡，是因为没有接触先进文化。列宁则批判认为，导致农民传统道德观念发生变化的原因是以资本主义市场经济为导向的拜金主义。在19世纪末20世纪初，俄国的资本主义尚处于初级阶段，工人是资本家压榨的对象。列宁指出，对无产阶级工人的经济、政治压迫，会让他们在精神方面变得愚钝。资产阶级为了维护自身利益，会通过宗教的方式向人民灌输安分守己和顺从的思想。这样一来，人民的精神生活也遭到了资产阶级的控制，这种没有自由的状态实质就是一种贫困的状态。

列宁提出，资本主义加深了分配不均。分配不均是造成贫困与奢华并存的政策性原因。列宁认为，虽然在农奴制度下，也会存在分配不均的现象，但绝不会出现改革后俄国农民一贫如洗和银行大王、铁路大王、工业大王之间不平衡的现象。当然必须承认，资本主义的实现，使俄国社会生产力取得了巨大的进步，在19世纪90年代和1910—1914年这两段时期，俄国工业企业数量、工人数量和工业生产总值都得到了迅速的增加。但在经济增长的背后，是工人状况的日益恶化和富人阶级的奢侈腐化。面对社会财富分配极不平衡的状况，列宁认为，应该到以个体所有制为基础且受市场控制和指导的社会经济结构中去寻找答案。他认为，只要社会经济结构不改变，资本对劳动的统治和剥削的状况不改变，"贫困与奢华并存"的现象就不会消除。总之，列宁深刻揭示了在资本主义社会中，出现贫富分化的制度性成因，这对我国实现社会财富在社会成员间的公平分配具有重要启示意义。

（二）明确提出相对贫困化和绝对贫困化

列宁在分析德国无产阶级的经济地位时，明确地运用了相对贫困和绝对贫困的概念，分析了工人的绝对贫困化和相对贫困化。列宁指出："工人的相对贫困化，即他们在社会收入中所得份额的减少更为明显。"[①] 与绝对贫困相比，相对贫困更为复杂，对它的解决需要更长的时间。因此，不仅应该重视绝对贫困问题的解决，还应该充分挖掘相对贫困问题。此外，列宁指出无产阶级的贫困在"资本主义制度下'群众的穷苦和贫困'是十分必要的"[②]。以伯恩施坦为代表的社会民主党改良主义者认为，贫困现象在资本主义社会中已不存在。随着生产力的发展，群众的物质福利在缓慢增长，无产者和有产者之间的差距正在缩小而非扩大。列宁认为这一论断极其荒谬，并尖锐地指出，在资本家贪婪地攫取财富的同时，工人的生活费用也在增长，并远远超过其获取的工资。因此，"工人的贫困化是绝对的"[③]。同时，他认为在资本主义快速发展的情况下，财富越来越多地集中在少数资本家手中，工人所占社会总财富的比重越来越少，与富翁同时产生的是日益贫困的工人群众，即"工人的相对贫困化"[④]。特别是"危机和工业停滞时期又使小生产者更加陷于破产，使雇佣劳动更加依附资本，并更加迅速地引起工人阶级状况的相对恶化，而且有时是绝对恶化"[⑤]。列宁还分析指出，在资本家获取超额利润后，还会千方百计地收买工人领袖和工人贵族，使其成为资产阶级在工人运动中的真正代理人。但这种变化不会改变无产阶级贫困化的命运，他们只会在无产阶级同资产阶级的战争中来反对"公社战士"，从而使工人的贫困和受压迫的程度更加迅速地增加。列宁对两种类型贫困的清晰认识，不仅说明贫困问题具有一定的复杂性和

---

① 列宁全集：第 22 卷 [M]. 北京：人民出版社，2017：240.
② 列宁全集：第 6 卷 [M]. 北京：人民出版社，2013：212.
③ 列宁全集：第 22 卷 [M]. 北京：人民出版社，2017：239.
④ 列宁全集：第 22 卷 [M]. 北京：人民出版社，2017：240.
⑤ 列宁全集：第 36 卷 [M]. 北京：人民出版社，2017：401.

艰巨性，而且表明要做好与贫困长期作斗争的准备。

（三）消除贫困的目标是向社会主义过渡

列宁在充分考虑俄国国情和国力的基础上，制定了消除贫困的目标，即实现向社会主义的过渡。从小生产向社会主义过渡，列宁指出，应摒弃战时共产主义时期直接下命令式的强攻策略，必须采取迂回的方式，充分利用资本主义的积极成果，大力发展商品经济，"否则，就不能使这个小农国家在经济上站稳脚跟"①。列宁认为，消除贫困要把发展大工业、农业和商业作为消除贫困的三个战略重点。要确保在粮食供给充足的基础上，发展壮大工业生产，同时用租让制、合作社取代完全的国有制，总之，要积极利用资本制度产生的一切文明成果服务于社会主义建设。所以，在 1921 年春实行新经济政策时，列宁重新发表了 1919 年春天关于苏维埃俄国当时呈现阶梯状态的五种所有制并存的观点。列宁依据苏维埃俄国社会生产力水平低且多层次的实际状况，放弃了阻碍经济发展的单一国有制和单一国有制结构，确认了五种所有制经济成分并存的复合所有制结构，为改善无产阶级的贫穷状态奠定了坚实的物质基础。

列宁在《十月革命四周年》一文中还具体阐述了个人物质利益原则，要求重视工人的物质利益和精神追求。他认为，在社会主义建设中只有将个人利益与社会利益相结合，才能迸发出更加强烈的革命热情，才能通过国家资本主义迈向社会主义。这一原则为正确处理个人消费品分配关系奠定了坚实的理论基础。此外，列宁在《关于杜马中的工人代表和他们的宣言问题》一文中，特别强调了政治自由对于无产阶级的重要意义。他认为，在俄国最需要政治自由的是无产阶级，因为如果没有出版、集会、结社和罢工的自由，无产阶级就不能进行他必须的争取提高工资、缩短工作日和改善生活的斗争。"资本的压迫、生活费用的飞涨、城市中的失业和

---

① 列宁选集：第 4 卷 ［M］. 北京：人民出版社，2012：570.

农村的贫困，使工人特别须要联合成工会，进行争取生存权利的斗争，而没有政治自由，就会使工人继续处于奴隶或农奴的地位。"①

三、马克思主义中国化的贫困治理理论

我国革命、建设和改革的百年奋斗历程就是一部光辉的反贫困史。中国共产党历代领导人运用马克思主义的基本立场和观点，立足我国每一发展阶段的不同贫困特征和发展实际，提出和制定了一系列有关消除贫困的重大理论观点和方针政策，形成了具有鲜明时代品格的反贫困治理理论，成为我国治理城市贫困的重要理论基础。

（一）毛泽东同志关于解决贫困问题的思考

毛泽东同志关于解决贫困问题的思考形成于我国革命和建设时期，主要揭示了近现代中国贫困产生的制度成因、提出了我国反贫困的奋斗目标，是马克思主义反贫困理论中国化的第一次历史性飞跃，对于巩固新生政权、改变国家贫穷落后面貌具有重大历史意义。

第一，社会主义制度是消除贫困的唯一出路。毛泽东同志认为，贫困产生的根本原因在于社会制度，"只有进到社会主义时代才是真正幸福的时代"②。在新中国宣告成立时，毛泽东同志明确提出，要"扫除旧中国所留下来的贫困和愚昧，逐步地改善人民的物质生活和提高人民的文化生活"③。为兑现这一承诺，为使中国落后的经济面貌得以好转，人民生活水平得以提高，毛泽东同志主持制定了第一个五年计划以及过渡时期的总路线。以苏联建设的基本经验为参考，我国通过开展农业合作化运动、和平赎买等方式迈开了社会主义改造的步伐。并于1956年底完成了社会主义"三大改造"。农民、手工业者的个人私有制基本变成了劳动群众集体所有

---

① 列宁全集：第22卷［M］. 北京：人民出版社，2017：221.
② 毛泽东选集：第2卷［M］. 北京：人民出版社，1991：683.
③ 毛泽东文集：第5卷［M］. 北京：人民出版社，1996：348.

的公有制，农村土地基本公有化。大部分手工业者都加入了手工业集团经济组织。所有的资本主义私有制基本上转移到国家所有，即全民所有的公有制。中国共产党领导人民进行以公有制为主要内容的生产关系变革，最终建立了社会主义制度。毛泽东同志多次强调，社会主义制度的优越性不仅体现在解放和发展生产力方面，还体现在能为消除贫困奠定坚实的制度保障。

第二，共同富裕思想。针对农村存在的两极分化的现象，毛泽东同志首次提出了"共同富裕"的理念。毛泽东同志指出，要"在农村中消灭富农经济制度和个体经济制度，使全体农村人民共同富裕起来"①。为此，新中国伊始，毛泽东同志就在消除贫富分化，实现共同富裕的道路上进行了制度安排。毛泽东同志提出要正确处理国家税收、合作社积累与农民个人收入的关系。他指出，国家和合作社要积累起来，但不能太多，要保证农民能够在正常条件下每年增加个人收入。

第三，社会救济思想。毛泽东同志有着十分丰富的社会救济思想，他高度关注灾民、城市失业工人等弱势群体的生活，并提出了救济的相关措施。在革命战争时期，毛泽东同志详细分析了城市无产阶级的悲惨处境，指出他们由于失去了生产工具，还遭受着帝国主义、封建军阀和资产阶级的三重压迫，经济地位极其低下，生活极度贫困。在分析城市中的搬运夫和车夫时，毛泽东同志认为，他们除双手外，没有其他任何生存技能。在解放初期，城市失业工人和知识分子失业问题十分严重。毛泽东同志高度关注失业工人这一弱势群体问题，并尽全力采取相关措施来缓解这一失业问题。他从整个国情出发，详细地分析了失业现象严重的原因，即社会秩序还没有稳定下来。针对革命胜利以后，因社会结构的重新调整而导致失业人员增多的情况，毛泽东同志指出："必须认真地进行对于失业工人和失业知识分子的救济工作。"② 为此，毛泽东同志提出了解决城市工人失业

---

① 毛泽东文集：第 6 卷 [M]. 北京：人民出版社，1999：437.
② 毛泽东文集：第 6 卷 [M]. 北京：人民出版社，1999：71.

问题的具体措施：在工商业方面，要进行合理的结构调整，使工厂开工。同时，他提出，为了获得城市失业工人拥护，还需拿出 20 亿斤粮食救济失业工人，以解决他们吃饭问题。在中共中央发布的《关于帮助各民主党派解决失业、学习等问题的指示》中，进一步提出要采取有针对性的措施对生活面临贫困、没有工作的人员进行救济。例如，对于因自身素质能力导致无法就业的工人，要采取统一训练的方式进行培训等。通过采取一系列措施，截止到 1956 年初，大部分失业人员已被安置就业。毛泽东同志还十分重视城乡社会保障工作，指出要有条不紊地帮助失业的工人及失业的知识分子。1950 年政务院颁布了一系列救济城市失业工人的政策法律。同时，依据"劳资两利"的方针，采取了多种措施以解决失业工人的就业问题。主要包括：其一，鼓励工厂积极发展生产以提供更多的就业岗位；其二，对失业劳动者进行各种形式的就业培训，以增强其就业方面的相关技能，从而抵御失业风险。其三，通过失业救济和社会保险等措施，有效解决失业人员的再就业问题，实现对人民群众的就业与生活双保障。

（二）邓小平同志针对社会主义初级阶段的贫困治理思想

第一，关于贫困与社会主义制度的辩证关系理论。邓小平同志认为，根据马克思主义基本原理，社会主义是共产主义的初级阶段，它必然要过渡到物质极大丰富、按需分配的共产主义社会。只有在物质财富极大丰富和社会生产力极大发展的前提下，共产主义才能达到各尽所能、按需分配的高级阶段。邓小平同志多次强调，"贫穷不是社会主义，社会主义要消灭贫穷"①。社会主义是一种优于资本主义的社会制度，过去我们对这个理论认识不到位，没有集中精力发展生产力，人民生活还很贫穷，社会主义制度的优越性体现不出来。因此，在社会主义建设中，反贫困斗争是首要前提。他还指出，我们目前在社会主义的建设上还不够格，到 21 世纪中叶时，我们才能理直气壮地说社会主义优于资本主义，才能说我们真的搞

---

① 邓小平文选：第 3 卷 [M]. 北京：人民出版社，1993：116.

了社会主义。因为，这时的社会主义已经达到了中等发达国家的水平。总之，邓小平同志从意识形态领域消除了把贫穷与社会主义画等号的错误思想，为我国后来大刀阔斧的改革奠定了思想基础。

第二，消灭贫穷的根本路径是大力发展生产力。邓小平同志认为，贫穷和发展太慢都不是社会主义，更不是共产主义。在他眼中，社会主义的优越性体现在满足人们日益增长的物质需求和精神需求上。新中国成立初期，邓小平同志就一针见血地指出："我们的生产力发展水平很低，远远不能满足人民和国家的需要，这就是我们目前时期的主要矛盾，解决这个主要矛盾就是我们的中心任务。"① 南方谈话时，邓小平同志就社会主义的本质发表了重要看法，他指出："社会主义的本质，是解放生产力，发展生产力，消灭剥削，消除两极分化，最终达到共同富裕。"② 由此可以看出，邓小平同志始终坚持把解放和发展生产力作为消除贫困的根本路径。实践亦证明，正是因为党和国家把经济建设作为中心任务，才有了国家经济实力的攀升、国家地位的提高和人民生活的改善。

（三）江泽民同志关于扶贫开发工作的论断

世纪之交，江泽民同志在经济全球化、世界多极化、科技信息化加速发展，世界社会主义运动出现剧变，国际关系出现重大调整的背景下，在吸收总结马克思列宁主义、毛泽东思想和邓小平理论关于反贫困的重要理论基础上，以社会主义初级阶段为立足点，就扶贫工作提出了一系列新论断，再次丰富了中国特色社会主义反贫困理论的内容。

第一，提出解决贫困问题是一个重大的政治问题。江泽民同志认为，保障人民群众的生存权和发展权是最基本、最重要的工作。首先解决温饱问题，是实现其他一切权利的前提。中国共产党依靠自身力量，在近 20 年里解决了近两亿贫困人口的温饱问题，为他们享有其他各项权利创造了

---

① 邓小平文选：第 2 卷 [M]．北京：人民出版社，1994：182．
② 邓小平文选：第 3 卷 [M]．北京：人民出版社，1993：373．

必要的物质条件，是党和政府在发展人权事业方面的重要体现。在阐述"三个代表"重要思想时，他进一步指出："党的一切工作，必须以最广大人民的根本利益为最高标准。……各级领导干部时刻都要把人民群众的安危冷暖放在心上。"① 要重点关注下岗职工、困难企业职工、城市贫困人口、贫困地区群众、受灾地区群众、工资被长期拖欠的基本干部等困难群体。在着力发展经济的基础上，秉持着"一要吃饭，二要建设"的原则，不断提高城乡居民的收入水平，着力补全人民生活短板，通过实施扶贫开发和社会保障两大工程，使得城乡人民生活水平和质量进一步提升。

第二，努力使群众共同享受到经济社会发展的成果。江泽民同志提出，我们要努力使农民、工人和其他群众都能在整个改革开放和社会主义现代化建设的过程中享受到经济社会发展的成果。经济和社会发展成果由全民共享是摆脱贫困和实现共同富裕的必然要求，也是社会主义的鲜明特征。以社会主义公有制为主体，是实现共同富裕的稳固经济基础，而共同富裕又是与人民根本利益一致的坚实保证和充分体现。随着改革开放的深入发展，在面临收入分配不公、地区贫富差距扩大、社会保障体系不健全等改革过程中暴露出的问题时，为了让全体人民过上更加殷实的小康生活，江泽民同志进一步指出："在发展经济的基础上，努力增加城乡居民的收入，不断改善人们的吃、穿、住、行、用的条件，完善社会保障体系，改进医疗卫生条件，提高生活质量。"② 由此可见，以江泽民同志为核心的党的第三代中央领导集体坚持走共同富裕道路，努力使群众共同享受到经济社会发展的成果，使全体人民享受到改革发展的红利，从根本上摆脱贫困。

第三，不断改善人民生活。在新的历史条件下，我们党要带领人民继续前进，就必须践行"三个代表"重要思想。江泽民同志指出，"坚持把

---

① 江泽民文选：第 3 卷［M］. 北京：人民出版社，2006：280.
② 江泽民文选：第 3 卷［M］. 北京：人民出版社，2006：294.

人民的根本利益作为出发点和归宿……使人民群众不断获得切实的经济、政治、文化利益"①。上述论述，为践行"三个代表"重要思想指明了具体的实践路径。其中，"不断改善人民生活"思想就是践行"三个代表"重要思想的具体体现。在党的十四大、十五大和十六大报告中，江泽民同志围绕如何"改善人民生活"这一中国特色社会主义建设中的重大课题进行了详细的论述。在党的十四大报告中，江泽民同志指出，要以是否有利于提高人民生活水平为标准，来衡量各方面工作的是非得失。在党的十五大和十六大报告中，江泽民同志又从就业、社会保障、扶贫、教育、收入分配等关系民生生活的各方面提出了一系列新思想、新观点，有力地推动了人民生活事业的健康发展。在就业方面，江泽民同志看到，在城市贫困人口中有相当一部分属于就业困难群众，其中主要是下岗失业人员和停产半停产企业职工等。为此，他指出就业是民生之本，要"千方百计扩大就业，不断改善人民生活"②，并提出了一系列解决就业问题的措施，如开展社会就业、开展面向下岗失业人员的职业介绍和职业指导、搞好职业培训、积极开展再就业援助、巩固"两个确保"和"三条保障线"等。在健全社会保障体系方面，江泽民同志指出，广大人民群众幸福生活的保障来源于社会保障体系的健全与完善。为此，党的十四大报告提出深化社会保障制度改革、建立和完善社会保障体系的任务之后，在党的十五大报告中，江泽民同志进一步阐释了在我国建立社会保障体系的指导思想，为改善城市广大职工的生活提供了重要支撑。在收入分配方面，江泽民同志在党的十四大报告中，详细论述了个人收入分配要兼顾效率与公平的思想。在党的十四届五中全会上，江泽民同志再次阐述了在收入分配中要体现效率优先，兼顾公平的观点。在党的十六大报告中，江泽民同志又进一步指出初次分配注重效率，再分配注重公平的科学思想。这些科学思想不仅促

---

① 江泽民文选：第 3 卷 [M]．北京：人民出版社，2006：279.
② 江泽民文选：第 3 卷 [M]．北京：人民出版社，2006：552.

进了我国经济发展，还不断改善了人民生活。

（四）胡锦涛同志对于贫困治理工作的指示

党的十六大以来，胡锦涛同志适时提出了科学发展观，并对做好扶贫开发工作作出指示，强调构建社会主义和谐社会的一项重要内容便是扶贫开发，从而为我国扶贫事业打开了新局面。

第一，科学发展观是解决贫困问题的根本遵循。胡锦涛同志指出，只有不断解放和发展生产力，增强国家经济实力，才能为实现人民根本利益提供坚实的物质基础。与此同时，经济增长必须要以科学发展为主题，避免只注重经济增长而忽视人民诉求的现象，切忌唯 GDP 论英雄。胡锦涛同志提出包容性增长的概念，要求全党在以经济建设为中心的同时，要更加关注人民生活水平的提高，更加注重经济发展成果的分享。他指出，深入推进扶贫开发，是深入贯彻落实科学发展观的必然要求。要坚持以人为本，统筹城乡区域发展、保障和改善民生、缩小发展差距。

第二，坚持构建社会主义和谐社会。在党的十七大报告中，胡锦涛同志明确指出："必须在经济发展的基础上……努力使全体人民学有所教、劳有所得、病有所医、老有所养、住有所居，推动建设和谐社会。"① 为推进社会主义和谐社会建设，以胡锦涛同志为主要代表的中国共产党人，落实了一项又一项与人民切身利益相关的重要问题，如做好"两个确保"和"三条保障线"的衔接工作，增加扶贫投入，实施积极的扩大就业政策，实现"应保尽保"的社会救助，加快医疗卫生体制改革，解决农民工的生活保障问题，坚持发挥社区作用，努力把所有符合条件的城市贫困人口都纳入低保范围等。

（五）习近平总书记关于贫困治理的重要论述

党的十八大以来，以习近平同志为核心的党中央坚持把脱贫攻坚摆在

---

① 胡锦涛文选：第 2 卷 ［M］. 北京：人民出版社，2016：642.

治国理政的突出位置，提出了一系列逻辑严密、内涵丰富的关于贫困治理的重要论述，既为新时代脱贫攻坚取得重大突破提供了科学指南，又为促进"后小康时代"相对贫困治理打下坚实的基础。

第一，提出精准扶贫、精准脱贫的理念和方略。党的十八大以来，在进行脱贫攻坚战役当中，针对往年在扶贫中存在的"年年扶贫年年贫""扶富不扶贫""扶官不扶民""扶强不扶弱"等现象，习近平总书记反复强调，扶贫开发贵在精准，重在精准，成败之举在于精准。习近平总书记认为，坚持精准扶贫、精准脱贫"关键是要找准路子、构建好的体制机制，在精准施策上出实招、在精准推进上下实功、在精准落地上见实效"①。这就需要各级政府贯彻落实"六个精准"；实施"五个一批"，即"发展生产脱贫一批、易地搬迁脱贫一批、生态补偿脱贫一批、发展教育脱贫一批、社会保障兜底一批"；解决好"扶持谁、谁来扶、怎么扶、如何退"四个问题。

第二，以逐步实现共同富裕为治贫的目标。实现共同富裕的远大目标，不仅需要遵循经济和社会发展规律，而且需要采取主动行动，解决好当前存在的关乎人民切身利益的地区、城乡、收入差距等问题。我国目前大部分群众生活水平已经得到了极大的改善，出现了中等收入群体和高收入群体，但真正要帮助的还是低收入群体。具体来说，其一，统筹解决好绝对贫困和相对贫困的问题。习近平总书记所提出的要确保实现农村贫困人口"两不愁三保障"，就是要在全面建成小康社会时全部消灭绝对贫困。在党的十九届四中全会上，习近平总书记又前瞻性地提出要"建立解决相对贫困的长效机制"，表明习近平总书记娴熟地运用统筹兼顾的方法来解决我国的贫困问题。这意味着习近平总书记从对既有贫困群体的关注转向对更广泛贫困群体的关注，有助于统筹解决好绝对贫困和相对贫困的问题。其二，分阶段逐步解决好绝对贫困和相对贫困的问题。党的十八大以

---

① 习近平谈治国理政：第2卷［M］. 北京：外文出版社，2017：84.

来，我国贫困治理工作取得了历史性的伟大成就。但是，我国贫困治理依然任重道远。习近平总书记指出："有的问题是长期性的，攻坚期内不能毕其功于一役，但要有总体安排，创造条件分阶段逐步解决。"① 这充分说明，消除绝对贫困，不是我国贫困治理工作的终点，而是新起点。以此为标志，我国将向着实现共同富裕目标，进入相对贫困治理的新阶段，不断把反贫困事业推向前进。

第三，坚持以社会主义制度为治贫保障。要充分发挥中国特色社会主义制度优势，为我国贫困治理提供重要保障。习近平总书记明确指出，要充分发挥社会主义制度的优越性，集中力量解决贫困问题。首先，消除绝对贫困和建立解决相对贫困长效机制，需要坚持和完善我国基本经济制度。公有制经济的社会主义属性为消除绝对贫困，为人民生活改善作出了突出贡献。同时，公有制经济作为我国经济发展的"压舱石"可以为消除绝对贫困提供重要的物质基础，它的多种实现形式有力地支撑了贫困地区减贫工作。其次，必须进一步优化非公有制经济的发展环境，促使其在经济发展、民生改善以及综合国力提升方面发挥更大作用。同样，还要充分发挥优秀民营企业的作用，带动更多的民间资本投入脱贫工作中，采用"输血"和"造血"相结合的方式，大力推动贫困地区的整体经济发展。在新时代贫困治理中，引导民营企业踊跃投身"万企帮万村""光彩事业"等活动就是坚持社会主义基本经济制度的体现。

第四，强化消除贫困的机制保障建设。党的十八大以来，针对深度贫困人口识别不准、扶贫资源配置效率不高、贫困人口主观能动性不足等问题，党和国家持续深化改革，建立了促进农村发展、农民增收的制度体系，先后颁布了包括《关于创新机制扎实推进农村扶贫开发工作的意见》《建立精准扶贫工作机制实施方案》《关于改革财政专项扶贫资金管理机制的意见》《关于进一步动员社会各方面力量参与扶贫开发的意见》等在内

---

① 习近平. 在解决"两不愁三保障"突出问题座谈会上的讲话 [J]. 求是，2019 (16)：4-12.

的一系列重要文件，从基本制度层面对各项工作的落实进行了部署和规划，以实现扶贫工作的稳定、可持续发展，兑现了贫困人口到 2020 年如期脱贫的庄严承诺。其一，创新资金项目管理机制。党的十八大以来，针对在过去扶贫工作中存在的资金指向不明、投放分散等问题，我国开始整合使用整村推进、以工代赈、财政奖补、危房改造、道路建设、交通安全、文化和教育卫生等项目资金，把涉农资金的部分配置权、使用权下放至贫困县，构建"多条渠道进水、一个龙头出水"的治理格局，从而实现了我国扶贫资源利用方式由分散向集中转变，使得有限的扶贫资金使用效益最大化，更好地满足了贫困群众的需求。其二，创新考核问责激励机制。新时代为打赢脱贫攻坚战，习近平总书记突出强调地区党政领导，尤其是村党支部和村委会的坚强领导作用，同时实施严格的年度脱贫攻坚报告和监察制度，以扶贫成效作为衡量政绩的主要考核指标，实现了我国扶贫考评体系由看地区生产总值向看扶贫开发工作成效转变，从而对一些贫困地区存在的唯 GDP 论进行了有力破解。其三，创新扶贫资源动员机制。为满足新时代扶贫工作的需要，我国坚持充分发挥政府的主导作用，同时积极引导各方面力量以多种形式参与扶贫开发。一方面，坚持培育多元社会扶贫主体，大力倡导民营企业、社会组织、个人等参与扶贫，并建立社会、企业参与扶贫激励机制，形成政府、市场和社会的资源合力。另一方面，创新社会力量参与扶贫开发的方式方法，积极开展扶贫志愿行动、打造扶贫公益品牌、构建信息服务平台、推进政府购买服务等，在实施方式上更加注重提升当地贫困人口的自我发展能力。通过实现我国扶贫工作格局由政府主导的一元治理格局向政府、市场、社会协同推进的多元扶贫治理格局转变，有效弥补了专项扶贫和行业扶贫的不足。其四，创新贫困人口参与机制。扶贫工作不仅是扶贫主体单方面意志和行动的落实，更是帮扶双方在尊重彼此意愿基础上的交流互动。若一味追求减贫目标的实现，而缺少贫困人口自主性参与的扶贫政策，非常容易出现返贫现象。党的十八大以来，习近平总书记提出了"以内源扶贫为根本"的贫困治理思想，大力开展以产业扶贫为重点的"造血"扶贫方式，促使我国扶贫供给方式实现了由偏重"输血"向注重"造血"的转变。

第五，消除贫困是新时代坚持以人民为中心的发展理念的内在要求。党的十八大以来，以习近平同志为核心的党中央，始终坚持贯彻以人民为中心的发展理念，致力于探索每一个贫困人口的致富道路，努力提升贫困群众的获得感、幸福感和安全感。习近平总书记指出，不能忘记农村的贫困人口和生活在低保线下的城市居民。面对生活中还有困难的群众，习近平总书记强调，对这些困难群众要格外关注、格外关爱、格外关心，做好扶贫开发和基本生活保障工作，让农村贫困人口、城市困难群众等所有需要帮助的人们都能得到生活保障。党的十八大以来，针对城镇低保人口、老年人、城镇务工人员、在特大城市就业的大学毕业生、城镇登记失业人员，党和国家通过形成城乡基本公共服务均等化体制机制、推进户籍制度改革、产业扶持和就业帮扶等举措，想方设法帮助其解决实际困难。习近平总书记强调，要提高干部群众的扶贫能力，要勇于到艰苦的、问题较多的、矛盾尖锐的地方，深入贫困地区、困难企业中，用一切手段帮助城镇下岗职工、农村贫困人口和城镇贫困居民解决实际困难，绝不脱离群众。当前，我国仍存在着一系列发展不平衡、不充分、不持续的突出矛盾。对此，习近平总书记指出，绝不让一个少数民族、一个地区掉队，要"使人民群众在共建共享发展中有更多获得感"[1]。在这一目标指引下，我国通过普惠和特惠相结合的扶贫政策，不断加强贫困地区基础设施和公共服务建设，完善社会保障体系，想方设法帮助解决特定人群面临的特定困难，使贫困群众在经济条件处于弱势的境况下，依然能够公平地享有社会经济发展成果。

---

[1]　中共中央文献研究室．习近平关于全面建成小康社会论述摘编［M］．北京：中央文献出版社，2016：157．

|第二节|　城市贫困治理与基本经济制度的关系

城市贫困治理与基本经济制度有着密切的联系：一方面，基本经济制度是城市贫困治理的重要保障；另一方面，城市贫困治理是坚持和完善基本经济制度的必然要求。

一、基本经济制度是城市贫困治理的重要保障

（一）推进城市贫困治理必须坚持和完善公有制为主体、多种所有制经济共同发展

新中国成立后，特别是改革开放以来，中国共产党立足于社会主义初级阶段的基本国情，对如何完善所有制结构和基本经济制度进行了不懈的探索，最终确立了公有制为主体、多种所有制经济共同发展的基本经济制度和"两个毫不动摇"的基本方略。新中国成立 70 多年来，特别是改革开放 40 多年来的经济发展实践证明，坚持公有制为主体、多种所有制经济共同发展，既有利于发挥公有制经济在保障人民共同利益、增进人民福祉、巩固完善社会主义制度以及在关系国家安全、国民经济命脉和国计民生的重要行业和关键领域的重要作用，又有利于发挥非公有制经济在稳定增长、促进创新、增加就业、改善民生等方面的重要作用，具有不断解放和发展生产力，不断增加社会财富和提高人民生活水平的显著优势。也正是公有制和非公有制经济的协同发展，使得我国在短短 40 年内成为世界第二大经济体，使 7 亿多农村贫困人口摆脱了贫困，使 14 亿多人口过上了小康生活，形成了世界上最大的中等收入群体，并且创造了世界上规模最大、覆盖人口数量最多的"社保奇迹"。因此，新时代推进城市贫困治理，仍需继续坚持"两个毫不动摇"，进一步将社会责任和企业效率提高

相结合，为城市贫困治理提供强大的经济基础。

首先，必须毫不动摇巩固和发展公有制经济。公有制主体地位主要通过公有制经济对整个国家经济发展起作用。在社会主义国家，公有制经济的作用主要表现在增加财政收入、吸收劳动者就业、保障市场供应、维护经济稳定、协调国民经济比例关系等方面，扮演着市场失灵的补充者、公共产品的供给者、宏观经济的稳定者、社会福利的提供者等重要角色。习近平总书记指出，公有制经济是长期以来在国家发展历程中形成的，为国家建设、国防安全和人民生活改善作出了突出贡献，是全体人民的宝贵财富。[①] 一方面，社会主义公有制是消灭人剥削人的制度，公有制经济以增进全体劳动者福利为目的，生产力的发展不再是少数人剥削大多数人的手段，而是为了社会成员的需要，其生产关系的社会主义属性决定了它是治理城市贫困，实现共同富裕的制度保障。另一方面，公有制经济在国家经济的发展过程中，具有"压舱石"的作用，能够为全民医保、社会保障和公共支出提供财政支撑，是新时代城市贫困治理的强大物质基础。截至2017年底，全国国有企业资产总额为151.7万亿元，所有者权益达到52万亿元；上缴税费总额占全国财政收入的1/4，工业增加值占全国GDP的1/5。[②] 再一方面，在公有制经济中，生产资料的所有权属于社会所有，而非个人所有，这就从根本上消除了资本与劳动之间的阶级对立，有利于维护社会和谐稳定，为城市贫困治理营造良好的社会环境。近年来，我国国有企业改革成效斐然，对于推动我国经济社会发展发挥了举足轻重的作用，再考虑公有制经济的本质属性，发展壮大国有经济既可以稳定我国经济高质量发展的基本盘，也可以有效缓解现阶段城市贫困差距扩大问题，是应对相对贫困问题的治本之策。因此，在推进城市贫困治理过程中，要认准公有制经济在国民经济中所处的定位，正确认识国有企业在国民经济

---

① 习近平谈治国理政：第2卷 ［M］. 北京：外文出版社，2017：259.

② 白暴力，方凤玲. 公有制经济是改革发展的中坚力量 ［N］. 人民日报，2019 - 02 - 19 (9).

发展、维护社会稳定、保障社会公平正义中所发挥的作用。要理顺公有制经济与非公有制经济、公有制经济与社会主义市场经济的逻辑关系，解决好社会主义市场经济条件下国有企业所面临的关键问题和深层次矛盾，继续推进国企改革，发展混合所有制经济，加快国有经济优化重组和战略调整、推动国有企业完善中国特色现代企业制度、健全以管资本为主的国有资产监管体制，不断提高国有经济的竞争力、创新力、控制力、影响力和经济发展韧性，使其为城市贫困治理工作作出更大贡献，帮助城市贫困人口脱贫，促进城市贫困人口生计改善和融入现代经济体系。

其次，必须毫不动摇鼓励、支持、引导非公有制经济发展。在社会主义初级阶段，社会财富还未达到充分涌流的程度，劳动还没有成为生活的必需品，它仍然是谋生的手段。在这一背景下，社会必须进一步调动各类民间的和内源性因素，以适应我国社会生产力发展不平衡和不充分的状况，进而推动生产力发展，增加社会财富，满足人们的利益需求。与公有制经济相比，非公有制经济所追求的目标是利润最大化，经济效率往往比较高，有助于推动社会生产力的发展。因此，在社会主义初级阶段，发展个体经济、私营经济等非公有制经济是极其有必要的。实践同样证明，我国民营经济有助于经济的快速增长和税收的增加，个体经济、私营经济、外资经济等非公有制经济的发展，为城镇居民创造了大量的就业岗位，多渠道、多方面地保障了城镇劳动者就业，促进了国民收入的增加和城镇低收入群体生活的改善。截止到 2019 年，全国共有超过 50% 的税收，60% 的国内生产总值、固定资产投资以及对外直接投资，都是由民营企业提供的。[①] 同时，全国共有个体经营户 8261 万户，产生就业人口 17691 万人，共有私营企业 3516 万户，产生就业人口 22833 万人，个体经营户和私营企业就业人口分别占就业人口的 22.83% 和 29.47%，共占就业人数的

---

① 王祖强.正确把握公有制经济与非公有制经济的相互关系 [J].上海经济研究，2020（1）：5-10.

52.3%。其中，城镇个体经营户共产生就业人口 11692 万人，城镇私营企业产生就业人口 14567 万人，分别占城镇总就业人口的 26.42% 和 32.92%，共占城镇总就业人口接近 60%。同时，2019 年港澳台商投资单位产生城镇就业人口 1157 万人，外商投资单位产生城镇就业人口 1203 万人，分别占城镇总就业人口的 2.61% 和 2.71%，共占城镇总就业人口超过 5%。这也就意味着，个体经营户、内资私营企业和港澳台商投资企业、外商投资企业共创造了 64.72% 的城镇就业岗位。[①] 另外，随着民营经济的快速发展、观念进步，其在我国慈善事业中也扮演着越来越重要的角色。近年来，民营企业参与我国慈善事业的数量逐渐增多，参与慈善的连续性和长期性也逐渐增加增强，在捐赠途径、参与领域、公益方式、公益传播等方面都更加多元化，呈现出辐射面广、灵活性强的新特点。因此，在推进城市贫困治理过程中，各类非公有制经济不仅不能"离场"，而且要走向更加广阔的舞台。必须要更好地发挥制度优势，从政策上营造各类所有制企业公开、公平竞争的良好环境，激发市场的活力和创造力，创造和积累更多财富，从而为城市贫困治理奠定强大的经济基础。

最后，必须通过积极推进混合所有制发展，把"两个毫不动摇"统一于社会主义现代化建设中。混合所有制是中国特色社会主义所有制的重要组成部分，是社会主义条件下实现公有制与市场经济有机结合、不断完善所有制的必然产物。在社会主义初级阶段，发展混合所有制是实现基本经济制度的重要形式。混合所有制是以多种所有制经济成分的存在为前提的，主要是通过各类性质的产权在市场中以多种方式自由流动和重组。混合所有制改革不是简单地将国有资产私有化，而是通过国有企业吸收外来股份或者通过合资合股的形式，发展壮大国有资产。在我国，公有制和非公有制是两种不同性质的所有制形式，混合所有制把二者结合起来，取长补短、共同发展，在社会主义市场经济条件下，一方面，通过消除阻碍生

---

① 数据来源：根据国家统计局网站的数据整理所得。

产力发展的限制因素，有利于促进国民经济整体水平的提升，实现财政增收，促使政府能够有更多的力量为城市贫困群体提供社会救济和社会保障，为城市贫困治理提供强大的物质基础；另一方面，通过经济制度改革，有利于促进经济的快速发展，从而创造出更多的就业岗位，解决日益增多的新城市贫困人口以及国企改革中的下岗职工的就业问题；再一方面，通过多元化投资、规模经营、高效的资本运作等方式，有利于进一步提高企业的经济效益和竞争能力。对国有企业来说，发展混合所有制经济有利于国有企业经营体制的进一步转型，完善现代企业制度，改善和解决一些尚未与市场经济接轨的国有企业的现行经营体制和未能形成规模经济的难题，有利于国有资本的放大功能、保值增值和提高竞争力。对民营企业来说，有利于扭转其"家族式""家长式"的企业治理模式，改善其核心竞争力和科技创新力不强、劳资利益关系紧张、缺乏企业凝聚力等问题。当前在国有企业混合所有制改革的过程中仍存在着国有资产流失，国有资本对企业控制力不足等问题。公有制属性减弱将不利于解决当前城市贫富差距扩大的问题，并且如果国有资产流失进一步加重，可能会导致人民福祉严重受损。因此，新时代推进城市贫困治理，必须促进混合所有制经济健康发展，积极推进国有经济战略性调整，做强做优做大国有资产，实现企业效益增长和经济社会的可持续发展，为最终解决城市贫困问题，实现共同富裕奠定坚实的经济基础。

（二）推进城市贫困治理必须坚持和完善按劳分配为主体、多种分配方式并存

一个社会的分配制度直接决定着这个社会的财富分配和收入分配结构，进而影响整个社会的激励导向、经济发展和社会稳定。改革开放以来，为适应公有制为主体、多种所有制并存发展的所有制结构，我国逐步建立了以按劳分配为主体、多种分配方式并存的分配制度。实践证明，这一分配制度有利于克服平均主义，调动人的积极性、主动性和创造性，促进各生产要素的汇集，提高人民生活水平，实现共同富裕的目标。新时代推进城市贫困治理，必须继续坚持和完善按劳分配为主体、多种分配方式并存的分配制度。

首先，必须坚持和完善按劳分配为主体的基本原则。劳动者是生产力发展中最活跃的因素。要坚持多劳多得，着重保护劳动所得，继续完善并坚决实行最低工资制和最低工资随物价上涨、经济发展不断调整的机制，完善职工工资正常增长机制，增加劳动者特别是一线劳动者的劳动报酬，提高劳动报酬在初次分配中的占比，促进劳动收入与劳动生产率一同增长。要提高工资收入，按照市场机制调节、企业自主分配、平等协商确定、政府监督的原则形成工资决定机制。推进工资集体协商制度，改变工资由企业单方决定的状况，同时，要努力保障劳动者通过劳动参与社会产品分配的权利，努力增加就业机会，避免劳动者由于非个人因素失业而落入贫困。

其次，必须健全各类生产要素由市场决定报酬的机制。通过创新制度安排，探索通过土地、资本等要素的使用权和收益权，增加城市中低收入群体的要素收入。完善上市公司分红制度，多渠道创新适合家庭理财需求的金融产品，增加居民财产性收入。

再次，必须健全以税收、社会保障、转移支付等为主要手段的再分配调节机制。再分配和初次分配是解决收入问题的"两个轮子"，二者相互影响，缺一不可。一方面，初次分配决定着再分配的来源和数量大小，对最终分配结果是否合理具有重要影响；另一方面，再分配对初次分配所拉开的收入差距，具有"调节"和"收敛"的补位作用，在初次分配中形成的城市贫困群体需要通过国民收入的再分配予以改变。不可否认，在我国初次分配的实践中，以承认要素贡献差距为前提，进一步激发了劳动者的积极性和创造性，促进了社会生产力的解放，但同时也带来了分配中各种差距的扩大。因此，要完善相关制度和政策，加大财政转移支付向低收入群体的倾斜，加快推进基本公共服务均等化，不断提高贫困地区和贫困人口的收入水平。要完善覆盖全民的社会保障体系，健全统筹城乡、可持续的基本养老保险制度和基本医疗保险制度。要加强税收调节，完善直接税制度，逐步提高其比重，切实增加低收入者收入，保障低收入者的生活，校正初次分配过程中可能引起的收入差距过大的消极后果。要打击取缔非法收入，加快建立收入信息监测系统，堵住非法收入漏洞。

最后，应重视发展慈善等社会公益事业，充分发挥第三次分配的作用。作为托起贫困人口的"第三只手"，第三次分配不仅能够弥补初次分配的某些不足，而且能够依靠其内在所奉行的"道德原则"和"精神力量"，对城市贫困人口产生深刻而持久的力量。正如新制度经济学家诺斯所认为的，制度不仅包括正式约束（宪法、法令等），还包括非正式约束（道德、习惯等）。即使在经济最发达的国家，正式规则也只是起到决定行为选择的总体约束中的小部分，大部分的行为空间，还得依靠建立在道德基础上的非正式规则，这就进一步彰显出第三次分配在缩小居民收入差距中的特殊作用。随着经济发展和社会文明程度的不断提高，全社会公益慈善意识不断增强，应加快建立鼓励企业和个人投入慈善事业的体制机制，广泛引导和动员社会组织特别是慈善组织参与城市贫困治理。要不断健全和完善慈善事业法律法规体系，进一步完善慈善统计制度和信息公开制度，完善监督管理机制，拓展慈善的深度和广度，增强人民群众的慈善意识，让慈善文化在人们心中不断地"生根发芽"，提高慈善事业对城市困难群体和贫困人口的渗透和支持力度。

（三）推进城市贫困治理必须坚持和完善社会主义市场经济体制

改革开放最成功的经验之一，就是将计划经济体制转变为市场经济体制，并且将社会主义制度与市场经济体制相结合，形成了具有中国特色的社会主义市场经济体制，促进了人民生活水平的提高，创造了经济发展的奇迹。但我国仍是一个市场经济处于初级阶段的国家，我国的市场经济是不完善不成熟的市场经济，市场机制的不健全或扭曲在范围和程度上都大大超过市场经济成熟的国家。这主要表现为市场化程度不足与市场化过度同时存在。这种市场，它既有市场经济本身无法克服的外部效应、经济波动、竞争产生的贫富不均和两极分化现象等问题，还有市场本身固有的缺陷带来的一系列问题，如市场不能给社会提供公共产品，市场提供的信息是不对称和不完全的，市场不能公平地配置资源，不能解决收入分配的不平等性，不能消除经济中的不道德行为等。因此，新时代推进城市贫困治理，必须有效防范资本主义市场经济导致贫富分化和收入分配不均等弊端，必须坚持和完善社会主义市场经济体制，既要革除束缚市场主体活力和阻碍市场和价值规律充分发挥作用的弊端，实施高标准市场体系建设行动，充分发挥市场在资源配置中的决定性作用，强化市场经济在增强经济发展活力方面的重要作用，又要更好发挥政府作用，转变政府职能，构建成熟的市场调控主体以避免市场经济运行中的种种弊端，保证我国经济平稳有序发展，坚持党对经济工作的集中统一领导，完善政府经济调节、市场监管、社会管理和公共服务职能，使市场经济的发展更好地服务于全体人民的共同利益，从而为城市贫困治理提供强大动力。

首先，必须更好发挥政府在城市贫困治理中的作用，构建成熟的市场调控主体。党的二十大报告提出："坚持和完善社会主义基本经济制度，毫不动摇巩固和发展公有制经济，毫不动摇鼓励、支持、引导非公有制经济发展，充分发挥市场在资源配置中的决定性作用，更好发挥政府作用。"要切实转变政府职能，深化行政体制改革，加强对市场活动的监督，加强和优化公共服务，提高人民生活质量，提高社会建设水平，不断促进社会公平正义和社会稳定。各级政府必须依法行政，切实履行职责，坚决克服政府职能错位、越位、缺位的现象。

其次，激发各类市场主体活力。改革开放以来，我国逐步建立和完善社会主义市场经济体制，各类市场主体蓬勃成长。截至 2022 年底，我国已拥有 1.69 亿个市场主体，作为经济活动的主要参与者，它们在促进我国就业和技术进步方面作出了重要贡献。习近平总书记也指出，市场主体是经济的力量载体，保市场主体就是保社会生产力。面对新冠疫情带来的巨大冲击，各类市场主体对做好"六稳"工作、落实"六保"任务发挥了重要作用。激发市场主体活力，要把公有制经济巩固好、发展好，采取有利于民营经济发展的政策措施，鼓励和支持其发展，为各类所有制企业发展创造一个公平、透明、法治的环境，构建亲清政商关系，突出问题导向，落实好纾困惠企政策，让企业有更多活力和更大空间去发展经济、创造财富。

再次，必须加快建设高标准市场体系，保障市场公平竞争。建设高标准市场体系是构建高水平社会主义市场经济体制的重要举措，也是全面建设社会主义现代化国家、满足人民对美好生活高品质追求的必要条件。构建高标准的市场体系，一是要完善公平竞争制度，强化竞争政策的基础性地位，保护各种所有制经济主体的合法利益，激发各类市场主体活力；二是完善知识产权侵权惩罚性赔偿制度，促进知识产权市场发展，充分释放各类市场主体的创新创业活力。此外，必须全面实施市场准入负面清单制度，清理和废除妨碍单一市场形成的规则和做法，提高贫困地区和贫困人口的参与度。

最后，必须推进要素市场制度建设，实现要素自主有序流动。改革开放以来，农村剩余劳动力大量向城市转移，是我国经济快速增长的重要来源，也是农村贫困人口脱贫的重要途径。然而，现行户籍制度和城乡二元体制严重影响了农村劳动力的跨域流动和劳动力价值的合理补偿，导致其无法享受到流入地的基本公共服务。因此，必须加快要素市场制度建设，改革户籍制度，促进城乡基本公共服务均等化。

二、城市贫困治理是坚持和完善基本经济制度的必然要求

（一）推进城市贫困治理必须有强大的经济基础

在计划经济时期，由于我国一直对企业实行统包统揽，对职工实行平均分配、统包就业制度，劳动者不必担心失业问题，因此，就业率一直维持在较高水平，贫困问题也并不突出。然而，随着经济体制的转轨，企业和职工都被推向了市场，成为了市场竞争的参与者，一些在市场中竞争失

败的企业和个人容易陷入贫困。特别是在 20 世纪 90 年代实行市场经济体制后，许多国有企业进行了市场化改革和裁员，职工失业率攀升，并且在失业的同时也失去了企业为其提供的各项保障和福利，职工收入和各项福利的减少，使其落入贫困的风险进一步加大。为解决这一问题，我国围绕产权主体的明晰化、多元化和流动性，不断深化国企改革，通过加快国有资产管理和营运体制改革、加大规范公司制改造、完善法人治理结构等，不断增强国企活力和提升国企效益，从而为城市贫困治理工作提供必要的经济保障。此外，为增加非公有制经济发展的空间，进一步提高经济效率，提供更多的就业岗位，党的十四届三中全会明确提出要"坚持以公有制为主体、多种经济成分共同发展的方针"。1997 年，党的十五大第一次提出"公有制为主体、多种所有制经济共同发展，是我国社会主义社会初级阶段的一项基本经济制度"。2012 年，党的十八大在重申党的十六大提出的"两个毫不动摇"的基础上，提出要推动多种所有制经济共同发展。2013 年，党的十八届三中全会提出"公有制经济和非公有制经济都是社会主义市场经济的重要组成部分，都是我国经济社会发展的重要基础"。党的十九大和党的二十大继续把坚持"两个毫不动摇"，推进混合所有制改革作为新时代坚持和发展中国特色社会主义基本方略的一项重要内容。总之，通过坚持多种所有制经济共同发展，有力促进了不同所有制经济主体之间的合规竞争，公有制和非公有制经济通过发挥各自领域的制度优势，不仅吸纳了大量的下岗职工，增加了就业容量，而且使得我国经济活力进一步被激发，经济效率明显提高。并且，也正是由于我国坚持和完善社会主义基本经济制度所拥有的经济绩效，使得国家具有强大的宏观调控能力，从而保障了国家对社会保障事业的强力投入，为我国社会保障体系的建立和发展奠定了雄厚的物质基础。

（二）推进城市贫困治理必须防止社会财富过多地集中到少数人手中

我国一直以来实行的平均分配制度在实行市场经济后被逐渐打破，

"让一部分人首先富起来"的口号，为一部分人的发展提供了机遇，但同时也拉大了不同企业和居民间的差距，城市中出现了富裕阶层和贫困阶层并存的局面。从分配制度角度来说，造成这一现象的原因主要是初次分配不公，以及社会保障等再分配手段不健全等。为此，改革开放以来，我国一直在以处理好效率与公平的关系为导向，不断推动收入分配改革。党的十三大明确提出以按劳分配为主体，其他分配方式为补充，在提高效率的前提下保证社会公平。党的十四大提出"在分配制度上，以按劳分配为主体，其他分配方式为补充，兼顾效率与公平。运用包括市场在内的各种调节手段，既鼓励先进，促进效率，合理拉开差距，又防止两极分化，逐步实现共同富裕"。党的十四届三中全会更进一步提出要"坚持以按劳分配为主体、多种分配方式并存的制度，体现效率优先、兼顾公平的原则"。党的十五大对多种分配方式并存的制度进行了更加具体化的论述，提出要"把按劳分配和按生产要素分配结合起来"。党的十六大明确提出要在初次分配中注重效率，再分配中注重公平。党的十七大作出了对"初次分配注重效率，再分配注重公平"的重大调整，特别强调初次分配和再分配都要处理好效率和公平的关系，再分配要更加注重公平。党的十八大报告指出，"实现发展成果由人民共享，必须深化收入分配制度改革，努力实现居民收入增长和经济发展同步、劳动报酬增长和劳动生产率提高同步，提高居民收入在国民收入分配中的比重"。党的十九大报告指出，新时代的共同富裕，着力点落在生产力发达、社会物质产品丰富的前提下，使经济发展的成果惠及人民，将"蛋糕做大"的同时重点将"蛋糕切好、分好"。党的十九届四中全会把分配制度上升为社会主义基本经济制度，在激活市场主体活力、刺激消费市场、缩小贫富差距、实现共同富裕的目标等方面，彰显了中国特色社会主义的制度优势。党的二十大报告进一步指出，坚持按劳分配为主体、多种分配方式并存，构建初次分配、再分配、第三次分配协调配套的制度体系。在当前的分配制度改革中，如何提高劳动者的收入水平，增加低收入群体的收入成为新的改革重点。

（三）推进城市贫困治理必须处理好政府与市场的关系

改革开放最成功的经验之一，就是将计划经济体制转变为市场经济体制，并且将社会主义制度与市场经济体制相结合。实践证明，建立社会主义市场经济体制，不仅符合我国的国情，而且促进了我国经济的健康快速发展，是我国社会经济发展中的一种必然选择。但是，我们也要认识到，市场经济同世界上其他社会现象一样，也是利弊共存的。市场的长处在于可以通过价格、供求、竞争等市场要素的相互作用来调节经济活动，有效地激发经济主体的活力。同时，市场机制的自发作用也容易造成经济失衡，可能产生收入分配的马太效应。目前中西部地区是城市贫困率发生较高的地区，在一定程度上正是由于市场经济条件下区域发展不平衡引发的后果。同时，由于市场经济体制的不完善或市场失效，由低收入、失业而导致的城市贫困问题长期存在。因此，党的十五大提出"坚持和完善社会主义市场经济体制，使市场在国家宏观调控下对资源配置起基础性作用"。党的十六大强调要"健全现代市场体系，加强和完善宏观调控"；党的十六届三中全会提出了"五个统筹"，其核心就是要在更大程度上发挥市场在资源配置中的基础性作用，切实推进政府职能转换和效能提升。党的十七大正式提出，"要深化对社会主义市场经济规律的认识，从制度上更好发挥市场在资源配置中的基础性作用，形成有利于科学发展的宏观调控体系"。"要加快政企分开、政资分开、政事分开、政府与市场中介组织分开，规范行政行为，加强行政执法部门建设，减少和规范行政审批，减少政府对微观经济运行的干预。"党的十八大明确提出，必须更加尊重市场规律，更好发挥政府作用；党的十九大报告指出，要继续发挥市场在资源配置中的决定性作用，更好发挥政府的作用。党的十九届五中全会指出："坚持和完善社会主义基本经济制度，充分发挥市场在资源配置中的决定性作用，更好发挥政府作用，推动有效市场和有为政府更好结合。"党的二十大报告强调："充分发挥市场在资源配置中的决定性作用，更好发挥政府作用。"由此可见，社会主义市场经济正在进入一个新的发展阶段。

第二章

基本经济制度保障视域下改革开放和社会主义现代化建设新时期城市贫困治理的历程、成就与经验

从新中国成立到改革开放前,受当时国家政策的影响,贫困问题主要表现为农村贫困,城市贫困问题并不突出,针对出现的少数城市贫困问题,政府也出台了相关政策和制度来保障贫困人口的基本生活。改革开放和社会主义现代化建设新时期,我国经济结构开始调整,城乡差异扩大,城市中失业人口和农民工大量涌现,城市贫困人口比例呈上升趋势,城市贫困出现新问题、新变化和新特点。在不同的历史时期,针对我国出现的不同的城市贫困状况,国家出台了相应的城市贫困治理制度,并取得了相应的成就和经验。

|第一节| 新时期城市贫困治理基本经济制度保障的实践探索

改革开放初期,由于我国处于基本经济制度改革的探索阶段,原有体制与新体制"双轨并行",我国城市贫困问题仍维持在一个稳定的状态,

未能引起广泛的关注。20 世纪 90 年代，我国进入经济体制转型期，随着社会主义基本经济制度的逐步形成，社会主义市场经济体制呼之欲出，在巨大的时代变革下，城市贫困问题逐渐凸显出来，进入国家和广大人民的视野。21 世纪以来，随着社会主义基本经济制度的逐步完善、巩固和发展，城市户籍制度改革也取得了突破，农民工大量涌入城市，城市贫困也进入了一个新的发展期。在不同时期，针对当时的城市贫困问题，国家也采取了相应的治理措施。通过一系列制度、政策的设计和实施，我国城市贫困治理取得了显著成效，并为进入中国特色社会主义新时代推进城市贫困治理积累了宝贵经验。

一、改革开放初期的实践探索（1978—1992 年）

在新中国成立初期，我国有数以百万计的城市贫困户，其原因一方面是由于资本家对城市工人阶级的剥削，另一方面是由于生活困苦，战乱遗留下来不少难民、灾民、游民、乞丐和失业者，他们构成了城市的贫困者。当时的治理对策首先是以工代赈，组织大批失业贫民参加市政建设，其次是举办军烈属和贫民生产单位，从事手工业和小型工业生产。大规模的城市社会救济和生产自救迅速稳定了社会，恢复了秩序，使城市社会生活走上了正常轨道。20 世纪 50 年代中期以后，计划经济体制主导着国家经济的运行，在城市中，从产业结构布局到家庭米面油的配额分配，都是由政府组织的。在城市化和工业化的背景下，国家资源总体上向城市倾斜，在教育、就业、医疗、养老等各个领域为城市居民提供了一定的保障，因此，当时我国贫困发生率最高的地区主要集中于农村地区。据世界银行估计，"1980 年农村中的贫困人口约为 2 亿，贫困人口比例为 28%，而相对来看，城市中的贫困人口总量仅在 400 万上下，贫困人口比例经测算为 2%"[①]。在

---

① 世界银行. 1990 年世界发展报告　贫困问题·社会发展指标 [M]. 北京：中国财政经济出版社，1990：108.

城市中，贫困人口也多集中于孤、老、残、幼等固定人群中，绝大多数成员通过"统包统配"的就业制度，被统一组织到各种各样的单位中去。并且，无论是全民所有制企业、机关和事业单位还是城镇集体企业，实行的都是工资制。工资制度在全民所有制企业中表现出了自己独有的特点：一是国家统一制定工资的等级、标准以及水平。二是全国基本上同一部门、同一产业和同一行业的工资等级、标准是相同的。三是本企业经营状况、经济效益的情况与职工的工资没有关系，无论盈亏，工资都是一样的。城市居民受益于计划供应制度的保障，还会获得国家通过单位等途径发放的包括粮票、油票、烟票等在内的各种票证，这就保证了城市居民的基本收入和基本生活。因此，城市居民一经国家统一分配，劳动者就端上了"铁饭碗"。与此同时，在单位体制下，职工一方面享有单位所提供的包括住房、各类津贴、补助、子女入托等各项福利待遇，另一方面还享有退休金、公费医疗等。对于一些小规模的"三无"人员，民政部门会提供社会救济和优抚。单位和政府基本上满足了社会成员各种保障需求的任务。在这一时期，我国社会保险统称为"劳动保险"，内容包含退休、死亡、疾病、负伤、残废、生育等。保险范围是所有制企业单位和事业单位的职工和干部，企业和国家财政统一支付保险费。由于当时我国实行"统收统支"的财务制度，国家实际承担了所有保险费的支出，几乎所有的城市居民都能享受到由民政部提供的消费补贴、低租金住房等社会福利。对于相对固定的城市贫困群体，包括无依无靠、生活无来源的孤老病残人员，劳动力少的困难家庭，因自然灾害或意外事故致使生活困难的人员，无固定职业和收入的人员等，则享有民政部提供的社会救济。与此同时，严格的户籍制度使农村人口难以进入城市，城市人口始终维持在一个稳定的少数，这也有效避免了城市资源被分割挤压。总的来看，1978 年以前，我国的社会结构被明显分为了人口规模不大的城市社会和一个绝对贫困人口较多的农村社会。就业制度、户籍制度以及城市社会保障制度，使城市人口获得了比农村人口更优质的就业机会和经济资源，保障了城市贫困人口相对稳定的生活水平，因此这时的城市贫困问题并不突出。但由于经济体制僵化、指导思想失误和闭关自守等多种原因，导致我国经济发展缓慢，城市居民的实际生活状况总体上处于较低的生活水平。

改革开放后至社会主义市场经济体制转型期，是我国城市贫困的初现期，国家处在所有制结构、分配体制和市场体制变革的过渡之中。在体制转变的背景下，我国城市贫困问题得到一定好转，尤其在 20 世纪 80 年代前期，由于所有制变革带来个体经济等非公有制经济的发展，为回城的知青提供了大量的就业，同时计划体制仍然存在，所以城市贫困人口的绝对人数呈下降的趋势。"贫困人口比例不断下落，80 年代末经测算，城市贫困人口数量在 100 万上下，占比已经不足 0.4％。"[①] 自 1984 年以来，城市改革开始，改革的重心就是要增强所有制大中型企业活力。随着经济改革的深化，经济体制的转轨，城市社会结构急剧变迁，单位体制受到严重冲击。与此同时，随着非公经济的快速发展，在单位体制之外，还出现了一部分收入和生活水平下降或遭受严重剥夺的困难群体，原有单位福利体制以及就业与社会保障一体化的保障功能不断弱化，越来越不适应新的发展趋势，城市社会出现了分化，收入差距逐步拉大，但大规模下岗失业尚未出现，贫困救助对象主要还是经济体制改革前的政府救济对象。在这一时期，针对当时的城市贫困问题，我国主要通过以下方式开展了城市扶贫工作。

一是发展非公有制经济。改革开放之初，如何冲破旧体制以解决"一大二公三纯"的禁锢，是摆在全党和全国人民面前的首要之务。为此，党的十一届三中全会提出"社员自留地、家庭副业和集市贸易是社会主义经济的必要补充部分，任何人不得乱加干涉"[②]。1979 年 9 月，叶剑英同志首次提出："目前在有限范围内继续存在的城乡劳动者的个体经济，是社会

---

① 世界银行. 1990 年世界发展报告　贫困问题·社会发展指标 [M]. 北京：中国财政经济出版社，1990：174.

② 中共中央文献研究室. 三中全会以来重要文献选编：上 [M]. 北京：人民出版社，1982：7.

主义公有制经济的附属和补充。"① 随后，党的十一届六中全会首次对个体经济进行了正式定位——"国营经济和集体经济是我国基本的经济形式，一定范围的劳动者个体经济是公有制经济的必要补充"②。1982 年 12 月，全国人大五届五次会议通过的新宪法规定，"在法律规定范围内的城乡劳动者个体经济，是社会主义公有制经济的补充。国家保护个体经济的合法的权利和利益"③。至此，个体经济的存在合法化，个体经营成为城市经济中的一种经济形式。推进经济体制改革要注重将城市作为重点，这是党的十二届三中全会提出的一项重要战略抉择。这次会议通过了《中共中央关于经济体制改革的决定》（以下简称《决定》），《决定》中强调，社会主义经济主导力量应该是全民所有制经济，同时也指出我们要允许其他经济形式以及不同经营方式的发展，特别是强调了个体经济在发展社会生产、改善人民生活条件和创造就业机会方面的不可替代的作用。1987 年 1 月，中共中央发布的《把农村改革引向深入》中，针对私营企业提出应采取"允许存在，加强管理，兴利抑弊，逐步引导"的十六字方针。同年，党的十三大提出"社会主义初级阶段的所有制结构应以公有制为主体。目前全民所有制以外的其他经济成分，不是发展得太多了，而是还很不够"④。次年全国人大七届一次会议通过了宪法修正案，确定了"国家允许私营经济在法律规定的范围内存在和发展。私营经济是社会主义公有制经济的补充。国家保护私营经济的合法权利和利益，对私营经济实行引导、监督和管理"⑤。这标志着私营经济得到了官方正式认可，并以法律形式确立下来，也使我国迎来了私营经济发展的第一个春天。在私营企业的迅猛发展之下，国营经济开始探索实行放权让利的实践。结果是企业自主权扩大、工商业探索多种经济实现形式，从而先前的僵化体制也逐渐发生

① 中共中央文献研究室. 三中全会以来重要文献选编：上 [M]. 北京：人民出版社, 1982：185.
② 中共中央文献研究室. 三中全会以来重要文献选编：下 [M]. 北京：人民出版社, 1982：169.
③ 中共中央文献研究室. 十二大以来重要文献选编：上 [M]. 北京：人民出版社, 1986：189-190.
④ 中共中央文献研究室. 十三大以来重要文献选编：上 [M]. 北京：人民出版社, 1993：27.
⑤ 中共中央文献研究室. 十三大以来重要文献选编：上 [M]. 北京：人民出版社, 1993：183.

变化。由于官方承认了个体经济、私营经济的地位和作用，城镇个体经济得到恢复和发展，这不仅拓宽了城镇原有居民的就业渠道，而且为20世纪80年代回城的知青提供了多样化的工作机会，避免了城市贫困人口的增加。

二是加快建立社会保障制度。1986年，国家推出《国民经济和社会发展第七个五年计划》，第一次专章阐述了"社会保障事业"，提出要"适应国情国力发展，统一管理社会保险、社会福利、社会救济工作，首先建立起社会保障制度的雏形"。在这一时期，我国医疗保险制度、职工养老保险制度开始进入改革、试点阶段。1986年7月，国务院颁布了《国营企业职工待业保险暂行规定》，明确了国有企业待业职工范围和保险基金来源，突出了国家和社会在失业保险制度中的地位和作用，规定了失业保险对象享受失业保险待遇的项目、期限和标准。但这一时期我国国企改革力度不大，企业职工失业现象并不突出，因此失业保险在其覆盖范围、缴费方式方面还不完善。伴随着我国全面经济体制改革和国有企业体制改革的推进，"企业保险"的弊端日渐显现，为此，1983年原劳动部提出全民所有制单位养老保险费用实行社会统筹的试点工作。1986年国务院发布《国营企业实行劳动合同暂行规定》，规定养老保险由个人、企业、国家三者共同担负。同时，社会救助工作得到恢复和发展，并调整了城镇救助标准。积极发展具有救助性质的社会福利事业和社会经济实体。这使城镇的"三无"人员、低收入者、失业者等都得到了较好的救济。1991年6月，国务院发布《关于企业职工养老保险制度改革的决定》，明确提出要建立多层次的养老保险体系。1992年，深圳市率先启动了城镇职工医疗保险制度改革。1993年党的十四届三中全会提出了"统账结合"的社会医疗保险制度。从20世纪50年代后期到80年代中期，我国又对工伤保险制度进行了多次调整，调整内容主要是扩大工伤保险范围和提高工伤保险待遇两个方面，形成了适应计划经济的比较完善的工伤保险制度。改革开放以来，我国工伤保险范围逐渐扩大，工伤保险立法也日益完善。

三是贯彻落实按劳分配的社会主义原则。这一时期我国分配制度也开始了变革的步伐，逐步与传统的"平均主义"分配方式分道扬镳。邓小平同志早在党的十一届三中全会上，就尖锐地指出计划经济的分配体制阻碍了生产力的发展，并明确提出要使一部分人通过努力先富起来，这也就指明要对现有分配体制进行改革。1978 年 5 月，奖励和计件工资制的恢复、实行，拉开了我国分配制度改革的序幕。在农村分配制度改革取得成功的同时，1984 年 10 月《中共中央关于经济体制改革的决定》（以下简称《决定》）在党的十二届三中全会得以通过，提出城市经济改革将逐渐成为改革的重点。《决定》指出，经济体制的僵化模式无法适应生产力的发展，是阻碍社会主义制度优越性发挥的一个重要因素。这种模式在分配上表现为严重的平均主义，严重压抑了职工的积极性与创造性，导致长期以来城市居民生活水平普遍性低下。为增强城市企业的活力，提高广大职工的积极性，《决定》提出要建立以承包为主的多种形式的经济责任制。"这种责任制的基本原则是：责、权、利相结合，国家、集体、个人利益相统一，职工劳动所得同劳动成果相联系。"① 并作出了进一步具体规定贯彻落实按劳分配的社会主义原则，即"企业职工奖金由企业根据经营状况自行决定，国家只对企业适当征收超限额奖金税""采取必要的措施，使企业职工的工资和奖金同企业经济效益的提高更好地挂起钩来""国家机关、事业单位也要改革工资制度，改革的原则是使职工工资同本人肩负的责任和劳绩密切联系起来"②，等等。这预示着城市居民原来"统包"模式的"平均主义"分配状况将发生改变。随着城市经济体制改革的不断深入，在分配制度改革方面出现了一些新的措施：一是国有企业实行工效挂钩制度。这一方面使企业有了内部分配自主权，可以根据具体情况决定本企业工资

---

① 中共中央文献研究室．十二大以来重要文献选编：中 [M]．北京：人民出版社，1986：62．
② 中共中央文献研究室．十二大以来重要文献选编：中 [M]．北京：人民出版社，1986：63．

发放形式以及分配办法；另一方面，企业职工工资的增长只能依靠单位经济效益的好坏，避免了"大锅饭"的弊端，调动了经营者和职工的积极性和创造性，提高了企业管理水平和经济效益。二是机关事业单位改革实行结构工资制。所谓结构工资就是将机关单位工资一分为四，即基础、职务、工龄和奖励工资。三是开征个人所得调节税。除了企事业单位的分配制度改革，党的十三大在分配制度问题上还取得了又一重大突破，即提出了允许合法的非劳动收入和促进效率的前提下体现社会公平等主张。党的十四大进一步提出，"在分配制度上，以按劳分配为主体，其他分配方式为补充，兼顾效率与公平。运用包括市场在内的各种调节手段，既鼓励先进，促进效率，合理拉开收入差距，又防止两极分化，逐步实现共同富裕"[①]。要求加快工资制度改革，逐步建立起符合企业、事业单位和机关特点的工资制度与正常的工资增长机制。

二、市场经济初期的实践探索（1992—2002 年）

20 世纪 90 年代，是我国城市贫困的初次爆发期，城市贫困问题出现首次高潮。随着经济体制改革逐步推动就业体制和城市产业结构的根本性转变，国有企业所有制改革势在必行。在建立现代企业制度和国有企业实施战略性重组的过程中，剥离多年来积淀在企业内部的大量富余人员已是无法回避的现实选择。从 1997 年开始，国家计划使大多数国有大中型企业用 3 年左右的时间通过改革、改组、改造和加强管理等方式来摆脱困境。党的十五届四中全会进一步明确了"抓大放小"原则，即一方面要着力培育实力雄厚、竞争力强的大型企业和企业集团；另一方面采取改组、联合、兼并等多种形式，放开搞活国有小企业。在大量国有企业改制的过程中，由于国有企业面临制度建设滞后、社会负担重、结构不合理、资产负债率高、亏损面大等许多矛盾和问题，为解决这些矛盾和问题所付出的

---

① 中共中央文献研究室．十四大以来重要文献选编：上［M］．北京：人民出版社，1996：17.

成本和代价，造成一些国有企业经营更加困难，财务状况恶化，职工收入增长缓慢甚至大幅下降的现象。为应对市场竞争，许多企业采取了"买断工龄"的做法，通过"减员增效"将过去计划经济中积淀的冗余人员逐步剥离出去，国有企业的职工大量失业下岗。20 世纪 90 年代中后期，下岗浪潮达到了顶峰。1995—2000 年的 6 年内，国有单位因下岗潮产生了近 4000 万的下岗职工。同时期城镇集体单位职工人数 1995 年统计有 3076 万人，而到了 2002 年就变为 1071 万人，数量大幅下降。1995—2002 年，由于下岗人员增多，城镇登记失业率也由 2.9％上升为 4.0％，若再加上城镇新增长劳动力以及农民工等新群体，失业率有可能达到 21.4％。大多数下岗职工由于自身文化等因素的影响，无法实现再就业，或者因就业待遇与先前国企相差甚远，因此成为城市贫困人口，城市贫困人口规模进一步增加。而在相应失业保险、社会救济制度不完善的情况下，一部分受教育水平低、缺乏劳动技能的失业和下岗人员在实现再就业过程中，逐渐落入城市贫困阶层。一些退休较早、仅依赖退休金生活的老年人的生活水平也逐渐低于贫困线。此外，部分农村剩余劳动力开始涌入城市，城市贫困主体日益呈现出多元性的特征，"城市新增的贫困人口主要是那些不适应市场竞争，形成亏损、停产、半停产甚至破产企业中的下岗、放长假、停发或减发工资乃至失业的职工家庭和离退休人员家庭"①。同时，随着市场经济优胜劣汰，所有制经济之间的残酷竞争，导致城市居民收入差距进一步加大，伴随市场经济而来的物价上涨和通货膨胀也为城市居民带来巨大压力。再加之社会保障体系建立与发展的滞后，与城市贫困人口直接相关的失业保险尚未建立，社会救助和困难补助标准偏低，城市贫困进一步恶化。中国社会科学院经济研究所"城市贫困与失业下岗课题组"与英国、日本、澳大利亚学者共同合作，在 2000 年初，对我国 13 个城市的 5300 个住户进行了抽样调查，调查结果显示，1999 年我国城市总体贫

---

① 姚建平. 中国转型期城市贫困与社会政策 [M]. 上海：复旦大学出版社，2011：5.

困发生率相较于 1995 年上升了 10％左右。更为严峻的是，1995—1999
年的贫富差距上升了 36％。表明我国城市贫困范围不仅在扩大，而且程
度也在加深。^① 在这一时期，再用"三无"人员来界定城市贫困人口已不
再适用，"三无"人员虽然是城镇贫困人口的重要组成部分，但比重越来
越小，有学者将这一时期的城市贫困人口概括为下岗职工，对物价上涨抗
拒能力低的低收入者，因某些原因而在劳动力市场被淘汰的人，市场竞争
的失败者，偶发因素如车祸、地震、洪水以及疾病等致残而丧失劳动能力
和收入来源的人，部分无业人员以及流入城镇务工不着或被辞退导致无收
入来源的农民工。上述七类城镇贫困人口可分为城镇居民贫困人口和进城
农民工贫困人口两部分。^② 有数据显示，2001 年，我国城市贫困人口数为
2000 万人左右，在全国贫困人口中的比重达到 40％左右；贫困发生率少
则 7％，多则超过 10％。^③ 总之，从 20 世纪 80 年代开始，特别是 90 年代
以来，城市居民的贫困问题开始愈发凸显出来，日益为广大人民和整个社
会所关注，党和国家也开始意识到城市贫困问题的严重性。这一时期解决
城市贫困的措施主要包括以下几个方面。

　　一是增强国有企业活力和增加非公有制经济发展空间。国有企业改革
和三年脱困目标的基本实现，明显改善了企业经济效益，扭转了连续几年
利润下滑、亏损扩大的局面。经济发展和企业效益的提高，不仅减少了国
家财政为国有亏损企业的各项支出，而且为各项税收尤其是企业所得税的
稳定增长奠定了基础。正因如此，1998—2002 年国家财政的增长率分别是
14.2％、15.9％和 16.9％。^④ 国家财政收入的持续增长，为城市反贫困奠
定了可靠的财源储备。同时，20 世纪 90 年代以来国有经济结构的战略
性调整，增加了非公有制经济发展的空间。进入 20 世纪 90 年代后，个

---

　　①　叶普万.中国城市贫困问题研究论纲 ［M］.北京：中国社会科学出版社，2007：145 - 146.
　　②　张茂林.90 年代中后期我国城镇贫困与反贫困问题探讨 ［J］.人口与经济，1997 (2)：40 - 44.
　　③　吴忠民，刘祖云.发展社会学 ［M］.北京：高等教育出版社，2002：301 - 305.
　　④　上海财经大学公共政策研究中心.2002 中国财政发展报告 社会保障公共政策研究 ［M］.上
海：上海财经大学出版社，2002：34.

体私营企业迅猛发展，为安置下岗职工和失业人员提供了有利条件，仅 1997 年就有 418 万下岗职工在个体、私营经济领域中实现了再就业，占当年安置下岗职工总人数的 2/3 以上。[①] 同时，非公有制经济自身也在不断完善自身发展，并日益呈现出各具特色的发展模式。一是民营企业普遍开始进一步探索产权制度改革，以实现从家族制到股份制的转变。二是提出以管理创新为重要内容的"二次创业"。从 20 世纪 90 年代中期开始，许多进入成长阶段的中小企业，都在变革家族制管理方面作出了努力，其中一部分企业成功地完成向现代企业管理的转变，顺利实现了持续成长。

二是"三条保障线"制度。其一，国有企业下岗职工基本生活保障。1998 年 6 月中共中央、国务院颁布了《关于切实做好国有企业下岗职工基本生活保障和再就业工作的通知》，明确"要求切实保障下岗职工基本生活，大力实施再就业工程"，并在全国建立了国有企业下岗职工基本生活保障制度。这一制度原则上采取的是"三三制"的办法，即财政预算、企业负担、社会筹集各占 1/3。据统计，仅 1997 年再就业服务中心就接收了近 1151 万下岗职工，实现了半数以上人员的再就业。[②] 其二，失业保险。1993 年国务院发布了《国有企业职工待业保险规定》，对 1986 年的暂行规定进行了重大改革，标志着我国失业保险制度进入正常运转时期。与前一规定相比，这一规定扩大了覆盖范围，进一步将保障对象扩大到 7 类 9 种人员。并针对原有制度中统筹层次过高、不符合实际情况的问题，将基金省级统筹调整为市、县统筹，在省一级建立失业保险调剂金。同时提出了要将失业保险与就业服务工作紧密结合，划定了失业保险缴费基数和失业救济金的标准。为适应社会主义市场经济体制的社会保障体系和统一的劳动力市场的需要，进一步解决好失业保险适应范围窄、基金承受能力低等

---

① 袁志刚. 中国就业报告: 1978—2000 [M]. 北京: 经济科学出版社, 2002: 143.
② 王春萍. 可行能力视角下城市贫困与反贫困研究 [M]. 西安: 西北工业大学出版社, 2008: 156.

问题，1999 年 1 月，国务院颁布实施了《失业保险条例》。"截至 2000 年底，全国参加失业保险的职工人数为 10480 万人，约占城镇从业人员总数的 50%，月平均领取失业保险金人数 137 万人，失业保险制度成为缓解城市贫困的一项重要制度。"① 其三，构建城市居民最低生活保障制度。党的十四大后，在改革走向深入时，我国出现了大规模的城市下岗失业人员，使得传统的社会救济政策难以适应，一些下岗职工逐渐成为"政府管不上、企业靠不上、家庭顾不上"的"三不管"群体。因此，这个问题开始得到党和国家的关注，并开始探索建立一个具有长久保障性的社会救助制度。上海是最先注意到在经济体制改革中，由于下岗失业等原因，导致出现基本生存无法满足的城市贫困人口现象的城市，并于 1993 年 6 月率先实施了城市居民最低生活保障制度并取得了一定成效，开创了制度性城市贫困治理之先河。应该说，在这一时期，城市贫困问题主要是以绝对贫困的内涵进入政府决策视野的。城市居民最低生活保障制度是政府为满足城市贫困群体的基本生存需要作出的制度回应。1994 年，民政部对上海经验给予了充分肯定，并明确提出"对城市社会救济对象逐步实现按当地最低生活保障线标准进行救济"的民政工作发展目标，并部署在东南沿海地区进行试点。到 1997 年 5 月，全国有 206 个城市建立了低保制度。并且，在实施模式上也取得了新发展，如"上海模式"、"武汉模式"和"重庆模式"。经过几年的艰苦探索和专家学生多年反复研究与论证，1997 年 9 月，《关于在全国建立城市居民最低生活保障制度的通知》（以下简称《通知》）正式发布。这个《通知》被视为我国最低生活保障制度由探索阶段进入推广阶段的重要标志。《通知》强调了我国当前经济社会发展的重要任务之一就是解决城市贫困人口的生活困难的问题，明确规定符合当地最低生活保障标准的持有非农业户口的城市居民，符合"三类人员"要求的城市居民都可以享受最低生活保障待遇。在各级部门和地方政府的共同努力下，

---

① 王春萍. 可行能力视角下城市贫困与反贫困研究［M］. 西安：西北工业大学出版社，2008：156.

最低生活制度在全国得以建立，各地政府根据自身情况，制定相应标准。1999 年 9 月，国务院颁布《城市居民最低生活保障条例》，提出了政府保障资金、面向社会成员、其他社会政策相符、提倡自力更生的原则，标志着我国城市低保制度走上法制化轨道。至此，我国城市居民最低生活保障条例与养老保险、失业保险、医疗保险制度一起构成了我国城市的"社会安全网"。2000 年后，政府开始强调要不断扩大低保的覆盖范围，2001 年 11 月，国务院颁布的《国务院办公厅关于进一步加强城市居民最低生活保障的通知》，明确要求"尽快把所有符合条件的城镇贫困人口纳入最低生活保障范围"，各地的工作实践也进入了制度化规范阶段。我国救助对象从传统的"三无"人员扩大到在职人员、下岗人员、失业人员、退休人员以及未成年在校学生等群体。至 2002 年第三季度，全国享受城市低保的人数达到 1960 万，占当时全国非农业人口总数的 5.6%，基本实现了应保尽保的目标。同时，这一时期，面临我国城市贫困问题，政府也采取了一些暂时性的应对措施，比如全国性的"社会帮困"活动、推行"送温暖"行动等。

三是"两个确保"政策。"两个确保"是指"确保国有企业下岗职工基本生活，确保企业离退休人员养老金按时足额发放"。这项政策的提出，主要是基于一些基本生活保障费没有支付给部分下岗工人，有的离退休人员的养老金被拖欠，这表明政府对弱势群体的保护。2000 年 2 月，国务院办公厅正式下发了《关于继续做好确保国有企业下岗职工基本生活和企业离退休人员养老金发放工作的通知》，同年 5 月国务院又颁布了《关于切实做好企业离退休人员基本养老金按时足额发放和国有企业下岗职工基本生活保障工作的通知》，使"两个确保"的政策得以加强贯彻。《2001 年上半年劳动和社会保障统计报告》显示，截至 2001 年 6 月底，国有企业下岗职工总数为 632 万人，其中进入再就业服务中心的有 579 万人，占下岗职工总数的 91.6%。进入再就业中心的下岗职工中，99.3%签订了基本生活保障和再就业协议，99.9%领到了基本生活费，99.6%代缴了社会保险费。企业离退休人员养老金得到确保，社会化发放率进一步提高。可见，"两个确保"政策在解决城市贫困中发挥了重要作用。

四是建立最低工资制度。1993 年 11 月，借鉴国际通行做法，我国劳动部以行政规章的形式制定了《企业最低工资规定》，标志着我国最低工资制度建立起来。其中第一条明确指出："为了适应社会主义市场经济发展的需要，保障劳动者个人及其家庭成员的基本生活、促进劳动者素质的提高和企业公平竞争，制定本规定。"1994 年 7 月 5 日，《中华人民共和国劳动法》在全国人大八届八次会议上通过，该法第四十八条规定："国家实行最低工资保障制度，最低工资的具体标准由省、自治区、直辖市人民政府规定，报备国务院备案，用人单位支付劳动者的工资不得低于当地最低工资标准。"至此，我国最低工资保障制度以法律的形式正式明确下来。至 1995 年底，我国绝大部分省、区、市都制定了本地区的最低工资标准。

五是提供保障性住房。1991 年《关于继续积极稳妥地进行城市住房制度改革通知》发布，其中提出建设有保障性质的商品房，无房户、危房户和住房困难户可以以低于市场价的价格进行购买；1994 年《城市经济适用住房建设管理办法》首次系统规定了经济适用房性质、适用范围等；1995 年国家开始推行"安居工程"。1998 年，国家正式推出经济适用房，《关于进一步深化住房制度改革加快住房建设的通知》中提出当年停止住房实物分配，对新建经济适用房实行只售不租。1999 年，当时的建设部颁布了《城市廉租住房管理办法》，向城市常住人口中收入最低的家庭提供租金相对较低的普通住房。

六是积极开展社会救助。社会救助是我国治理贫困的重要措施。改革开放以来，国家社会救助虽然重点放在农村，但是也相应调整了城市救助的标准，城市贫困救助主要针对社会困难户、特殊对象、下岗职工，保持"生产自救"的原则，对这些贫困人群进行医疗救助、教育救助、灾害救助等，帮助恢复其谋生能力。

七是建立个人所得税制度。1994 年税制改革中将个人所得税、城乡个体工商户所得税、个人收入调节税合并为个人所得税。起征点为 800 元，实行 10 类所得分类计税和 9 级超额累进税率，最低税率为 5%，最高税率为 45%。此外，还设立了以富裕阶层为主要纳税者的消费税。新税制的实行对于强化个人收入分配的调节功能发挥了一定作用。

三、21 世纪新阶段的实践探索（2002—2012 年）

进入 21 世纪，我国跨入全面建设小康社会的新阶段，发展站在了一个新的历史起点上。一方面，我们继续沿着上世纪的改革路线，坚持贯彻和实行基本经济制度与分配制度，坚持市场经济体制改革的社会主义方向，我国经济社会总体上达到小康水平；另一方面，发展不平衡的矛盾日益尖锐。这也带来了城市贫困的新面貌：一是城市贫困人口规模数量增加，城市贫困群体结构更加复杂。2002 年中国加入世贸组织后，外资不断进入中国，迫使中国企业开始由劳动密集型向技术密集型和资本密集型转变，在产业转型中，大量的国企职工因裁员而下岗，由于长期的国企生活和自身能力的有限，无法实现再就业从而成为城市贫困人口，城市贫困人口也因此不断增加。同时，随着市场经济的发展，城市工业化程度加大，城市吸引了大量农村剩余劳动力前来就业。但受劳动力二元市场结构的影响，农民工由于知识文化、能力技术的限制，他们只能进入次劳动力市场艰难求生，由于市场经济体制不健全，他们的正当权益往往得不到保障，拖欠工资等现象时有发生，他们也成为城市贫困的重要群体。除农民工外，我国城市户籍人口中还出现了收入难以满足正常生活需要的在职贫困现象。同时，数量日益增长的大学毕业生，为了选择在城市定居并得到一份不错的工作，获得更好的社会资源，他们纷纷向城市聚集，成为"蚁族""蜗居"的主要群体，这是城镇贫困人口的又一组成部分。二是城市贫富差距拉大，城市相对贫困状况明显。市场经济和所有制经济改革的深入，使整个城市社会更加分化，随着"劳动、资本、技术和管理等生产要素按贡献参与收入分配的原则"① 的确立，城市人口收入也大相径庭，但在城市最低生活保障制度"应保尽保"的原则下，城市收入差距经历了先上升后下降的过程。② 其中，2008 年的比值达到高点 5.71，此后便逐年下降（具体见表 2-1）。三是城市贫困问题的产生原因更为多样，治理难度加大。这一阶段属于在城市化高速发展阶段，城市贫困人口在增多的同时，贫困成因也各有不同。特别是房价的攀升，超出了许多居民的购买能力，造成了大批贫困人口聚集在具有较高安全和健康风险的城乡接合部或城中村、棚户区。此外，老年贫困问题也日益突出。总之，城市贫困问题在 20 世纪 90 年代有急剧恶化的趋势，进入 21 世纪后，该问题逐步趋于稳定，这一点在城市低保覆盖人数方面可以得到验证。但这并不意味着我国城市贫困问题已得到基本遏制，相反，正是由于低保制度的推行，使我国城市贫困进入了一个新的历史阶段，即新时期我国城市贫困者不仅包括低保对象，还包括家庭人均收入略高于当地低保标准，但生活依然困难的家庭和个人，也就是"相对贫困者"。③

表 2-1　我国城市五等分收入情况（2000—2012 年）

年份（年）	低收入户收入（元）	中等偏下户收入（元）	中等收入户收入（元）	中等偏上户收入（元）	高收入户收入（元）	高收入户收入/低收入户收入
2000	3132.0	4623.5	5897.9	7487.4	11299.0	3.61
2001	3319.7	4946.6	6366.2	8164.2	12662.6	3.81
2002	3032.1	4932.0	6656.8	8869.5	15459.5	5.10
2003	3295.4	5377.3	7278.8	9763.4	17471.8	5.30
2004	3642.2	6024.1	8166.5	11050.9	20101.6	5.52
2005	4017.3	6710.6	9190.1	12603.4	22902.3	5.70
2006	4567.1	7554.2	10269.7	14049.2	25410.8	5.56

① 中共中央文献研究室. 十六大以来重要文献选编：上 [M]. 北京：中央文献出版社，2005：21.

② 孙远太. 城市贫困阶层的再生产机制及其治理政策研究 [M]. 北京：中国社会科学出版社，2016：25.

③ 姚建平. 中国转型期城市贫困与社会政策 [M]. 上海：复旦大学出版社，2011：7.

（续表）

年份 （年）	低收入户 收入（元）	中等偏下户 收入（元）	中等收入户 收入（元）	中等偏上户 收入（元）	高收入户 收入（元）	高收入户收入/ 低收入户收入
2007	5367.1	8900.5	12042.2	16385.8	29478.9	5.50
2008	6074.9	10195.6	13984.2	19254.1	34667.8	5.71
2009	6725.2	11243.6	15399.9	21018.0	37433.9	5.57
2010	6705.2	12702.1	17224.0	23188.0	41158.0	5.41
2011	8788.9	14498.3	19544.9	26420.0	47021.0	5.35
2012	10353.8	16761.4	22419.1	29813.7	51456.4	4.97

资料来源：根据《中国统计年鉴》（2001—2013）相关数据整理。

这一时期由于城市贫困人口规模增加、城市贫困人口构成复杂化、城市人口需求多元化，国家开始重点关注城市贫困问题。为调节贫富差距，扶助城市贫困人口，让更多人分享经济发展和改革的成果，我国主要采取了以下几种措施解决城市贫困问题。

一是实行积极的就业政策。为满足城镇下岗失业人员的基本生活需求，从 2002 年起我国开始实施积极的就业政策；同年 9 月，国务院发布《中共中央、国务院关于进一步做好下岗失业人员再就业工作的通知》，要求积极创造更多的就业机会，鼓励下岗失业人员自谋职业和自主创业。2003 年 1 月，颁布了《国务院办公厅关于做好农民进城务工就业管理和服务工作的通知》，以期解决对农民工就业的不合理限制、拖欠克扣农民工工资、农民工合法权益受损等问题，并对其做好培训和管理工作。2005 年，国务院又下发了《国务院关于进一步加强就业再就业工作的通知》，提出要扩大职业培训范围，鼓励创业，扶持中小企业，开展公共工程创造就业机会，为大龄失业人群、就业困难人群和残疾人提供就业机会。

二是构建综合性社会救助体系。2004 年 3 月，我国成立了最低生活保障司，开始着手建立综合性社会救助体系，争取为城市贫困群众解决更多实际困难。同时，积极推行"分类施保"，对低保家庭中，有重病、重残和无经济收入等居民给予重点救济。2005 年《政府工作报告》提出低保制度的并轨制改革，要求将原本由下岗职工基本生活保障制度承担的救助职能向失业保险和城市最低生活保障制度并轨。这一时期政府除了加强自身社会救助的责任外，开始尝试新的救助方法，就是将社会救助责任推向市场化和个体化运作，虽然在诸多方面存在问题，但是对于治理城市贫困起到了一定作用。

三是积极推进社会保险制度。推进保险制度是这一时期治理贫困的重要特色。2004 年，农民工被纳入工伤保险覆盖范围。同年 1 月，《工伤保险条例》开始实施，标志着我国新型工伤保险制度的建立。2010 年 10 月，《中华人民共和国社会保险法》的颁布，进一步推动了社会保障制度持续健康的发展。其中通过并专章规定了工伤保险的内容，标志着我国工伤保险制度进一步上升到国家基本法层面。为贯彻执行新修订的《工伤保险条例》，我国又相继颁布了《工伤认定办法》《非法用工单位伤亡人员一次性赔偿办法》等一系列配套性规章。2007 年 7 月，《关于开展城镇居民基本医疗保险试点工作的指导意见》的颁布，标志着我国正式开始探索建立覆盖城乡居民的城镇居民基本医疗保险试点工作。2009 年 3 月国务院发布了"新医改方案"，明确提出要建立覆盖城乡居民的基本医疗保障体系。

四是政府逐渐关注城市贫困群体的住房需求。2007 年国务院发布了《关于解决城市低收入家庭住房困难的若干意见》，进一步将廉租住房保障对象和经济适用房供应对象扩大到低收入家庭。同时，为照顾处在两类住房间的"夹心层"群体，2010 年我国发布了《关于加快发展公共租赁住房的指导意见》，提出对中低收入家庭提供公共租赁住房。这些项目在保证贫困基本救助基础上，照顾了特殊贫困，同时政府也在积极探索对城市外来人口的贫困群体的社会保障服务。

五是严格执行最低工资制度。2003 年我国劳动和社会保障部审议通过了《最低工资规定》，并于 2004 年正式颁布实施，极大地推动了我国最低

工资制度的发展。2007 年 6 月，《关于进一步健全最低工资制度的通知》
中进一步提出，要改进和加强对企业工资分配的宏观调节，继续加大调整
最低工资标准的力度，规范用人单位工资支付行为等。党的十七大又作出
了对"初次分配注重效率，再分配注重公平"的重大调整，特别强调要逐
步提高扶贫标准和最低工资标准，建立企业职工工资正常增长机制和支付
保障机制，更多关注低收入者和工薪阶层的收入。2008 年 8 月，国务院人
社部发布《关于进一步做好失业保险和最低工资有关工作的通知》，要求
各地区进行经济调整并严格执行最低工资标准。

六是调整个人所得税起征点。2011 年 6 月十一届全国人大常委会第二
十一次会议通过了关于修改《中华人民共和国个人所得税法》的决定，个
人所得税免征额调至 3500 元。

|第二节| 新时期城市贫困治理基本经济制度
保障的主要成就

改革开放和社会主义现代化建设新时期，通过坚持和完善社会主义基
本经济制度，我国城市反贫困行动取得了显著成就。

一、城市低保人数稳定之后逐步减少

20 世纪 90 年代，我国在大部分地区建立了城市最低生活保障制度。
但在制度建立初期，我国低保人数所占城市人口的比例很低。据统计，
1998 年，我国所救助的生活水平在最低生活保障线以下的城镇居民仅为
184 万人。[①] 造成这一现象的原因并不是当时我国城市贫困家庭少，而是

---

① 数据来源：民政部《1998 年民政事业发展统计公报》。

低保标准偏低，再加上各地在低保识别过程中广泛采用了"应得收入"等方法，造成只有很少的低保家庭能够得到救助。更深层次的原因则是，当时政府主要负责低保资金的使用，很多政府因为财力有限或不够重视低保制度而不愿扩大低保对象的规模。对此，1999 年我国以法规的形式将最低生活保障制度确定下来，2000 年后，政府开始强调要不断扩大低保的覆盖范围，我国救助对象从传统的"三无"人员扩大到在职人员、下岗人员、失业人员、退休人员以及未成年在校学生等群体。在中央财政的大力支持和民政部的推动下，2000 年我国共有 402.6 万城镇居民得到了最低生活保障的救助。并且，2001 年和 2002 年，我国低保人数实现了连续两年翻番或接近翻番，并于 2002 年 7 月实现了应保尽保。此后，我国低保对象的救济规模一直稳定在 2200 万人至 2350 万人之间，在 2009 年实现了救助规模的最大值 2345.6 万人，占城市常住人口的 3.6%。在达到峰值后，我国低保人数开始逐年下降。我国低保制度建立以来低保对象具体变动情况见图 2 - 1。

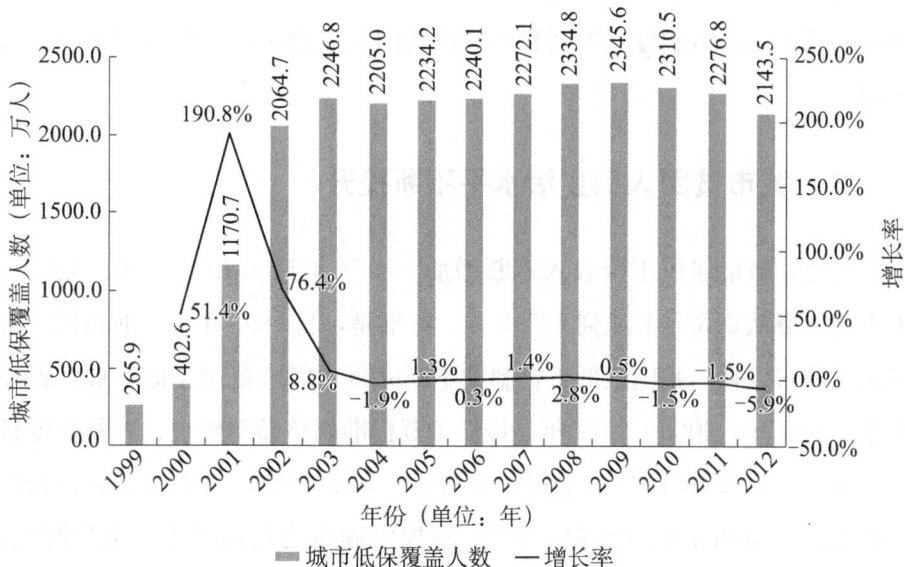

图 2 - 1　城市低保制度建立以来全国城市低保对象变动情况（1999—2012 年）

资料来源：民政部《2003—2012 年社会服务发展统计公报》。

从图 2-1 中我们可以看出，2000—2002 年低保对象跳跃式剧增，这主要与中央要求扩大低保对象的覆盖面和增加低保投入力度的政策有关。另一个变化是，2010 年以来我国城市低保人数的逐年下降，贫困发生率也随之降低。在保障资金上，各级政府对城市贫困人口的保障支出逐年增大，低保标准和补助水平也呈现逐年上升的趋势（详见表 2-2）。

表 2-2　我国社会保障财政支出情况（2004—2012 年）

	2004 年	2005 年	2006 年	2007 年	2008 年	2009 年	2010 年	2011 年	2012 年
平均低保标准/元/（月·人）	152	156	169.6	182.4	205.3	227.75	251.2	287.6	330.1
保障水平/元/（月·人）	65	72.3	83.6	102.7	143.7	172	189	240.3	239.1
财政支出/亿元	172.7	191.9	224.2	277.4	393.4	482.1	524.7	659.9	674.3

资料来源：民政部《2004—2012 年社会服务发展统计公报》。

由此可以看出，我国低保人数的下降是和低保标准的上升同步发生的，这在一定程度上可以反映出我国城市生存型贫困的减少，标志着我国城市最低生活保障制度在提高我国城市贫困人口摆脱贫困能力方面的积极作用。

二、城市贫困人口生活水平不断提升

首先，城市居民工资收入不断增加。1978 年到 2012 年，我国城镇工人平均工资从 615 元上涨到 47593 元。特别是，自 1993 年《企业最低工资规定》颁布以来，我国最低工资制度不断完善，保障范围全面扩展，保障水平不断提升。2003—2012 年是最低工资标准调整频率较快、调整幅度较大的几年。2004 年 4 月，《最低工资规定》颁布实施，其中对于调整频次明确规定"每两年至少调整一次"。新规定颁布之后的"十一五"时期，五年时间内全国各地平均调整最低工资标准 3.2 次，年均调整达到 0.64 次。与此同时，调整幅度也明显加大。并且与城镇居民最低生活保障标准相比，全国各省会城市和直辖市的最低工资标准水平超过当地最低生活保障标准的 1.3 倍以上。① 在社会主义市场经济下的企业工资分配制度遵循按劳分配的原则，职工工资分配与企业经济效益、劳动生产率密切相关。最低工资保障制度的实施，有利于政府加强对企业工资收入的宏观调控，防止部分企业过分压低工资，从而保护劳动者的合法权益，进而维持劳动者基本生活水平，改善生活状况，在减少贫穷的同时保持工作动机。与此同时，外出农民工人均月收入水平呈稳步上升的趋势。2006 年，我国城市农民工的工资只有 966 元。② 到 2012 年，外出农民工人均月收入水平达到了 2290 元。③

其次，社会保险覆盖面不断扩大。养老保险就是将"老有所养"从理想变为现实的一种普遍化的社会制度安排。从养老保险来看，相关数据显示，截止到 2012 年底，我国已经有 30427 万人参加城镇职工基本养老保险，与 1991 年相比，增加了 23687 万人。④ 其中，参加基本养老保险的农民工人数为 4543 万人，与 2006 年相比，增加了 3126 万人。基本医疗保险制度能够有效解决居民"病有所依"的问题，尤其是当贫困群体在面临高额的医疗费用时，能够有效防止其陷入因病致贫返贫的困境。从医疗保险来看，1994 年城镇职工医保试点初期，参加城镇职工医保人数为 400 万人。1998 年城镇职工医保在全国全面建立，截至 2012 年，全国参加城镇基本医疗保险人数为 53641 万人，与 1998 年相比，增加了 51762 万人。自 2007 年开始试点以来，城镇居民医保参保人数快速上升。截至 2012 年，参加城镇居民基本医疗保险人数为 27156 万人。失业保险制度是解决失业问题的"减震器"和"安全网"，有助于防止失业者陷入贫困。从失业保险来看，全国失业保险参保人数由 1993 年的 7924 万人增至 2012 年的

① 谭中和. 中国工资收入分配改革与发展：1978—2018 [M]. 北京：社会科学文献出版社，2019：113.

② 韩俊. 中国农民工战略问题研究 [M]. 上海：上海远东出版社，2009：83.

③ 数据来源：《2012 年度人力资源和社会保障事业发展统计公报》。

④ 尹蔚民. 着力保障和改善民生　加快建设中国特色社会保障体系：改革开放以来我国社会保障事业的成就和经验 [J]. 党建研究，2008 (11)：20-23.

15225万人，全国领取失业保险金人数从1993年的103万人增至2012年的204万人。工伤保险制度保障了因公负伤职工的医疗及医疗期间的基本生活，在一定程度上缓解了职工的后顾之忧，有利于防止因工负伤的家庭再度雪上加霜，陷入贫困。从工伤保险来看，全国工伤保险参保人数由1993年的1100万人增至2012年的7179万人。生育保险制度可以减轻城市中女性职工的经济和心理负担，也为解决就业领域客观存在的性别歧视提供制度保障。从生育保险来看，1993年，全国参加生育保险的人数为550万人，2012年底增至15429万人。[①]

最后，社会救助效果显著。"助贫"必须"治病"。医疗救助作为医疗保障制度的最后一道"安全网"，能够有效缓解贫困群体看病难、看病贵的难题，切断病贫循环链，是抑制贫困、消除社会不公、维护健康公平的重要手段。截至2012年，我国累计救助城市居民2077万人次，与2005年相比，增加了1962.1万人次。全年各级财政共支出城市医疗救助资金70.9亿元，比2005年提高了64.9亿元。自2007年建立国家学生资助政策体系以来，学生资助规模和金额不断扩大，这为来自困难家庭的学生入学和完成学业提供了强有力的保障。截至2012年，全国累计资助学生8413.84万人，是2006年的2.16倍，累计资助金额1126.08亿元，比2006年增长4.76倍。[②] 从2001年起，全国各地政府建立"就业援助月"。据统计，在2012年的"就业援助月"活动中，共登记认定了51.7万多名未就业困难人员，帮助36万多名就业困难人员实现就业，帮助1.8万余户零就业家庭中2.3万多人实现就业。[③] 此外，2012年临时救助639.8万户次，其中，按户籍性质分类城市家庭256.6万户次，按属地分类当地常驻户口617.7万户次、非当地常驻户口22.1万户次。[④] 实现住有所居，是

---

① 数据来源：根据历年《人力资源和社会保障事业发展统计公报》统计而得。
② 数据来源：教育部《2012年中国学生资助发展报告》。
③ 数据来源：人力资源和社会保障部、中国残疾人联合会《关于开展2012年就业援助月活动的通知》。
④ 数据来源：民政部《2012年社会服务发展统计公报》。

全民性的社会生存权利。满足住房困难群众对住房的基本需求，反映了国家和社会对低收入群体的保护，不仅有助于减少社会中由居无定所所导致的不稳定因素，而且有助于为我国实现由解决生存型贫困向解决发展型贫困转型奠定基础。2007 年《廉租住房保障办法》出台，救助对象由 2003 年"最低收入家庭"扩大为"低收入家庭"，逐步实现党的十七大提出的让人民"住有所居"的民生发展目标。自此，国家扩大了对廉租房的财政投入，城市困难群体的住房救助问题被提到了新的高度。据住房和城乡建设部发布，2012 年全国计划新开工城镇保障性安居工程 700 万套以上，基本建成 500 万套。截至 5 月底，已开工 346 万套，开工率为 46.4%，基本建成 206 万套，完成投资 3895 亿元。[1]

三、城市贫困人口保障制度不断完善

其一，在就业政策方面，新中国成立后，我国在相当长的一段时间内，社会成员的就业主要由国家统一管理，这种就业制度在一定程度上保障了城市居民的生活，对保持社会稳定起到了一定的积极作用。改革开放后，我国开始朝着"劳动者自主择业、市场调节就业、政府促进就业，多渠道扩大就业"的方向发展。20 世纪 80 年代初，国有企业试行了劳动合同制和推行招工就业，90 年代中后期，国有企业实行了"下岗分流"。自 2000 年以来，我国政府实施了积极的就业政策，扩大职业培训和健全就业援助。2007 年 8 月，国家正式颁布了《中华人民共和国就业促进法》。随着经济体制改革的深入，各类非公有制经济得到了快速发展，多种所有制单位发挥了吸纳就业人口的积极作用，城市贫困人口的就业方式日趋多样化。

其二，在收入分配制度方面，国家逐步打破单一制的全能主义分配模

---

① 朱常柏. 改革开放以来我国城市社会救助事业的恢复和发展 [J]. 党史研究与教学，2012，230（6）：54-61.

式，确立了与我国所有制结构相适应的以按劳分配为主体、多种分配方式并存、"效率与公平并重"的分配制度，通过建立起适合我国国情的个人收入税收调控体系，对高收入群体的收入进行再分配，转移支付给低收入群体，收入分配格局明显改善。

其三，在住房保障制度方面，随着市场化的不断深入和新生代青年不断涌入城市，城市住房短缺问题越来越突出。1997 年国家推行居民住房制度改革，取消福利分房，同时推行经济适用房和廉租住房政策。自 1998 年，我国住房保障制度快速发展，自 2007 年《关于解决城市低收入家庭住房困难的若干意见》出台后，我国加大了住房保障力度，最终形成了廉租房、经济适用房、公租房、限价房等多元住房保障体系。

其四，在社会保障制度方面，社会保障体系逐步发展并不断完善。20 世纪 80 年代后期以来，社会保障制度逐步从经济体制中独立出来，成为一个相对独立发展的制度领域。20 世纪 90 年代以来，我国逐步放弃了在城市国有部分中原已初步形成的"国家-企业"福利制度，开始建立社会统筹与个人账户相结合的养老、医疗制度。城市居民低保制度的建立是我国社会救助体系建设的里程碑。2003 年末，民政部提出社会救助体系建设，积极探索建立城镇住房救助、医疗救助、教育救助、流浪乞讨人员救助以及临时救助等一系列综合救助政策，将生活救助与扶持生活相结合、物质帮助与社会服务相结合，在保障城镇困难群体的基本生活、维护社会稳定方面发挥着越来越大的作用。2009—2011 年，三年内建立了国家医疗救助体系，形成了以政府为主导、慈善组织为辅助的体制机制，以及以城乡居民最低生活保障制度为基础、以灾害救助为重点、以扶贫救助为补充的社会救助体系，同时社会普遍性福利的范围大大缩小，政府逐渐将资源更多地集中在帮助贫困者和弱势群体上。到 2005 年底，基本实现将"三条保障线"并为失业保险和低保"两条保障线"，使企业保障方式向社会保障方式迈出一大步。

|第三节| 新时期城市贫困治理基本经济制度
保障的主要经验

改革开放以来，随着我国基本经济制度的不断演进，有关城市贫困治理的各项政策措施的不断推进，有力保障了城市贫困人口的基本生活。在此过程中，党和政府不断地总结、探索和创新，逐步形成了完善城市贫困治理基本经济制度保障的实践经验。

一、坚持"发展中治理"的实践逻辑

我国城市贫困问题缘起于从计划经济向市场经济转变，从城乡双轨走向城乡一体，从单位制走向社会制的过程之中。要注意的是，我国城市贫困问题是"发展型"问题，只有遵循"发展中治理"的实践逻辑，用发展的办法解决发展中的问题，才能从容应对城市贫困的挑战。以 20 世纪 90 年代深化国有企业改革与城市贫困治理实践为例，随着制度创新和经营模式的转换，国有企业的人事用工制度从统包统配的固定用工制度转为通过市场双向选择的劳动合同制度，企业能够在完善掌握用工权的前提下对其积累的内部的富余人员进行下岗分流，从而释放计划经济时期遗留给国企的历史包袱。在这一阶段，不可避免地会造成上千万的国有企业职工下岗或失业，而国有企业也从吸纳劳动力的主渠道变为过剩劳动力的排泄源。随着国企改革的逐步推进，劳动合同制的内容及其规则也逐步与市场机制和国际惯例接轨，通过市场整合，劳动力在就业、流动、工资等方面的运行机制都达到了最优配置。并且从 1997 年到 2000 年，国有企业改革进一步深化，绝大部分的国有及国有控股企业初步建立了现代企业制度，其中还有一部分实现了投资主体多元，一大批国有企业走出"阵痛期"，从根

本上扭转了企业亏损的现象，促进了国有企业效益的提高，使国家财政收入持续增长。数据显示，1998—2000 年我国财政增长率分别为 14.2%、15.9% 和 16.9%，[①] 这不仅为城市贫困治理提供了坚实的财源储备，而且随着国企改革逐步走出困境，职工收入也实现了增长，停发、减发或拖欠工资的情况得到了有效抑制，解决了部分职工生活困难的问题。总之，20 世纪 90 年代中期之后，城市贫困的凸显与国有企业转入深层次的制度性改革密切相关，城市贫困的产生与国企改革有着一定的因果性：国有企业富余人员庞大—国有企业困难—国有企业解困—城市贫困显化—推进国企改革—促进经济增长、解决再就业问题—缓解城市贫困。可以看到，发展中出现的问题，只有依靠发展才能够予以解决。同时，20 世纪 90 年代以来，我国坚持以市场化、商品化为主导的经济体制改革，随着"一主多元"所有制结构的逐渐形成，我国各个地区、行业的生产力得到了迅速发展，全社会居民收入得到普遍增加，就业空间进一步拓宽。数据显示，在下岗势头比较猛烈的 20 世纪 90 年代中后期，仅 1997 年就有 418 万下岗职工在个体、私营经济领域中实现了再就业，占当年安置下岗职工总数的 2/3 以上。[②] 并且在国家产业发展战略方面，我国确立了优先发展农业和消费品工业的经济发展战略，扭转了以往以重工业为主体的经济体系，进一步促进了城市贫困人口就业机会的增长。

二、坚持进行渐进式改革

我国城市贫困治理带有明显的制度性特征，城市贫困治理也是伴随基本经济制度的建立和完善而展开的。城市贫困治理的制度体系从无到有逐步建立起来，并随着生产力的发展不断变迁。改革开放后，我国经济制度和经济体制都面临剧烈的变革，在现存的客观条件下，选择什么样的制度

---

① 上海财经大学公共政策研究中心. 2002 中国财政发展报告 社会保障公共政策研究 [M]. 上海：上海财经大学出版社，2002：34.

② 袁志刚. 中国就业报告：1978—2000 [M]. 北京：经济科学出版社，2002：143.

变迁的方式，以解决实际问题，是这一时期城市治理得到的一条重要经验。按照理论界关于制度变迁的方式，我国的制度改革属于"渐进式变迁"的代表，我国社会福利等各项制度的制定是党和政府根据改革中出现的问题，进行大胆探索、及时总结和创新的成果体现。因此，尽管中国幅员辽阔、地区差别巨大、发展水平不均衡，城市贫困治理的制度保障依然能够步步推进。从 20 世纪 80 年代试行的"集体企业的退休费用统筹"到"医疗保险制度"的改革，再到城市最低生活保障制度的推行，种种重要的改革措施都是在政府主管部门组织试点、地方政府组织推动试点工作、各级总结试点经验的基础上全面推广的。政府实施的各种城市贫困治理政策都是根据现实情况的变化而制定的。改革开放之后，旧的分配体制不再适应时代的需要，必须实行以按劳分配为主体的多种分配方式和正确的分配政策，以此来提高劳动者的积极性、创造性。对此，党的十四大首次提出分配制度要兼顾效率与公平，同时把分配制度改革作为加速改革开放、实现经济社会全面发展和进步的主要任务之一，要求"在分配制度上，以按劳分配为主体，其他分配方式为补充，兼顾效率与公平。运用包括市场在内的各种调节手段，既鼓励先进，促进效率，合理拉开收入差距，又防止两极分化，逐步实现共同富裕"①。随着社会主义市场经济体制的确立，城市中多种所有制经济飞速发展，在此背景下，党的十五大首次提出要将按劳分配与按生产要素分配相结合，特别提出要保护合法收入，取缔非法收入，整顿不合理的收入，调节过高收入，这些与当时的现实是相契合的，对于城市贫困治理起到了重要作用。所以，可以看出这一时期渐进式治理是城市贫困治理的重要选择。

三、坚持从"政府包揽"走向"多元共治"

根据社会风险管理理论的基本内涵和相关论述，所有个人、家庭和社

---

① 中共中央文献研究室．十四大以来重要文献选编：上［M］. 北京：人民出版社，1996：17.

区在管理来自自然、环境、健康、社会、经济等各个领域的风险时都是脆弱的，强调要综合协调政府社会保障制度、市场保险机制、家庭及民间互助机构在处置社会风险与实现社会稳定上的重要作用，认为有效的反贫困政策是政府、市场、非营利组织、家庭共同作用的结果，只有多方努力才能实现反贫困的目标。政府积极作为一直是改革开放前 30 年城市贫困问题治理的重要特征，在计划经济体制下，政府对城市居民实行"包下来"的政策，确保城市居民的充分就业，就业所在的企事业单位必须保证其相关待遇，保障其应有的一切福利，在"平均主义"的分配模式下，每个城镇居民能得到基本生活保障，城市贫困问题也自然迎刃而解，并且城镇贫困发生率也会被降到最低。改革开放初期的一段时间，我国仍实行双轨并行的体制，"政府包揽"的惯性仍然存在，加之非公有的个体经济开始在城市出现，也给城市居民带来了就业岗位，此时城镇失业率仍然在一个很低的水平。不可否认，这种"政府包揽"行动逻辑在实际工作中形成了效率高、效果好的成果效应。然而，随着市场经济体制改革的推进，多种非公有制经济对缺乏活力、效益低下的国有企业形成了巨大冲击，迫使国有企业不得不走向所有制改革。因此，在"抓大放小"的原则指导下，非关键领域的中小型国企开始产权流转，或成为混合所有制企业，或转为民营企业，从而导致大量员工下岗，成为城市贫困群体，这也宣告了传统"政府包揽"模式的式微，由此在城市贫困治理上，政府从幕后走向前台，开始结合社会、第三方、贫困群体自身等多方力量，寻求除自身之外的其他力量的参与，重视社会力量在贫困治理中的作用。在 20 世纪 90 年代末期，政府积极引导社会力量的参与，例如，将社会救助责任推向市场化运作的尝试、举行推动全国性的"社会帮困"活动、推行"送温暖"行动等，这都是政府发动社会力量参与扶贫的勇敢尝试。尤其是 2008 年相继发生的雪灾和汶川地震，极大地推动了我国企业参与慈善事业，在很大程度上弥补了社会主体在贫困救助方面相对薄弱的环节。与此同时，贫困主体积极主动脱贫，配合政府扶贫政策，努力实现自我生存能力的提升，

"参与式扶贫"模式也印证着政府主导单方面负全责的改变。总之，随着城市贫困问题的日益复杂化，造成城市贫困原因的日益多样化，政府结合社会、第三方、贫困群体自身等多方力量，汇成多方合力，是改革开放和社会主义现代化建设新时期城市贫困治理的经验之一。进入中国特色社会主义新时代，城市贫困治理形势复杂，"多元共治"模式依然可以为其提供重要的经验借鉴。

四、坚持探索立足城市贫困实践的变革创新

只有实事求是的政策举措，才能顺应贫困人口需要，应对城市贫困实际问题。如前所述，改革开放之前，我国的城市贫困群体主要是城市中的"三无"人员，救助的内容就是被动接受的物质救助和社会福利，对城市贫困群体本身的人力资本投资和开发很少。因此，先前的城市贫困治理主要是停留在保障基本生存条件的"社会保护"体系，也就是所谓的为扶持对象提供收入和基本生活的保障。随着改革开放的不断推进，经济变革更为深入，由此带来的城市贫困问题也更加复杂化，主要表现为城市贫困群体本身更加复杂、贫困触发原因更加复杂、城市贫困群体诉求更加复杂。面对这一新问题、新局势，从 20 世纪 80 年代中后期开始，我国在关注城市贫困问题的同时，开始注重城市贫困人口的需求，分类制定相应的政策措施。比如，80 年代中期开始制定的多样化就业政策，鼓励发展个体经济在内的非公有制经济。90 年代又开始制定最低生活保障制度、保障性住房、廉租房、经济适用住房等，在社会救助方面开始关注"政府管不上、企业靠不上、家庭顾不上"的"三不管"群体。进入 21 世纪以来，随着改革开放的不断推进，经济变革更为深入，城市各群体之间收入差距拉大，利益分化加剧，城市贫困群体需求逐渐多元化，城市贫困呈现出两极分化加剧、多维度的特点。对此，政府日益尊重贫困群体的多元化需求，不断完善住房、医疗、教育、就业等方面的专项救助，从而实现了从生活救助向综合救助的转变，保障了生存型救助和发展型救助的全面覆盖，进

一步满足了贫困群体多样化的救助需求。此外，还大力深化社会保障制度
改革，开始尝试探索城乡统筹、城乡一体的社会保障机制。更为重要的一
点是，21世纪以来，对于城市贫困群体的治理更加注重人力资本的投入与
开发，通过改善环境、教育扶助、医疗扶助以及社会风险管理，激发贫困
群体的自我发展欲望。

第三章

中国特色社会主义新时代城市贫困治理的
重要意义、有利条件与现实困境

立足新时代，推进城市贫困治理具有重要意义，并且经过改革开放 40 多年的发展，我国社会经济水平大幅提升，生产力的快速发展为新时代推进城市贫困治理奠定了坚实的物质基础，同时随着国家治理能力和水平的提升、"三位一体"基本经济制度优势的凸显以及贫困群众获得感和幸福感的显著增强，新时代背景下我国推进城市贫困治理迎来了前所未有的历史机遇。然而，随着经济社会转型、新型城镇化和城乡一体化建设的大力推进，我国城市贫困问题在进入新时代后又有了新的表现。城市贫困人口的形成，既有他们自身懒惰或不具备劳动能力的因素，又有社会主义基本经济制度显著优势未能转化为贫困治理效能的原因。

|第一节| 新时代城市贫困治理的重要意义

党的十九大报告指出，中国特色社会主义进入新时代。新的历史方位的确定，新的社会矛盾的产生，城市贫困问题成为不平衡不充分发展的具体表现，对其进行有效治理对满足人民日益增长美好生活需要、解决发展不平衡不充分问题具有重要意义。与此同时，通过减少城市贫困群体，减少相对贫困群体规模，培育和扩大中等收入群体，有利于促进社会和谐发展，并为实现高质量发展，保持经济持续健康发展提供可持续的发展动力。通过提升城市贫困治理的能力，有利于推进城市治理体系和治理能力现代化，进而推进国家治理体系和治理能力现代化。在脱贫攻坚战取得全面胜利的背景下，城市贫困问题的逐步解决，有利于推动全体人民共同富裕取得更为明显的实质性进展。

一、解决新时代社会主要矛盾的客观需要

进入新时代，我国社会主要矛盾发生了深刻的变化，即人民日益增长的美好生活需要和不平衡不充分的发展之间的矛盾。

新时代推进城市贫困治理，是回应人民日益增长的美好生活需要的必然选择。随着中国特色社会主义进入新时代，人民对美好生活也有了更多的憧憬和期盼。人民所向往的美好生活已不再局限于基本物质需求的满足，而是包含着对人的全面发展的热烈向往。人民的需要开始从物质领域逐渐扩展向精神领域、社会领域和生态领域，对公平与正义、民主与法治、环境与安全提出了更高更热切的需求。并且，随着生产力的进一步发展，人民的需要更加精益求精，人民对美好生活的时代需求呈现由物质向精神、由一元向多元、由低级向高级的正向发展态势。根据马斯洛的需求层次理论，人的需求就像阶梯般从低到高。在经济发展落后、绝对贫困人口相对较多的广大发展中国家，摆脱经济上的"贫"必然成为贫困治理面临的首要问题。党的十八大以来，习近平总书记将"两不愁三保障"作为扶贫的底线标准，目的是在满足贫困群众基本物质需要的基础上，促进人的全面发展。"两不愁三保障"作为贫困人口脱贫的基本要求和核心指标，是确保如期打赢打好脱贫攻坚战的重要基石。在基本解决农村贫困后，城市贫困群众对美好生活的需要，自然而然会迎来需求领域的大延伸、大拓展、大转变，实现从"窄"到"宽"的转变，呈现多样化多方面的特点，

包括越来越追求获得感、幸福感、安全感，包括更优良的教育、更稳定的工作、更适宜的居住条件等。新时代推进城市贫困治理，必须紧贴贫困人口对美好生活的需要。

新时代推进城市贫困治理，本质上就是解决发展不平衡不充分问题。当前，我国社会存在的"三大差距"——贫富差距、区域差距和城乡差距，都与发展不平衡不充分问题有关，从而导致了人民群众的上学难、就业难、住房难、看病难、养老难等一系列难题。发展不平衡既有发展区域的不平衡，也有发展领域的不平衡，还有发展成果共享的不平衡。从发展区域的角度看，我国中西部地区在经济发展程度、社会收入水平、基础设施建设等方面与东部地区还有不小差距；从发展领域的角度看，主要是在不同的生产生活领域，落后生产力与先进生产力并存，产能过剩与有效供给不足并存，致使有些民生领域存在明显短板；从发展成果共享的角度看，主要是指在社会不同的群体之间，由于社会利益分化、利益固化问题凸显，导致成果共享方面存在失衡，并最终通过贫富水平表现出来。在宏观层面上，从我国目前的发展阶段来看，城市贫困在一定程度上意味着是"发展不平衡"的问题。为了解决城市贫困问题，必须继续推进城乡和区域之间的协调发展，以缩小由于地理空间发展不平衡而造成的生活水平上不合理的差距。从中观上看，城市贫困意味着"收入分配不合理"的问题。绝大多数发达国家在告别绝对贫困之后，又开始关注"富裕中的贫困"问题，主要是因为贫富差距过大不仅会导致内需不足、增长乏力，而且会破坏社会和谐稳定。2019 年，我国城乡人均可支配收入比为 2.64∶1，东西部地区人均可支配收入比为 1.64∶1。① 与此同时，高、低收入群体之间的收入差距依然严峻，必须采取有效措施，缓解收入分配差距扩大趋势。在微观层面上，城市贫困是指一些社会成员生活质量不达标的问题。与城市贫困作斗争就是要确保所有中低收入群体都能达到基本生活水平，

---

① 数据来源：《中国统计年鉴 2020》。

并消除低收入家庭和个人在就业、教育、医疗、住房和养老等方面面临的困难。总之，全面建成小康社会后，必须下力气解决发展不平衡不充分问题，聚焦城市贫困就是抓住了解决这一问题的切入点和突破口。①

二、保证经济健康持续发展和维护社会稳定的现实需要

城市贫困人口的经济能力有限，而城市社会高度商业化，所需的产品和服务基本都不能通过自身生产，在政府与社会不免费的时候便只能通过市场手段买卖，导致城市贫困人口的购买能力与需求之间形成巨大差距。同时，城市贫困家庭通常由于营养水平低、劳动强度大、疾病处理不当等原因，健康状况欠佳，且患慢性病和遗传病的概率很高，从而导致身心都受到伤害。而城市新贫困人口的增加，不仅会影响该群体的消费和消费预期，也会影响劳动力的供给，从而制约我国城市化的进程，减缓经济发展。因此，在这一阶段，重点不能仅放在绝对贫困上，还应关注相对贫困，因为只有通过确保和改善中低收入群体的生活条件，培育和扩大中等收入群体，才能为实现高质量发展，保持经济持续健康发展提供可持续的发展动力。

社会和谐是一种有序状态，坚持促进社会和谐是世界各国人民的共同愿望。社会主义和谐社会，最根本的特征就是民主法治、公平正义、诚信友爱、充满活力、安定有序、人与自然和谐相处。展望 21 世纪中叶，我国将建成高度文明的社会，城乡居民收入普遍提高，生活富裕，基本公共服务健全，全体人民的共同富裕基本实现，公平正义普遍彰显，社会充满活力而又规范有序。然而，随着新型城镇化加速推进、农业人口快速转移和近年来农村精准扶贫、精准脱贫方略的全面实施，农村贫困人口不断减少，原本并不突出的城市贫困问题浮出水面，随着一部分人在社会经济地

---

① 江治强. 全面建成小康社会后相对贫困及其治理 [J]. 中国党政干部论坛，2020，374（1）：71 - 74.

位或生活机遇上相对剥夺状态的加深，必然会作出社会不平等的判断。并且在当前的城市贫困群体中，还有一些从各种高校毕业或者肄业后处于失业状态的、年龄大约在 16～29 岁之间的青年人员，他们年富力强，拥有更高的文化知识水平，却在刚进入劳动力市场时就面临临时就业或长期失业的窘境。这些人群还经常与"蚁族""房奴""月光族""蜗居"等消极词汇联系在一起。这是因为他们虽接受了高等教育，但大部分从事一些临时性工作，工作稳定性较差，买不起房，生活压力加大，经常陷入贫困。由于他们之间有着相同的生活经历、文化背景和经济地位，所以彼此之间有着强烈的认同感、归属感和从众感。在生活中，一直面对机会不平等、权利不平等现象，往往容易产生被剥夺、被歧视、被排斥的感觉，若不对其生活进行关注并进行及时有效的治理，他们对社会的影响可能比传统的"三无"人员要大。因此，可以说，如果不尽快解决城市贫困问题，城市贫困将成为影响社会和谐的重要因素。

三、推进城市治理体系和治理能力现代化的应有之义

首先，国家治理体系和治理能力的现代化离不开城市治理，城市治理体系和治理能力的现代化离不开城市贫困治理。城市是国家政治、经济和文化中心，自现代工业革命以来，城市人口不断增加，截至 2022 年，我国城市化率超过 65%，城市人口超过 9.2 亿。随着人口和产业的集中，社会问题和矛盾也主要集中在城市。所以，提升城市治理能力日益重要。城市治理涵盖了国家治理体系的主要方面，是现代国家治理的重要组成部分。随着城市在国家社会经济发展中发挥越来越重要的作用，城市治理体系和治理能力直接体现了国家治理体系和治理能力。城市贫困治理是城市治理体系和治理能力的一项重要内容。城市治理是一个宏大话题，但城市贫困治理无疑是城市治理的内涵之一，它涉及城市贫困人口的减少和减贫举措的有效性、可持续性，以及通过在教育、就业、居民收入、社会保障等领域进行制度创新探索，提高城市居民生活质量，构建和谐美好的城市社会。

其次，让人民群众有更多获得感、幸福感、安全感，不断提高人民生活水平和生活质量是我国城市治理的价值取向，而这也恰是城市贫困治理的价值目标体现。习近平总书记指出："城市治理是推进国家治理体系和治理能力现代化的重要内容。衣食住行、教育就业、医疗养老、文化体育、生活环境、社会秩序等方面都体现着城市管理水平和服务质量。"① 城市治理现代化必须着眼于具体问题，着眼于细节，发现问题，补齐短板，提升品质。而城市低收入人群和贫困人群是城市主体的短板和短腿，这部分如果长久地陷入贫困，容易产生所谓的相对剥夺感。而相对剥夺感是产生社会群体性事件的原动力，会给城市社会带来不稳定性。因此，必须要关注他们的生活并对他们进行合理的治理，改善其在社会经济地位或生活机遇上相对剥夺状态的加深，提高其生活品质，这在一定意义上是与城市治理的目标相一致的。

最后，推动形成政府、市民、社会共建共治共享的城市治理格局，是城市治理的根本保证，而我国城市贫困治理也正在经历从"政府优先"向"利益相关者合作"转变。城市治理现代化的特点是，在发挥政府主导作用的同时，完善市场机制，发挥各类组织的作用，形成多元治理的局面。在我国开展的精准扶贫的实践中，习近平总书记强调："要坚持专项扶贫、行业扶贫、社会扶贫等多方力量、多种举措有机结合和互为支撑的'三位一体'大扶贫格局，强化举措，扩大成果。"② 治贫主体包含了党委、政府、市场（企业）、社会和贫困群众本身，实现了由政府主导的一元治理格局向政府、市场、社会协同推进的多元扶贫治理格局的转变。虽然社会力量在城市扶贫中的作用不如在农村扶贫中那么大，但在城市贫困治理中"利益相关者合作"的模式日渐形成，也强调"参与式扶贫"，通过加强与贫困群体的协同沟通和平等对话提升贫困群体的生存发展能力。

① 习近平. 深入学习贯彻党的十九届四中全会精神　提高社会主义现代化国际大都市治理能力和水平 [N]. 人民日报，2019 - 11 - 04（1）.

② 习近平扶贫论述摘编 [M]. 北京：中央文献出版社，2018：99.

四、进一步消除贫困、实现共同富裕的必由之路

马克思认为，在未来社会，"生产将以所有人的富裕为目的"。列宁将反贫困与苏俄建设社会主义进一步联系起来，提出了"共产主义＝苏维埃＋电气化"的著名公式，主张通过发展生产力来消除贫困。中国共产党自诞生之日起，就致力于将马克思主义治贫理论同中国的具体实际相结合，不断推进理论创新，指导我国农村反贫困取得了伟大成就。党的十八大以来，习近平总书记坚守社会主义本质论的目标取向，进一步提出"消除贫困、改善民生、实现共同富裕，是社会主义的本质要求"[①]。把贫困治理上升到社会主义本质的高度，这既映射了中国共产党人的宗旨和目标，又体现了习近平总书记对社会主义本质论的新发展。进入新时代，消除贫困、实现共同富裕意味着要着力解决好绝对贫困和相对贫困的问题。党的十八大以来，通过采取许多具有原创性、独特性的部署和安排，确保扶贫开发资源与贫困人口的精准、有效对接，我国脱贫攻坚战取得了全面胜利。我国绝对贫困现象日益缩减，取得的脱贫成就举世瞩目，这意味着作为2020年全面建成小康社会的重要指标之一的绝对贫困问题成为历史，而新的更高标准下的贫困问题尤其是相对贫困问题会随之显现。相对贫困主要是指收入水平略高于现行贫困标准，但生活水平依然较低的相对贫困人口。城市贫困具有典型的相对贫困特征。2020年中央一号文件指出，"脱贫攻坚任务完成后，我国贫困状况将发生重大变化，扶贫工作重心转向解决相对贫困"。这意味着要在确保现行标准下农村贫困人口脱贫质量的基础上，更加关注已脱离绝对贫困的农民、进入城市的农民工以及城市中生活状态亟待改善的人群的基本生活保障问题。党的十九届五中全会将"全体人民共同富裕取得更为明显的实质性进展"作为到2035年基本实现社会主义现代化远景目标的重要内容，表明我们党致力于进一步解决相对贫困问题

---

① 习近平扶贫论述摘编［M］．北京：中央文献出版社，2018：3.

的坚定决心，共同富裕"将来总有一天要成为中心课题"的历史时刻已经向我们走来。新时代推进城市贫困治理，就是要帮助低于社会平均收入水平的社会成员实现更高质量的生活，系统解决其在共享公平和高质量的教育、平等的就业创业机会、合理公平的收入、优质的公共服务和更加充分的社会保障等方面的问题，这既有利于从关注既有贫困群体向关注更广泛贫困群体的转型升级，又有利于改善人民生活品质，回应人民现实关切，在政策导向上稳步推进共同富裕。随着城市贫困问题的逐步解决，全体人民共同富裕必将取得更为明显的实质性进展。

|第二节| 新时代城市贫困治理的有利条件

经过改革开放 40 多年的发展，我国社会经济水平大幅提升，生产力的快速发展为新时代推进城市贫困治理奠定了坚实的物质基础，同时，随着国家治理能力和水平的提升、贫困群众获得感和幸福感的显著增强以及"三位一体"的基本经济制度优势的凸显，新时代背景下我国推进城市贫困治理迎来了前所未有的历史机遇。

一、用发展解决贫困问题的理念深入人心

从邓小平同志提出的"发展才是硬道理""空谈误国，实干兴邦"，到"三个代表"重要思想把"代表中国先进生产力的发展要求"排在首位；从科学发展观强调"聚精会神搞建设、一心一意谋发展"的重要作用，到党的十九大报告指出"发展是解决我国一切问题的基础和关键"，再到党的二十大报告指出"我们经过持续奋斗，实现了小康这个中华民族的千年梦想，我国发展站在了更高历史起点上"，这些在我国改革开放进程中产生重大影响并深入人心的金言名句，不仅是对以经济建设为中心的工作思

路的具体而深入的生动诠释，而且为中国经济持续快速增长，促进贫困群众持续增收，破解农村贫困难题提供了强大的精神动力和思想指引。2019年11月，习近平主席在出席二十国集团领导人第十五次峰会时进一步强调，发展是解决贫困问题的总钥匙。随着用发展解决贫困问题的理念深入人心，我国从新中国成立到改革开放以来所累积起来的雄厚综合国力，在党的十八大后又得到了新的大幅度提升。新中国由于建立在长期战争和动乱的基础上，经济基础极为薄弱，1952年GDP总量仅为679.1亿元，大部分人口都生活在贫困之中。在中国共产党的坚强领导下，经过人民群众的努力，2010年我国GDP总量超过日本，成为世界第二大经济体，为解决困扰我国多年的物质贫困和生活贫困问题奠定了坚实的物质基础。党的十八大以来，我国坚持多种所有制经济相互促进，社会生产力极大解放，我国经济发展不断取得新进展，综合国力持续提升。截至2020年底，我国国内生产总值首次突破100万亿元大关，人均GDP超过1万美元。① 这意味着我国已进入中高等收入国家行列，这为我国进一步推进城市贫困治理，改善中低收入群体的生活条件，培育和扩大中等收入群体创造了有利条件。

二、国家贫困治理能力和水平大幅提升

新中国成立后，社会主义制度的建立为解决农村贫困问题奠定了坚实的制度基础。同时，党和政府在农村基础设施、农业技术推广体系等方面进行了一系列制度创新，极大改善了农民的生产生活条件。改革开放后，中央政府开始实施"三西"农业建设计划，通过"以工代赈"的扶贫形式，完善贫困地区的基础设施建设。从1986年开始，我国确立了开发式扶贫方针，成立了扶贫专门机构，对农民集中性贫困进行治理。世纪之

---

① 陈敦山. 中国共产党百年建设发展伟大成就与经验［J］. 西藏民族大学学报（哲学社会科学版），2021，42（2）：8-13.

交，根据宏观经济和贫困背景的变化，党和政府先后颁布了《国家八七扶贫攻坚计划》《关于尽快解决农村贫困人口温饱问题的决定》《中共中央、国务院关于进一步加强扶贫开发工作的决定》等一系列制度和政策，对扶贫开发的各项途径与措施、目标瞄准以及扶贫开发组织机构进行了明确规定，基本形成了农村反贫困的行动与制度体系。21世纪之初，为了改变贫困地区贫穷落后的状况，提高贫困人口的综合素质和生活质量，党和政府又颁布了《中国农村扶贫开发纲要（2001—2010)》《关于在全国建立农村最低生活保障制度的通知》《财政扶贫资金管理办法》等，在扶贫战略工作机制、行动和政策体系、项目资金管理体制等方面不断进行制度创新。党的十八大以来，面对国家治理贫困的新局面，以习近平同志为核心的党中央，针对我国在以往扶贫过程中存在的底数不清、指向不明、针对性不强等问题，提出了精准扶贫的重要思想，目的是通过实施"六个精准""五个一批"，实现对贫困村和贫困户的精准性、系统性和持续性帮扶，最终解决好"四个问题"。为实现脱贫攻坚目标任务，在体系上，以习近平同志为核心的党中央主张通过发挥政府和社会两方面力量的作用，构建专项扶贫、行业扶贫、社会扶贫互为补充的大扶贫格局。治贫主体除政府外，还包含了军队、企业、社会组织等其他社会力量，进一步巩固了我国多元主体共同参与扶贫的局面。在机制上，建立了中央统筹、省负总责、市县抓落实的管理体制，脱贫攻坚一把手负责制。同时加强督查考核，防止为完成扶贫任务而降低标准、盲目赶进度，甚至是"虚假脱贫""数字脱贫"的现象，脱贫的结果必须要经得起人民的认可和历史的检验。这一系列体制机制改革和制度体系建设，变革了传统贫困治理模式中与贫困治理能力发展不相适应的部分，完善了我国农村治贫、减贫体系，极大提升了我国农村脱贫能力。同时注重培育贫困地区和贫困群众发展的内生动力，坚持注力赋能和内生脱贫两手抓。另外，通过300多万名党员干部融入贫困群众，有针对性地开展贫困识别、帮扶和退出工作，不仅贫困群众获得了实惠，而且使得基层党员更加活跃，基层党组织更加强化，进一步促进了我国以政府为主导的贫困治理主体应对贫困、减少贫困、消除贫困的能力。总之，多年来，我国政府不断完善贫困治理体系，提高反贫困能力，最终形成了"扶贫"与"脱贫"两种能力并举、保障扶贫与发展扶贫双轨并行、国家宏观扶贫战略与地方精准扶贫实施上下贯通、制度资源与政策资源相得益彰的贫困治理格局。面对新时代城市贫困治理的复杂形势，国家贫困治理能力和水平大幅提升，必将对继续做好城市扶贫工作产生积极影响。

三、社会主义基本经济制度呈现明显优势

社会主义基本经济制度是我国社会主义性质在经济领域的根本表现，在我国经济社会发展和社会主义现代化建设中具有基础性、决定性作用。党的十九届四中全会在原有基本经济制度内容的基础上，进一步增加了分配制度和社会主义市场经济体制两个层面的内容，形成了"三位一体"的有机整体。这一新概括同我国社会主义初级阶段社会生产力发展水平相适应，标志着我国社会主义经济制度更加成熟、更加定型，社会主义基本经济制度的显著优势更加凸显，对推动新时代城市贫困治理必将产生积极作用。具体而言，既有利于发挥公有制在保障人民共同利益、增进民生福祉以及在关系国家安全、国民经济命脉和国计民生的重要行业和关键领域的主体作用，又有利于发挥非公有制经济在促进创新和就业增长等方面的重要作用，从而促使不同形式的所有制经济可以发挥各自的优势，相互促进，共同发展，通过社会效益和经济效益的不断提升，增加社会财富和提高人民生活水平，形成推动城市贫困治理的强大合力；既有利于通过提高劳动报酬在初次分配中的比重，建立企业职工工资正常增长机制和支付保障机制，保障城市贫困人口的劳动收益权，又有利于通过增加财产性收入等途径增加城市贫困人口的非直接劳动要素供给，使其收入随着他拥有更多的非直接劳动的生产要素（技术、知识和管理）而提高，还有利于通过加大调节再分配的力度，完善权利的分配和保障，对处于城市相对贫困的

人群进行利益补偿，进一步缩小富裕阶层和贫困群体的实际差距，增强社会安定与发展因子；既有利于发挥市场在资源配置中的决定性作用，发挥市场机制在有效激励、灵活调节和平等开放方面的优势，进一步盘活劳动力与市场活力，又有利于发挥政府在健全宏观调控、加强市场监管、优化公共服务、保障公平正义、促进共同富裕方面的主导作用，使市场经济的发展更好地服务于全体人民的共同利益，从而为城市贫困治理提供强大动力。总之，新中国成立 70 多年，特别是改革开放 40 多年的伟大实践，充分展示了社会主义基本经济制度的巨大优越性。归结起来，社会主义基本经济制度能够兼顾长远和当前、集体和个人、效率和公平，能够使社会主义制度的优越性与市场经济的长处、集中力量办大事的优势和人民群众的首创精神得以充分发挥，能够有效避免资本主义市场经济中存在的阶级对立、资本垄断和两极分化的弊端，从而为城市贫困治理开辟前所未有的道路。

四、贫困群众获得感和幸福感显著增强

党的十八大提出，要推动多种所有制经济共同发展；党的十八届三中全会提出，公有制经济和非公有制经济都是社会主义市场经济的重要组成部分，都是我国经济社会发展的重要基础。按照党中央、国务院部署，国有企业改革稳步推进，形成了以《关于深化国有企业改革的指导意见》为统领，以若干文件为配套的"1＋N"体系，顶层设计和"四梁八柱"框架基本形成，十项改革试点梯次展开，通过推进结构调整，改革国资国企体制机制，国有资本布局结构不断优化，国资监管体系更加完善，国有企业发展质量效益不断提升。根据国家统计局数据，2012 年至 2021 年，中央企业累计上交国有资本收益 1.3 万亿元，向社保基金划转国有资本 1.2 万亿元。不仅如此，国有企业在提供居民基本生活资料，带动当地就业等方面展现了应有的社会担当。与此同时，民营经济营商环境逐步完善，创业兴业激发全社会经济发展活力，民营企业在国民经济中的作用显著增强，

私营企业数量和注册资本对企业总量增长的贡献率显著提升，逐步发展成为经济社会发展的重要支撑力量。

党的十八大全面深入地阐述了我国收入分配改革和努力的方向。针对我国目前收入分配中存在的各种问题，强调初次分配和再分配都要兼顾效率和公平，再分配更加注重公平。2013 年 2 月出台的《关于深化收入分配改革的若干意见》（以下简称《意见》）更是凸显出我国目前解决收入分配问题的重要性。自《意见》发布以来，我国分配制度方面的改革措施陆续出台。按照《意见》的通知要求，截至 2017 年，全国有 20 个地区调整了最低工资标准。2014 年城镇居民社会养老保险与新农保合并为城乡居民基本养老保险制度。2016 年国务院决定整合城镇居民基本医疗保险和新型农村合作医疗，建立统一的城乡居民基本医疗保险制度。2013 年 11 月，党的十八届三中全会提出要"推进城乡最低生活保障制度统筹发展"。2015 年以来，上海、北京、南京等多地相继调整城乡居民最低生活保障标准，实现了城乡低保标准的"并轨"。2014 年 2 月，国务院发布《社会救助暂行办法》，以国务院行政法的形式对临时救助的功能、范围、内容、标准、申请程序等作出了明确规定，对使全体居民在获取社会救助方面权利公平、机会公平、待遇公平具有非常重要的意义。同年 10 月，《国务院关于全面建立临时救助制度的通知》出台，提出要进一步加强和完善社会救助政策体系的整体设计。2018 年，民政部、财政部联合下发《关于进一步加强和改进临时救助工作的意见》，要求加快形成救助及时、标准科学、方式多样、管理规范的临时救助工作格局，为新时代我国社会救助事业发展指明了方向。2014 年之后，各地廉租住房与公共租赁住房逐步并轨，主要以配租公共租赁的方式解决城镇最低生活保障家庭住房困难问题。2019 年四部委联合发文《关于进一步规范发展公租房的意见》，指出要针对不同困难群体，采取适当的保障方式和保障标准，统筹做好住房困难家庭和新市民的公租房保障工作。从 2011 年到 2018 年，财政专项扶贫资金就从 545.25 亿元上升到 4863.84 亿元，除此之外，各级政府还在社会救助各个项目上有大量的财政投入，有效地实现了对现行标准下各类贫困人口基本生活各方面的兜底保障。2018 年 10 月 1 日与 2019 年 1 月 1 日，新一轮个人所得税改革将开始分步实施，本次改革进一步将免征额上调为 5000 元，不仅顺应了新时代国策的要求与民众的期盼，在减税减负、实现公平、提升征管等方面也都取得了一定的成效。2015 年初，《中央管理企业负责人薪酬制度改革方案》开始实施，要求推行"差异化薪酬制度"。

党的十八大以来，社会主义市场经济体制不断完善。2016 年 7 月国家发展改革委印发《推进医疗服务价格改革的意见》，对公立医疗机构医疗服务项目价格实行分类管理，对市场竞争比较充分、个性化需求比较强的医疗服务项目价格实行市场调节价。全国各地医疗服务价格改革也在有序推进，优化调整收费价格结构，进一步理顺医疗服务比价关系，初步建立了公立医院新型补偿机制。2016 年，党中央和国务院及有关部门发布了一批促进和保护公平竞争的政策意见，如《中共中央 国务院关于完善产权保护制度依法保护产权的意见》《国务院关于在市场体系建设中建立公平竞争审查制度的意见》《公平竞争审查制度实施细则（暂行）》《关于进一步鼓励和引导民间资本进入城市供水、燃气、供热、污水和垃圾处理行业的意见》，以及有关部门发布的《关于深化投融资体制改革的意见》《促进民间投资健康发展若干政策措施》等。这些文件和改革举措，对于建立公平竞争的市场环境、发挥市场在资源配置中的决定性作用具有重要意义。近年来，我国在劳动力市场建设方面不断探索，在破除劳动力流动壁垒、畅通劳动力流动机制等方面，取得了长足进展，其中以户籍制度改革最为典型。截至 2016 年底，出台户籍制度改革方案的省份已达 29 个。从中央到地方政府都加快了户籍制度改革的步伐。国务院于 2016 年 10 月印发了《推动 1 亿非户籍人口在城市落户方案》，提出了"十三五"期间要推进 1 亿非户籍人口在城市落户，以优化城乡人口结构和劳动力市场供求结构。

实践证明，我国为推动城市贫困治理所作出的政策安排，取得了显著的减贫效果。在社会救助方面，截至 2022 年末，全国共有 683 万人获得城市最低生活保障，1083 万人次得到临时救助。[①] 随着我国城市最低保障资金投入不断增加，以及城市低保标准和补助水平的提升，实施效果也得到了贫困家庭的认可。据民政部政策研究中心 2016 年调查，有 62.39% 的城市困难家庭认为低保金的帮助作用很大，有 17.25% 的城市困难家庭认为低保金的帮助作用比较大，仅有 15.11% 城市困难家庭认为低保金的帮助作用一般。[②] 截至 2022 年末，全国有 50349 万人参加城镇职工基本养老保险，有 54952 万人参加城乡居民基本养老保险，两类养老保险制度覆盖 10 余亿人，基本做到"应保尽保"，改变了基本养老保险只覆盖城镇职工的现象，破解了农民工参加基本养老保险的难题。有 134570 万人参加基本医疗保险，基本实现了"全民医保"的目标，有效缓解了贫困群体看病难、看病贵的难题，切断了病贫循环链。有 23807 万人参加失业保险，297 万人领取失业保险金；有 29111 万人（其中有 9121 万农民工）参加工伤保险；24608 万人参加了生育保险。[③] 2012 年至 2020 年，全国城镇居民人均可支配收入从 2012 年的 24565 元增长到 2020 年的 43834 元，比 2012 年增长 19269 元。[④] 中等收入群体不断扩大，截至 2019 年已达 4 亿人以上。[⑤] 党的十八大以来，随着民营经济的发展，民营企业和个体经济已成为就业的主要载体，平均每户私营企业可带动 8 人就业，每户个体工商户可带动 2.8 人就业。我国新增就业岗位连续 5 年超 1000 万个，城镇登记失业率长期低于 4.1%。[⑥] 总之，通过保持经济稳定增长，扩大就业，增加

---

① 数据来源：《中华人民共和国 2022 年国民经济和社会发展统计公报》。

② 民政部政策研究中心. 中国城乡困难家庭社会政策支持系统建设项目数据分析报告 2016：上 [M]. 北京：中国社会出版社，2016：187.

③ 数据来源：《中华人民共和国 2022 年国民经济和社会发展统计公报》。

④ 数据来源：根据《中华人民共和国 2012—2020 年国民经济和社会发展统计公报统计》而得。

⑤ 刘伟，陈彦斌. "两个一百年"奋斗目标之间的经济发展：任务、挑战与应对方略 [J]. 中国社会科学，2021（3）：86-102+206.

⑥ 中华人民共和国国务院新闻办公室. 为人民谋幸福：新中国人权事业发展 70 年 [N]. 人民日报，2019-09-23（14）.

劳动收入，建立健全社会保障体系，坚持和完善分配制度，促进社会公平，统筹区域和城乡发展，缩小收入差距，进一步满足了城市贫困人口的基本生存、基本权利需要，增强了其获得感、幸福感和安全感，这些都能够进一步激发他们致富和参与城市贫困治理的"内生动力"，也让他们更加坚信更加美好的生活指日可待。

|第三节| 新时代城市贫困治理面临的现实困境及其原因

新时代之"新"首先在于我国进入了一个新的发展阶段，发展环境、发展条件都发生了新的变化，目标任务已经从"未发展起来"时期进入"发展起来以后"时期，城市贫困治理也面临着一系列新挑战，还需要付出长期艰苦的努力。

一、新时代城市贫困治理面临的现实困境

（一）城市贫富差距依然严峻

根据国家统计局的数据，2019 年我国没有分城乡的居民基尼系数为0.465，近年来虽有所下降，但仍高于国际警戒线水平。同时，由中国改革基金研究会发布的关于中国城镇居民收入分配状况的调查报告中，2011年按家庭分布和按人口分布的城镇居民收入基尼系数分别为 0.496 和0.501。[①] 2012 年，西南财经大学中国家庭金融调查与研究中心根据中国金融的数据得出 2010 年中国城镇基尼系数为 0.56，城镇基尼系数超过了0.5，表明我国的贫富差距依然严峻，尤其是由于我国居民收入在城乡、

---

① 朱玲. 减贫与包容：发展经济学研究 [M]. 北京：中国社会科学出版社，2013：16.

区域以及行业上仍存在较大差距，收入分配秩序不规范、社会转移支付调节不利等问题突出，使得经济状况和平均收入水平在城市内部的差距越来越大。作为反映贫富差距的一个重要指标，2019 年我国城镇居民 20% 最高收入户的人均可支配收入为 91682.6 元，是 20% 最低收入户 15549.4 元的 5.9 倍（如图 3-1 所示）。与此同时，居民之间的财产差距日益明显。随着我国社会主义市场经济体制的深入发展，按劳分配和按生产要素分配相结合的收入分配制度的实施，除了工资收入在不同群体之间产生贫富差距外，因拥有房产获得租金、拥有股票获得股息和红利、拥有资本而获得利息、拥有技术获得转让使用费、拥有权力而进行寻租等这些因素而导致的贫富差距要比工资收入的差距大得多。换句话说，由于近些年来社会资源和社会财富越来越向少数地区、少数群体、少数人手中集中，即便是在城市建立最低生活保障制度，也不能改变城市贫富差距依然严峻的事实。从国际比较的角度看，我国居民财产的基尼系数不仅呈现出升高态势，而且增长幅度较快。[①] 根据《中国民生发展报告 2015》显示，前 1% 最富有的人拥有中国 1/3 的财产，而后 25% 的贫困家庭只拥有 1% 的财产。城市贫困人口生活境况的严峻性及相对贫困的紧迫性由此可见一斑。如果没有适当的收入调整，贫富之间的"马太效应"将会进一步发展。与此同时，高收入群体浮华的消费方式和生活方式，必然强化人们对贫富反差的心理效应和相对剥夺感。尤其是与广大进城的农民工、下岗职工的家庭成员、"毕业即失业"的大学生以及一部分的弱势女性等的对比更为强烈。

（二）强化阶层固化的因素仍大量存在

新时代城市贫困人口的规模与社会分层、社会结构有着极其密切的关

---

① 邓曲恒，孙婧芳. 缩小财产差距　逐步实现共同富裕［J］. 中国行政管理，2017（12）：138-140.

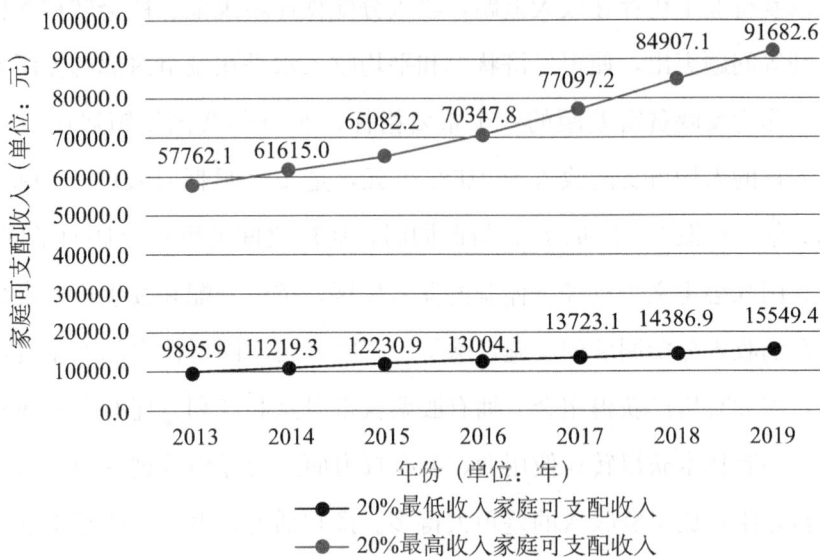

图 3－1　2013—2019 年城镇居民最高收入户与最低收入户基本情况

资料来源：《中国统计年鉴 2020》。

系。对于城市贫困人口，目前还不能精确统计。但从城市低保人数的变化可以看出，目前我国城市贫困人口数量仍非常多。据民政部统计，截至 2022 年底，全国共有城市低保对象 423.8 万户、682.4 万人。[①] 城市低保人数逐年减少，主要有两大原因：一是城市下岗失业人员已达到退休年龄，获得了退休金能够保障基本生活。二是低保申请资格更加严格，"人情保""权力保""关系保"的退出和应保尽保的实现。但由于低保线往往受制于各城市的财力给付能力的限制，低保线与理论低保线还有一定差距，因此还有一些生活在低保线之上但生活依然贫困的群体，如农民工、刚毕业的大学生、因重大疾病或自然灾害引发的突然贫困群体，即低保边缘贫困群体，未被纳入城市最低生活保障，各地政府普遍是通过医疗救助、住房保障等方式对其给予一定比例的帮助。另外，还有一些家庭收入高于低保标准甚至高于低保边缘户标准，由于一些特殊困难如家中有大病

---

① 数据来源：《2022 年民政事业发展统计公报》。

和慢性病患者、高龄老人、重度残疾人或者多名学龄儿童，在收入一定的情况下，支出突然增加而陷入贫困。还有部分家庭因各种急难事件如家中成员突发疾病，特别是主要劳动力发生严重疾病无法正常工作而导致家庭陷入严重经济困难之中。沈扬扬、李实等以居民中位收入的 40% 为标准，折算得出 2018 年我国城镇相对贫困人口约 0.7 亿人。[①]

　　在贫困群体扩张的背后，是贫困群体和底层社会之间的高度重合。在社会结构中，由于人们在收入水平、经济地位、财产地位、权力地位等方面存在差异，从而就会形成一种社会垂直结构，对于这一结构，我们也称之为社会分层结构。社会分层是指社会群体的分层或分化现象，是一段时期社会流动形成的格局，是一种静态性、结构性的描述，其成员因所拥有的社会资源不同而有所不同。其中，人力资本、阶层地位、家庭资产占有情况，以及参与市场竞争的机会和能力成为决定贫困与否的重要因素，尤其是受教育程度和职业所影响的阶层地位对人们的收入具有很大的影响。社会流动则是社会阶层继承和地位获得的动态描述。正如我们前面所指出的，当前我国城市贫困更多地体现为一种相对贫困，是处于社会阶层底部的那部分人群，而非传统意义上的绝对贫困者。城市内部收入差距和财产差距的扩大，并不能帮助他们实现向社会上层的流动，但却会反向加剧他们沦入社会下层的风险。贫困的代际传递性就是在家庭内部或一定社会或阶层范围内，将导致贫困产生的不利因素从父辈向子辈传递的一种恶性遗传链。近年来，"寒门再难出贵子""奋斗 18 年依然无法一起喝咖啡""富人孩子赢在终点线上""穷二代"等论调日益引起人们的关注。可以说，在我国社会转型过程中，随着利益格局的调整，社会分层现象是普遍存在的，并且社会分层结构逐步走向定型化。那些个人以职业、教育程度为主要标志的阶层地位越高，就越不可能陷入贫困；而那些阶层地位较低的

---

① 沈扬扬，李实. 如何确定相对贫困标准?：兼论"城乡统筹"相对贫困的可行方案［J］. 华南师范大学学报（社会科学版），2020（2）：91-101＋191.

人，尤其是受教育程度比较低，在传统行业从事着简单劳动，以及没有工作的人越有可能陷入贫困。虽然城市贫困群体与底层社会不能完全画等号，但文化素质偏低、工作不稳定、收入水平低、抗击风险能力差是社会底层的重要体现。可以说，城市贫困群体在底层社会占有很大比例，含有社会不稳定的因素。这就要求我们要突破利益固化的藩篱，必须拿出更大的政治勇气和智慧，同时这也启示我们，新时代需要面对的更多的是从代际关系、阶层地位等方面分析城市贫困问题，而不仅仅是一个个单独的个体。我国能否在 21 世纪中叶基本实现现代化的目标，取决于能否对这一部分群体进行有效治理。

（三）城市流动人口贫困突出

流动人口的类型实际上包括农村之间、城镇之间、农村与城镇之间相互流动等三种情况，我国大规模的人口流动主要是从农村向城镇的流动。因此，本书所指的主要是从农村向城市流动的那部分流动人口，即农民工。

城市化是指随着工业化的发展和科学技术的革命，人类经济活动不断集中进行社会化大生产而逐渐实现由传统的农业社会向现代城市社会发展的自然历史过程。主要表现为：农业人口向城市集中，城镇人口、城市数量的增加以及城镇规模的扩大；由城市化所带来的居民劳动方式、思维方式、生活方式的变化；城乡关系由相互分离向共同发展的转变等。

世界历史同样表明，在工业化之前城市化进程都十分缓慢，直到以工业化为标志的近代社会产生，整个世界才逐渐进入到大规模的城市化阶段。改革开放以来，我国也开始了城市化进程，随着计划经济向市场经济转轨，党和政府实施了改革农产品购销体制和流通体制、大力发展乡镇企业等多项措施，加上劳动生产率持续快速提高，把大批农民从土地上解放出来，再加上耕地面积的减少趋势，使得农村中存在着大量富余劳动力，从而为农村人口向城市流动创造了客观条件。此外，由于城市就业机会多、收入水平高、生产条件好，形成了吸引农业人口向城市转移的巨大"拉力"。截至 2016 年 9 月，全国已有 30 个省（自治区、直辖市）普遍提出取消农业户口和非农业户口性质区分。以户籍制度等为核心的传统城市人口管理体制的松动，无疑为农村剩余劳动力向城市的转移提供了可能。党的十八大以来，我国明确提出要推进新型城镇化战略。2016 年 2 月，国务院发布《关于深入推进新型城镇化建设的若干意见》中进一步指出，"新型城镇化是现代化的必由之路，是最大的内需潜力所在，是经济发展的重要动力，是推进供给侧结构性改革的重要平台，也是一项重要的民生工程"。据统计，1978 年我国的城市化率仅为 17.9%。截至 2019 年底，我国城镇化率为 60.60%。2011—2019 年，城镇人口数量每年都是以 2000 万左右的规模递增（如图 3-2），增速均超过了 1%，这意味着我国每年有上千万的农民进入城市，享受到城市发展的红利。

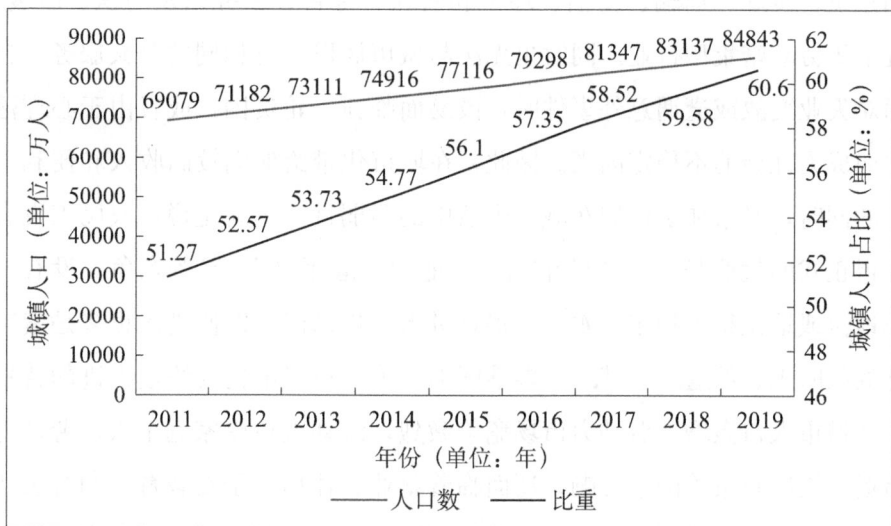

图 3-2　2011—2019 年我国城镇人口数量变动图

资料来源：《中国统计年鉴 2020》。

在城市化高速推进的今天，进城务工人员获得了更高的收入报酬，城乡之间生产要素流动密集，进一步促进了城市经济的发展。但经济总量的持续增长，并不能从根本上解决贫困问题。正如"循环积累因果关系理论"所指出的，经济增长过程中出现的"回波效应"必然会造成不平等的扩大，反而会进一步导致"富者愈富，穷者愈穷"的现象出现。因此，城市化在降低城市贫困发生率上具有一定的有限性，具体表现为：其一，迁移人口的脆弱性。在我国加速推进新型城镇化背景下，越来越多的农村户籍人口通过"村改居"工程，转变为了城市户籍人口。为进一步推进农民工市民化，外来人口在城市居住6个月以上就是城市常住人口。然而，人力资本不足、社会关系网络不健全和一定社会排斥的存在，使得他们难以实现阶层的跨越。而为了生存，他们只能从事一些劳动环境差、强度大但待遇低、艰苦、危险的"3D"工作（dirty 肮脏，dangerous 危险，demanding 急需）；即使是有技术、有文化、素质较好的农民工也大多在城市从事的是"非正规就业"，如劳务派遣等体制外合同工或临时工等，或从事如建筑、装卸、运输、清洁、环卫和餐饮、零售、服务以及纺织、服装、五金等劳动密集型行业。同时也无法与城市居民享有相同的公共服务，在面对失业变故或遭遇意外事件时，极易面临新一轮贫困，或者由于心理落差而成为社会的不稳定因素。因此，在城市化带给他们较高收入和便利生活的同时，又增加了他们在城市生活中的脆弱性。也就是说，农民工没有取得正式的就业身份，和城市职工不能"平起平坐"、平等竞争，没有工作地位或地位很不稳定。农民工很难进入正规部门，即使进入也多是编制外的临时工、派遣工。其二，多维度不平等。在城市化的快速推进的背景下，城市人口激增、劳动力市场竞争激烈，流动人口受家庭个人、劳动力市场、制度政策等因素影响，还面临着就业、住房、子女教育、利益表达等多维度贫困。其三，城市贫困的相对性。相对贫困表明在基本生存需求得到满足后，与其他社会成员相比，仍未过上当时社会通行的某种生活标准的一种缺乏或不足的状态。与在农村生活相比，城市生活成本更高，其中间的差距高出了城市化带给低收入群体更高收入，城市社会流动人口相对贫困问题的日益突出。首先，收入的相对贫困。随着刘易斯拐点的到来，农民工的收入水平得到了一定的提升。但由表3-1可以看出，近年来农民工的工资增长率和工资水平与城镇职工相比，仍存在较大的差异，

2019年两者月均工资差异为3489元。其次，消费的相对贫困。有调查显示，2012年农民工食品消费的月平均支出为578元，恩格尔系数为50.48%，与我国城镇居民的恩格尔系数37.1%相比，还有较大距离。① 最后，公共资源的相对贫困。在住房方面，农民工背井离乡来到城市，都期望能够在城市中找到属于自己的安身之所，但由于在城市中购房、租房的成本远高于农村，他们大都只能选择居住在基础设施薄弱、社会管理不善的城中村、城郊村、集体宿舍或者临时搭建的工棚里。在教育方面，2019年农民工监测调查报告显示，50.9%的农民工都反映随迁子女在城市上学还面临着升学难、费用高、无法参加本地高考等问题。在医疗方面，由于大部分地区基本公共卫生资金配置，未将流动人口考虑在内，导致流动人口在享受公共卫生服务方面仍存在较大缺口。此外，城市农民工除了有表现在经济层面的相对贫困，还存在着经济、政治、社会等方面的权利相对贫困，思想道德素质不高、文化知识水平较低的精神相对贫困，以及劳动技能不足而造成的能力相对贫困等。

表3-1　农民工与城镇就业人员的工资差异

年份	农民工月均工资（元）	增长率（%）	城镇单位就业人员月均工资（元）	增长率（%）	二者差异（元）
2012年	2290	11.8	3897	11.9	1607
2013年	2609	13.9	4290	10.1	1681
2014年	2864	9.8	4697	9.5	1833
2015年	3072	7.2	5169	10	2097
2016年	3275	6.6	5630	8.9	2355
2017年	3485	6.4	6193	10	2708
2018年	3721	6.8	6867	10.8	3146
2019年	3962	6.5	7451	8.5	3489

　　资料来源："农民工月均工资"来自国家统计局《2012—2019年全国农民工监测调查报告》，"城镇单位就业人员月均工资"为作者利用《2019年中国统计年鉴》中"城镇单位就业人员平均工资"指标计算。

---

　　① 常韬，许萍，张立军. 城市农民工生活质量现状调查与分析：基于2012年全国20个省区市的样本 [J]. 调研世界，2013（10）：32-35.

（四）贫困聚集现象依旧明显

近年来，伴随农民工大规模地涌入城市，以及城市拆迁改造和住房商品化的实施，城市贫困聚集现象日益凸显。首先，受我国区域经济发展不平衡的影响，城市贫困人口的分布带有明显的区域性特征。由于东、中、西部差异的长期存在，以城市为基本单元的贫困发生率大体上呈自东往西逐渐升高的特点，但是由于城市资源条件、交通区位、人口构成迥异，加上国家发展政策变化，部分资源型城市、小城市和少数民族聚居型城市成为贫困发生率较高的地区。以城市低保人数为例，根据 2020 年《中国民政统计年鉴》公布的数据，安徽、江西、河南、湖北、湖南等中部地区的低保总人数为 330.9 万人；四川、重庆、贵州、云南、西藏、新疆等西部地区低保总人数为 372 万人；而北京、天津、河北、浙江、福建、江苏、山东、广东、海南等东部地区的低保总人数为 158.1 万人。可见，中西部地区贫困人口明显多于东部地区，在经济发展水平越高的地区，城市绝对贫困人口的数量越少。从城市贫困发生率来看，最高的是东北地区，达到 6.05％，吉林和黑龙江的贫困发生率更是达到了 7％以上。西部地区 11 个省（自治区、直辖市）贫困发生率普遍偏高，其中有 8 个省（自治区、直辖市）的贫困发生率达到 5％以上。① 其次，从行业分布上看，当前城市贫困人口多就业于采掘业、建筑业、纺织业、低端制造业、批发零售业等低收入、低附加值、低增长率的传统产业。一方面，这些传统行业产业效率增长有限，劳动者的收入进一步提高空间小。另一方面，这些传统产业对从业人员的综合素质的要求较低，从传统行业退出后的劳动者很难再跨入其他行业，在负向锁定效应的驱使下，贫困人口只能固化在特定的传统产业。最后，从城市贫困的空间分布来看，由于城市社会的变迁，不同阶层在城市中的居住空间也呈现出一定的规律性。威尔逊通过分析美国内城

---

① 李姗姗，孙久文. 中国城市贫困空间分异与反贫困政策体系研究 [J]. 现代经济探讨，2015 (1)：78 - 82.

区的社会结构，提出了"真正的穷人"存在于城市的内城区的观点。"今天的聚居区居民，几乎清一色地是城市黑人社区中最弱势的部分——包括那些经历了长期贫困和/或福利依赖的家庭，缺少训练和技能、要么经过长期的失业要么已经彻底退出劳动力市场的个体，以及那些经常参与街头犯罪活动的个体。"① 随着新型城镇化和城乡融合发展，我国棚改力度逐年加大。然而，棚改政策尚未从根本上解决城市贫困问题，而是趋向于集中化。近年来，东部地区各级城市商品房价格上涨，城市贫困人口只能逐渐收缩在城市边缘地带、城中村、老旧城区等地域空间中。

二、成因分析

新时代城市贫困既有收入不足以应对高消费压力而产生的贫困，也有个人和家庭成员缺乏靠自身摆脱贫困的能力而导致的代际贫困，还有难以支付的教育、医疗、养老、住房等高额支出的脆弱性而导致的贫困。城市贫困人口的形成，既有他们自身懒惰或不具备劳动能力的因素，又有社会主义基本经济制度显著优势未能转化为贫困治理效能的原因。

（一）所有制制度优势未能转化成城市贫困治理效能

新时代要更好地坚持"公有制为主体、多种所有制经济共同发展"的所有制结构，将其内在固有的制度优势转化为城市贫困治理效能，增强运用制度优势应对城市贫困的能力。然而，总结我国所有制结构改革 40 多年的经验教训，可以发现，目前我国在发挥所有制制度优势、推动城市贫困治理方面仍存在一些问题亟须解决。

第一，国有企业活力不足、效率不高、分配不合理。其一，国有资本管理体制有待完善，国有企业活力不足。进入新时代，我国国有资本管理体制仍存在职能定位不清晰、国有资本运营效率和回报率低、流动性差等

---

① ［美］威尔逊. 真正的穷人：内城区、底层阶级和公共政策［M］. 成伯清，鲍磊，张戌凡，译. 上海：上海人民出版社，2007：204-205.

问题。其二，国有企业公司治理结构存在问题。在现阶段，国有企业治理结构中的矛盾越发凸显，由于权力过度集中所导致的管理程序不规范、"内部人控制"问题较严重，监督机制虚无化现象时有发生，股权多元化尚未完成。其三，国有经济布局结构仍需调整。当前，国有经济分布在重要领域、关键行业不够集中的问题仍未解决，国有企业创新力、竞争力、控制力、影响力和抵御风险能力有待提高。特别是在竞争领域，国有企业管理能力和创新能力不能适应市场竞争需求，国有资产收益率偏低。其四，国有企业内部收入分配不合理。从国企高管与普通职工薪资水平来看，国家统计局数据显示，2020 年中层及以上管理人员平均工资为164979 元每年，而普通办事人员和有关人员平均工资约 7 万元每年，后者不及前者的 50%。

第二，非公有制经济发展环境有待优化。非公有制经济发展在创造就业岗位、改善人民生活方面具有显著优势，有助于城市贫困治理问题的解决，但是受制于发展环境，非公经济未能得到应有的发展。其一，我国部分民营企业还面临着外部发展条件欠佳的问题。部分行业准入难、经济融资难、融资成本高等压力，进一步限制了非公有制经济的发展和对市场劳动力的吸纳能力，导致城市贫困群体陷入贫困的风险进一步加大。并且一些中小型民营企业在与政府议价谈判时，谈判能力较弱，容易成为不健全市场机制中的弱势群体，同时部分地方政府所存在的缺乏契约精神、高额的交易费用等问题，也会造成非公有制经济难以享受全国性市场的福利。目前，我国对不同所有制经济的制度性歧视已经越来越少，但在审批、收费等环节，仍存在着"名松实紧""外松内紧"的准入怪圈。还有一些小型民营企业往往由于规模歧视，面临着融资难的困境。其二，自身发展存在局限。由于企业对利润的追求，难免会存在一些资本主义经济的弊病。例如，尽量压低劳动者工资水平，通过不支付加班费的方式，变相压低员工工资至最低工资以下，从而导致一些城镇劳动者收入低下。无双休、无节假日补助、无故拖延员工工资、克扣工资奖金的现象也时有发生。并且，与公有制企业相比，非公有制经济企业的职工社会保障参保率也较低，社会保障体系中供应和需求之间不平衡的矛盾十分突出，不仅造成员工缺乏凝心力，员工对企业的认同感普遍较低，而且使得很多低收入的城镇居民生活得更加困难。此外，企业内部权、责、利不对等，不规范的资金使用方式和奖惩措施，都阻碍了其自身的长远发展。党的二十大报告明确提出，"推动经济实现质的有效提升和量的合理增长"。科学技术越来越成为企业立足市场发展的核心支撑力，然而，部分民营企业仍然依靠廉价劳动力占有低端市场，若不及时更新思路，把握绝好机遇期，实现合理转型，将会面临随时被市场淘汰的危险。

第三，混合所有制经济发展问题。近年来，我国在推行混合所有制经济的过程中，仍面临着行业垄断、国有资产流失、职工安置乏力等问题，从而导致混合所有制经济发展受阻、城市贫困加剧。其一，行业垄断问题。拆分重组国有企业，目的是在国有企业中引入竞争机制，推进混合所有制改革，但拆分之后的部分国有企业，为使自身利益不受侵害，往往对其他经济成分采取闭关政策，仍具有垄断性质，政府保护依旧存在。其二，国有资产流失问题。由于作为出资人的国家对国有企业的控制和监管不到位，也产生了诸多问题，其中最突出的就是借改制之机，通过虚假评估、串通合谋等方式侵吞国有资产，造成国有资产流失的问题。其三，职工安置问题。国有企业混合所有制改革势必导致部分国有企业的重组或清算，从而产生职工安置问题。为了减少无效和低端供给，自 2015 年开始，我国实施了以"去产能"为重点的国有企业改革。国家人力资源和社会保障部的数据显示，在煤炭"去产能"的过程中，涉及下岗工人 130 万人，钢铁行业涉及下岗工人 50 万人，其他行业"去产能"还涉及不少下岗工人。"去产能"过程中造成部分国企下岗职工失去了工资收入以及相关福利待遇，加上物价上涨，生活日益陷入困境。

（二）分配制度的制度优势未能转化成城市贫困治理效能

现阶段，对于大部分城市贫困人口而言，他们有较强摆脱贫困的意愿，但受制于资源和机会等因素，治贫效果不甚理想。实际上，对于社会主义国家而言，资源的获取、机会的获得，在很大程度上取决于分配制度优势的发挥。然而，我国分配领域至今仍存在一些亟待解决的问题。

第一，就业机会的不公平。平等的就业机会不单是国家通过多种形式，为广大劳动者提供一份工作那么简单，它还包含了使劳动者通过平等的就业机会进一步获得就业、公职及相关待遇的社会经济权利，其本质是人们在获取工作和取得相应待遇时，能否被公正对待。然而，在我国就业制度变迁过程中，虽然劳动者本人选择单位和就业类型的自由度越来越高，但不同劳动者在就业方面的差异也在不断扩大。其一，对农民工差别对待问题依然存在。在一些城市尤其是大中城市，很多岗位不向农民工开放，并且他们还面临着被拖欠工资和同工不同酬的现象，在职业培训和劳动保障方面也没有条件和机会享受与城镇职工相同的待遇。其二，下岗工人和失业者的机会弱势。近年来，由于产业结构调整，出现了大量的下岗工人，但这些下岗工人并不是因为自身原因而失业，而是由于企业改制、重组或破产导致劳动权利被剥夺，这种失业相对于劳动力市场中单纯的摩擦性失业而言，更多地是一种劳动力市场初次排斥基础上的"再排斥"。其三，女性就业难问题。由于女性自身特殊的生理特点，会增加企业用工和经营的成本。为降低成本，企业自然会减少市场对女性劳动力的需求，从而使得女性受到与其个人能力和素质无关的排斥和对待。其四，学历、年龄、工作经验等其他歧视性因素。近年来，一些公司在招聘中限定只招"985"或"211"院校毕业生，对一些专科学历的毕业生而言，无疑是一种学历歧视。还有很多用人单位，要求求职者要具备一定的工作经验，这对于刚踏入社会的大学生而言，也会减少他们的就业机会。在我国就业实践中，一些求职者也会因为年龄限制而面临求职的困境。

第二，初次分配领域中仍存在一些不合理现象。其一，劳动收入比例较低。近年来，人们在肯定"上调最低工资标准"的同时，依然有不少人尤其是拿最低工资的弱势群体表示钱不够花。最低工资和平均工资同时增长，两者差距不够明显。并且根据刘易斯二元经济理论，我国劳动报酬份额应保持在 60% 左右，但事实上，我国一直徘徊在 45% 左右，处于世界较低水平。① 其二，居民收入渠道较窄，财产性收入不足。国家统计局的调查发现，高收入家庭财产性收入的增长速度要远远高于低收入家庭的增长速度。由于高收入家庭的财产性收入份额往往高于低收入家庭，财产性收入很可能加剧收入不平等。② 其三，行业间收入差距较大。国家统计局的数据显示，2019 年我国城镇单位就业人员平均工资为 90501 元每年，其中信息传输、计算机服务和软件业平均工资最高，达 161352 元每年，农、林、牧、渔业城镇单位就业人员平均工资最低，仅为 39340 元每年。而城市困难家庭主要收入人员从事工作所属行业主要集中于农、林、牧、渔业。③ 其四，区域间发展不平衡问题仍然突出。从城镇范围看，相较于中、西部以及东北地区，东部地区城镇居民人均可支配收入在 2013 年分别高出 8487 元、8789 元和 7645 元，到 2019 年则分别高出 13537 元、14104 元和 15015 元。④

第三，再分配调节效果有待进一步提高。改革开放以来，我国调节收入分配的宏观框架日益完善，我国的税收财政政策得到了极大的改善。但仍存在一些问题，使得政府对再分配的调控力度不佳。其一，税收制度不健全。在征收范围上，目前我国中低收入的工薪阶层构成了最大的个人所得税纳税主体，这对于低收入家庭来说，会加剧收入分配差距的反向调节现象。此外，在当前我国的税制结构中，间接税占总税收收入比重的一半以上，直接税比重明显较低。间接税的累退性造成低收入者承担高于高收

---

① 张广科，王景圣. 初次分配中的劳动报酬占比：演变、困境与突破 [J]. 中州学刊，2021 (3)：22 - 28.

② 马明德，陈广汉. 中国居民收入不均等：基于财产性收入的分析 [J]. 云南财经大学学报，2011，27 (6)：29 - 35.

③ 王杰秀. 中国城乡困难家庭社会政策支持系统建设数据分析报告：上 [M]. 北京：人民出版社，2019：12.

④ 罗明忠，邱海兰. 收入分配视域下相对贫困治理的逻辑思路与路径选择 [J]. 求索，2021 (2)：172 - 179.

入者税负率，不利于收入差距的缩小。其二，社会保障体制的不够健全。从养老保险来看，无论是筹资水平还是保障水平，城乡居民与职工都相距甚远。[①] 同时，近年来，我国城镇职工养老保险基金的自我平衡能力不断减弱，越来越依赖于财政的支持，政府财政压力不断增大。从医疗保险来看，目前城镇职工医保和城乡居民医保制度在报销比例方面存在明显差异。而参加城乡居民医保的缴纳者多数为低收入群体，对其而言，"看病难、看病贵"的问题依然严重，对于一些收入水平较低、没有职工医疗或商业医疗保险来分担大病保险的城镇居民，因病致贫的情况日益增多。从失业保险来看，目前参加失业保险的绝大部分为国有企业的职工，导致一部分真正失业的人群得不到应有的救助。目前工伤保险覆盖率还不令人满意。截至2019年，我国就业人数达77471万人，但参加工伤保险的人数仅为25478万人，说明至少还有51993万就业人员没有得到覆盖。[②] 并且从图3-3中可以看出，农民工参保人数远远低于城镇职工的参保人数，其参保率与城镇职工的相比，增速一直较低。在社会救助领域，目前各地在实践中对低保标准的提升依然不大，难以满足城市贫困人口的发展性需求。同时，在项目安排上，当前各项专项社会救助制度直接与低保户的身份挂钩，而一些处在低保边缘的居民，生活可能比低保户更艰难，但却无法申请低保。在项目层次上，我国虽形成了"8+1"的社会救助框架，但内部边界互有交叉。并且，现行城市低保制度主要是针对贫困后果进行"下游干预"，是一种被动的事后补救。在制度执行过程中，不同地区、不同部门之间信息共享程度依然不高，未形成合理有效的协作机制，依然存在一定程度的信息壁垒。新时代，我国社会福利的对象也逐步由面向弱势群体向全体公民扩展，但长期以来我国政府倡导的是"轻社会福利和服务提供"的服务原则，导致很多社会群体的社会服务需求未能得到满足。其

---

① 高传胜. 新时代我国城乡居民社会保险制度改革建设再思考：兼论人口流动对现行社会保险制度的挑战与应对 [J]. 新疆师范大学学报（哲学社会科学版），2021，42（3）：112-129+2.

② 数据来源：《2019年度人力资源和社会保障事业发展统计公报》。

三，财政转移支付制度的不完善。目前，我国专项转移支付由于缺乏准确的数据支持以及审批环节的不规范，导致支付的非科学性比较突出。同时，在涉及人民群众切身利益的生活保障、抚恤救济等方面，资金较为分散，救助效果不理想。税收返还制度一般遵循"多交多返、少交少返"的原则，在经济越不发达的地区，税收返还的数额反而越少，这种地区间的差异最终会在不同地区间居民的个体收入上体现出来。同时，因还未建立完善的监督机制、绩效考核机制、问责处理机制等，转移支付使用效率不高。

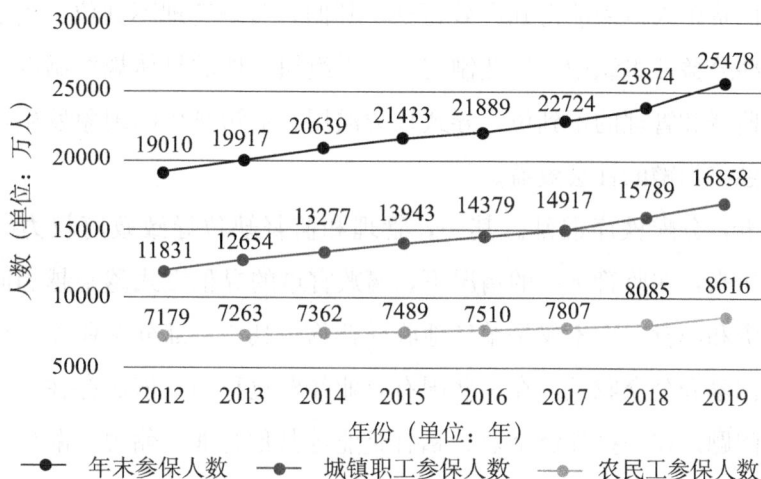

图 3-3　2012—2019 年我国农民工和城镇职工工伤保险参保率

资料来源：根据历年《人力资源和社会保障事业发展统计公报》数据整理。

第四，第三次分配不够成熟。不可否认，与西方发达国家相比，我国慈善事业还处于起步阶段，对于调节和缩小居民收入分配差距、提升贫困人口可行能力、提供更多就业机会的功能还未能充分发挥出来。其一，社会总体捐赠水平较低且缺少激励。据统计，2016 年我国社会捐赠总额达到 1346 亿元，但同时期美国慈善捐款总规模已达 3900 亿美元，差距仍然较大。[①] 另外，目前我国个人将所得捐给教育、扶贫等慈善事业的，可以从应纳税所

---

① 祝洪娇. 促进第三次分配以缩小收入分配差距 [J]. 当代经济管理，2018，40 (7)：6-9.

得额中扣除不超过纳税人申报应纳税所得额 30% 的部分，这与发达国家 50% 的水平仍有一定差距。其二，组织机构不健全且功能作用不强。目前我国在慈善机构工作的人员往往都是来自各行各业的志愿者，在慈善机构运行期间，往往会面临人员统筹协调和专业化发展的困境。另外，当前我国慈善组织对一些生活在城市中的失独家庭、重病患者、各类社会边缘人口等关注较少，没有发挥出其保障最弱势群体和特殊群体利益的功能。其三，人民群众对慈善事业的信任程度低。当前我国社会慈善事业的运作透明度较低，公众集体产生信任危机和不愿捐助的倾向，使得城市中真正需要帮助的贫困人口未能得到有效帮扶。其四，监督管理不到位。当前，在我国一些公益性组织中，虽然制定了关于组织发展的具体规章制度，但由于内部监督和管理的不到位，导致权力滥用、贪污腐化的现象发生，从而降低了慈善捐赠的社会效益。

第五，分配秩序混乱。其一，管理和监督缺位导致政府权力寻租行为。近年来，在监管不严的情况下，腐败官员的寻租方式越来越趋向直接介入投资和经营，而不仅是单纯地收受钱物。其二，部分企业以不正当行为侵蚀国家和公众收益。在一些国有企业经营过程中，依然存在"内部人控制"问题。在一些外资企业、私有企业等其他行业，偷税、漏税、骗税现象依然存在。其三，对居民个人不规范收入缺乏约束。不规范收入也就是我们通常所说的灰色收入。具体体现为：违法的受贿收入；渠道正当但未受到相应监管的收入，比如未缴税的劳务费、讲课费、稿酬等。灰色收入规模扩大，势必会在客观上减少城市贫困人口的收入，主观上增强其相对剥夺感。

（三）社会主义市场经济体制的优势未能转化成城市贫困治理效能

资本主义与市场经济的结合，给市场经济带来了前所未有的活力和创造力，但同时也带来了失业日趋严重、贫富分化加剧的弊端和破坏力。正如马克思所说："这个曾经仿佛用法术创造了如此庞大的生产资料和交换手段的现代资产阶级社会，现在像一个魔法师一样不能再支配自己用法术呼唤出来的魔鬼了。"① 社会主义市场经济是与社会主义基本制度相结合的市场经济，它既反映了市场经济的普遍原则，又反映了社会主义制度的基本特征，有利于更好地发挥社会主义制度的优越性和市场经济的长处，具有有效矫正贫富两极分化、负外部性和宏观经济失衡，保证市场经济的活力和效率，使各种资源要素得到高效配置等超越资本主义市场经济的优势。

经过 20 多年的发展实践，我国社会主义市场经济体制不断发展完善，较好地调节了市场与政府、效率与公平、活力与秩序的关系，促进了人民生活水平的提高，创造了经济发展的奇迹。但由于我国实行市场经济起步较晚，仍然存在行业垄断、城乡壁垒、劳动力市场分割、公共服务领域过度市场化等不够成熟、不够完善的地方，需要全面深化经济体制改革，继续在社会主义基本制度与市场经济的结合上下功夫。也正因为这些矛盾和问题的存在，不利于城市贫困人口利益的保障。具体而言：其一，我国的市场体系还不完善，要实现高标准的市场体系还有很长的路要走。一个成熟的市场体系应该是一个统一、开放、有序竞争的市场，尽管近年来我国实施了市场准入负面清单制度，但在清单之外隐性准入壁垒依然存在。经济垄断破坏了充分竞争的市场机制，不仅会减少社会总福利，而且会由于行业垄断使一部分人收入超出了应得份额，使企业内部员工收入远远超过社会平均水平，并且由于垄断的形成，阻碍了生产要素部门间的自由流动，阻碍市场行业间平均利润率的形成，最终会导致收入差距在各行业之间被逐步拉大。例如一些自然垄断行业由于处于完全垄断地位，既控制市场价格和商品供给量，又可以通过产业壁垒限制新企业进入，造成自由竞争被打破，垄断企业必然获得超额利润，从而带来员工的高报酬，进而导致不同行业和高低收入群体之间收入差距的扩大。其二，政府和市场的关系尚未理顺。政府与市场的关系问题既是各国经济理论研究的重点，也是

---

① 马克思恩格斯选集：第 1 卷 [M]. 北京：人民出版社，2012：406.

各国经济发展实践的难点。市场经济本身无法克服的外部效应、经济波动、竞争产生的贫富不均和两极分化现象的问题。市场经济强调主体利益、自主决策和公平竞争，从这个意义上看，市场经济是一种追求自由、平等的经济，但也正是这一点，使它一开始就存在着以社会分工为基础的私人劳动和社会劳动之间的矛盾，决定了市场经济对自由、平等和公平的背离：在市场经济中，人与人之间的关系被彻底物化，个体在最大程度追求自由的同时，他们之间的相互依赖和相互冲突却不断加深，在交换过程中，形式上的平等掩盖了事实上的不平等，在自由竞争之下，必然会引起财富、权力的集中和垄断以及贫困人口的持续边缘化。因此，市场经济会自发地带来贫富分化，初次分配的市场自由竞争必然会造成一部分弱势群体，这是不可避免的。市场固有弱点和缺陷的存在，要求政府必须进行宏观调控。但我国市场经济体制的建立还不到 30 年，政府仍存在着越位、缺位、错位等问题，在新的市场起决定性作用的配置方式的作用下，政府调节机制尚未健全和完善，导致发生城市贫困的概率较大。特别是，政府在面对教育、医疗卫生等公共服务的价格快速增长的市场失灵和扭曲现象时，如果没有采取及时有效的作为，不仅会使城市贫困人口本就不好的生活质量进一步下降，而且也会大大增加其陷入长期贫困的风险。其三，要素流动不畅，资源配置效率不高。目前，我国尚未形成统一开放的要素市场，要素市场改革存在时空不均衡、要素配置效率低下等问题。从劳动力要素上看，制度性及政策性对农村人口的歧视，城乡二元劳动力市场的严重分割，常使一些农民在城市失去平等参与、平等进入、平等对待的机会，农民作为市场主体在进入市场上的机会不均等，导致了严重的就业限制，使进城农民工丧失了平等的劳动权。此外，在市场经济条件下，经济运行过程中优胜劣汰的竞争机制，必然导致经济效益差的企业停产、破产，低素质的劳动力被排斥在就业大军之外，面临着较大的就业困难。而年轻的、文化技术水平较高的"高技术劳动力"则具有较大的优势。从这个意义上看，市场对于高级劳工有利，而对于低级劳工尤其是一线工人而言，则相对不利。在这一情形之下，社会成员在财富分配方面的差距必然会越来越大。特别是随着我国经济发展进入新常态，由高增长向中高速增长转变，强调"质量更好、结构更优"的增长，更多依靠资本和技术带动创新，这将对劳动密集型行业产生重大影响，并对非技术、低技能和低学历人才的就业和收入产生消极影响。① 从土地要素上看，农村土地要素市场发展相对缓慢，土地产权和土地流转问题有待进一步明晰。

---

① 冯华. 贫富差距到底有多大？[N]. 人民日报，2015-01-23（17）.

第四章

坚持和完善基本经济制度，推进新时代城市贫困治理的政策建议

新时代开展城市贫困治理，必须坚持以"三位一体"的基本经济制度作为根本制度保障。必须坚持"两个毫不动摇"，不断创造和积累更多财富，从而为城市贫困治理奠定强大的经济基础；必须坚持按劳分配为主体、多种分配方式并存，保证城市贫困人口社会权利的充分享有；必须加快完善社会主义市场经济体制，为城市贫困治理提供强大动力，推动我国在实现共同富裕的道路上行稳致远。

|第一节| 坚持"两个毫不动摇"，为城市贫困治理提供经济保障

改革开放以来，我国适应生产力发展的需要，坚持多种所有制经济共同发展，促进了社会生产力的发展和经济水平的大幅提升，为城市贫困的治理创造了有利的条件。新时代仍需继续坚持"两个毫不动摇"，进一步将社会责任和企业效率提高相结合，为城市贫困治理提供强大的经济基础。

一、继续推进国企改革在城市治贫中的战略位置

一直以来，我国国有企业肩负着为城市居民创造就业、改善民生的职责和使命。国有企业经营状况不仅关乎部分城市居民的收入状况，而且关乎城市贫困治理的成效。立足新时代，必须继续推进国有企业改革，坚定不移做大做强做优国有企业，不断提高国企治理水平，通过完善相应的政策机制安排，建立起适合社会主义市场经济体制的国有企业体系，兼顾国有企业的经济效益和社会效益双重属性，使其为城市贫困治理工作作出更大贡献。

第一，加快推进国有企业改革，提高国有企业经济效益。由前文可知，经过一段时间的"阵痛"之后，国有企业不仅可以获得更高的经济效益，解决由亏损、破产而导致的职工就业不稳、无序等状况，而且还能进一步增加就业空间，增强国有经济的"五力"。因此，必须解决好社会主义市场经济条件下，国有企业所面临的关键问题和深层次矛盾，要进一步完善国有企业的现代企业制度，推进国有经济布局优化和结构调整，形成以管资本为主的国有资产监管体制。其一，要优化国有企业布局，补充国有企业的短板。坚持"有进有退、有所为有所不为"的主要原则，对于关键领域的国有企业要加强主导作用，增强其创新能力和抗风险能力；对于处于充分竞争行业领域的国有企业，要注重形成企业集聚规模效应，打破以往国有企业布局分散、投资战线过长的困境，着力提高国有企业在市场中的竞争力和领导力，提高国有经济效益。特别是对于一些产能过剩突出的行业，如钢铁、汽车、装备制造等，要与供给侧结构性改革相协同，优先进行并购重组，从而优化产能配置，提高经济效益。其二，要稳步推进国有企业的混合所有制改革。坚持不搞"拉郎配"、不搞全覆盖，积极稳妥推进混合所有制改革，促进各类资本优势互补、共同发展。针对混合所有制产权问题，要加速探索法律体制作为混合所有制改革的保障，完善企业法人机制，使混合所有制企业成为独立的市场主体，平等参与市场竞

争。以权责清晰为主要目标，建立健全混合所有制企业相应的经营管理体系，探索混合所有制企业监管机制。建设符合现代企业制度的混合所有制企业董事会，完善管理、激励、创新机制，设立相应监管机构。坚持党的领导，重视国有企业党建工作，将基层党组织建设在生产第一线，着力推进党建工作与生产经营深度融合。其三，要建立健全国有资产管理机制，防止国有资产流失。由于国有资产的公有制性质，国有资产流失不仅导致国家利益严重损失，还会造成贫富差距进一步扩大，不利于城市贫困的治理。因此，必须要建立国有资产监管体制，及时发现、弥补和纠正国有资产管理中存在的不足，建立健全企业内部监督体系，加强境外国有资产管理，防止国有资产流失。总之，通过这些举措，实现国有经济的布局更加合理，相关产业发展动力更加强劲，就业岗位不断增多，切实把所有制优势更好转化为城市贫困的治理效能。

第二，突出国有企业的"公有"属性，注重国有企业的社会责任。国有企业全民所有制的特殊性质，要求国有企业的收益必须由人民共享，注重国有企业的社会责任，这是维护社会公平正义，缩小贫富差距的重要途径。其一，规范国有企业管理制度。要建立社会化国有企业董事会制度，使处于企业经营管理之外的股东参与到企业决策、管理、监管的过程之中，使管理人员能上能下，员工能进能出，收入能增能减，解决"内部人"控制现象；建立相应监督审计机构，保证监督审计机构的独立性是改善国有企业治理的根本之策，监督企业中经营、管理、财务等事务符合相关政策法规；建立有效的激励约束机制，加强对于企业上缴利润不足、转移利润等行为的监管，同时对于积极上缴利润的企业进行精神激励和物质激励。其二，完善国有企业经营预算制度，提高国有资本收益上缴公共财政比例。要继续扩大利润收益范围，针对尚未纳入上缴利润的国有企业，要发挥股东的应有权利，逐步将其纳入上缴范围。同时还要根据不同企业性质、经营状况，制定科学合理的利润上缴比例。其三，国企利润支出民生化。当前来看，国有资本收益呈增长趋势，根据发展成果由人民共享的发展目标，应该调整利润支出，划拨一部分国有资本充实社保基金，同时减少交叉重复投入现象，提高资本投入效率。其四，深入推进国企薪酬制度。建立与企业领导人分类管理相适应、选任方式相匹配的企业高管人员差异化薪酬分配制度，结合考虑当期业绩和持续发展，合理安排高管收入与普通职工收入的比例，推动薪酬分配向作出突出贡献的人才和一线关键苦脏险累岗位倾斜，适当缩小国有企业高管收入与普通职工收入的差距。配合国有企业改革，对国有企业实行分类管理，加快转变国资委职能，加强职代会和工会的建设，实行职业经理人制度，构建起公正的国有企业经营者薪酬分配制度，落实习近平总书记在中央全面深化改革领导小组第四次会议提出的"实现薪酬水平适当、结构合理、管理规范、监督有效，对不合理的偏高、过高收入进行调整"的要求。

二、充分发挥非公有制经济的减贫优势

近年来，我国非公有制经济飞速发展，在增加政府财政收入、吸纳多余劳动力就业、社会慈善事业等方面均起到了重要的作用，在解决城市贫困问题的过程中作出了不小贡献。但与此同时，非公有制经济资金不足、融资成本高、融资困难等问题制约着其进一步的发展，并且非公有制企业本身也存在着经营管理模式落后、创新能力不足、抵御风险能力不强等问题。因此，为推动城市贫困治理，我们须要研究非公有制经济的健康发展问题，既要体现社会主义制度的优越性，注重其发展成果最终能够惠及全体人民，又要发挥市场经济的优势，提高其发展质量和效率。

第一，优化非公有制经济发展的内部环境。当前我国非公有制企业发展迅速，但人才匮乏与创新不足、自身经营管理机制不完善制约着非公有制经济的发展。因此，必须要从非公有制经济内部着手，提升非公有制经济的发展质量。其一，要支持有条件的企业构建现代企业制度。积极鼓励、支持、引导非公有制经济提高发展质量和发展效益，细化民营企业内部产权结构和组织管理结构，支持民营企业家族化经营向职业化、专业

化、社会化经营转变，提高企业经营管理水平。其二，要建立良好的企业文化。企业应注重以人为本，为员工创造良好的工作环境，关注员工的生活和其他困难，实现合理的激励机制，通过工资激励、股权激励、技能培训、晋升激励、人文关怀等方式，使企业和员工形成命运共同体。要建设良好的企业文化，可以通过企业管理制度或团队建设等，在企业内部建立同事之间互相团结、互相关心、互相帮助的关系。在一定的企业价值观和文化形成之后，还需对全体员工进行企业文化和价值观的培养和熏陶，使员工不断增强集体荣誉感和凝聚力。其三，要自主创新掌握核心技术。创新是企业发展的不竭动力。民营企业要在竞争激烈的现代市场中获得生产和发展，必须坚持走自主创新之路，掌握核心技术，扩大研发投入并对资金进行有效利用。在不具备自主研发条件时，可以通过与高校、科研机构合作，或者通过引入新技术的方式进行进一步创新发展。同时，要注重对创新人才的吸纳，通过创新人才培养机制、管理机制和激励机制，吸引和留住创新核心人才，从而为创新发展提供不竭动力。

第二，优化非公有制企业发展的外部环境。推动非公有制经济的发展，加大对中小企业的扶持，有利于促进国民经济和就业机会的持续增长。具体而言：其一，要优化公平竞争的市场环境。要规范市场竞争机制，保障所有市场竞争者的合法权益，消除阻碍非公有制经济健康发展的制度性因素。要全面完善产权制度，深化"放管服"改革，对各类妨碍促进民营企业市场准入的显性和隐性壁垒进行全面排查和系统清理。其二，要完善精准有效的政策环境。拓宽中小企业的融资渠道，加大信贷支持和税费优惠力度，降低中小企业的融资成本，进一步破除制约市场自由竞争的隐性壁垒，大力扶持和促进中小企业的发展，从而通过增加就业机会来缓解城市失业性贫困。其三，要健全平等保护的法治环境。积极保障非公有制企业在获取多种资源要素、制定市场准入标准、参与市场竞争等多方面平等受到法律保护。在立法层面，要完善私有产权保护的法律制度，加强对公民私有财产的保护。在执法层面，要平等保护各类民事主体的合法权益。在司法方面，要依法严厉打击一切侵害非公有制经济合法权益的违法活动。其四，要营造更加公平有序竞争的营商环境。完善亲清政商关系的政策体系，加快转变政府职能，完善政府促进非公有制经济发展的机制；建立规范化的政企沟通渠道，建立沟通政企关系的中介组织，鼓励民营企业参与实施国家重大战略。

第三，培育非公有制企业的社会责任感。作为社会主义市场经济的重要主体之一，非公有制企业同样需要承担相应的社会责任。国家稳定和社会繁荣是民营企业发展的前提条件，遵纪守法、缴纳税收、承担社会责任也是其应尽的义务。非公有制企业要在诚实、合法经营前提下，在自身条件允许的范围内，积极参与社会公益事业，政府也要积极引导、支持、鼓励非公有制企业参与社会慈善事业，通过社会第三次分配来减小收入差距，对于热心参与社会慈善事业的企业应给予相应的奖励措施。同时，非公有制企业也要注重吸纳就业困难人员，提高劳动者职业技能，保障劳动者的合法权益，使非公有制企业真正成为解决城市贫困问题的重要力量。

三、积极推进混合所有制经济发展

党的十八届三中全会指出"混合所有制经济，是基本经济制度的重要实现形式，有利于国有资本放大功能、保值增值、提高竞争力，有利于各种所有制资本取长补短、相互促进、共同发展"[①]。"这是新形势下坚持公有制主体地位，增强国有经济活力、控制力、影响力的一个有效途径和必然选择。"[②] 当前，混合所有制经济在我国经济社会中所占比重逐渐扩大，混合所有制作为一种重要的经济主体，对经济的影响逐渐增强，在推进国有企业混合所有制改革的过程中，也要注重改革的社会效益，既要稳妥推进混合所有制经济改革，又要注重通过改革处理好城市贫困问题。

---

① 中共中央文献研究室. 十八大以来重要文献选编：上［M］. 北京：中央文献出版社，2014：515.
② 中共中央文献研究室. 十八大以来重要文献选编：上［M］. 北京：中央文献出版社，2014：501.

第一，打破行业垄断。在国有企业混合所有制改革中，要坚持以放大国有资本的功能为导向，着力优化国有资本产业布局，引导国有资本进一步向重要行业和关键领域集中。具体而言，可以采取"一企一策"的方式，对于关系国家战略安全的企业，要保证国家的绝对控制；对于一些关系到国计民生和国民经济命脉的企业，可以采取主辅分离的原则，在自然垄断领域要保证国有独资，在不具有自然垄断性质的领域，应消除基础设施建设、维修服务、生产开发等进入壁垒，并降低门槛以鼓励非国有资本进入；对提供公共产品和服务的企业，可以通过特许经营、政府购买公共服务、政府与社会资本合作（PPP）等方式允许非国有资本参与运营和建设；对已实行混合所有制改革的企业，要规范和引导员工持股制度的实施，通过持股激励，提高员工工作的积极性和创新性，从而不断增强企业的竞争力。

第二，保障混合所有制企业中股东权益，形成股权制衡。发展混合所有制经济的根本目的是最大化国民福利，这是缩小贫富差距、解决城市贫困问题的根本之策。因此，在混合所有制企业中，尤其是国有资本占股不足以控制企业时，要保障国有股东的利益。要通过引入多方股东形成制衡，防止一家独大，防止其他资本通过获取企业的经营权，恶意侵吞国有资产。同时也要防止国有资本话语权过大，垄断企业的话语权，导致其他民营资本丧失参股动力。要使职业经理人能更有效地代表股东利益，提高企业的经营效率，同时保证国有资产和民营资本不受损失。要切实保障各个股东的权利，保障各个股东平等地参与到企业治理当中。要加强对企业的监管力度，保障各个股东的合法权益。

第三，加强监督防止国有资产流失。当前的通过将国有资产简单出售转让给私人资本或者外国资本的现象，有可能导致国有经济大幅度退步的结果，既无法彰显社会主义市场经济的优越性，又使城市贫困问题失去了强大的物质基础。虽然在国有企业混合所有制企业改革的过程中，我国早已出台国有资产转让评估的相应条例，但是由于地方政府的经济发展、就业、维护社会稳定等压力，导致用行政手段干预国有资产市场化评估，出现国有资产转让低于其市场价值的情况。因此，在国有企业混合所有制改革过程中，要强化政府的出资人职能，充分发挥国有资产监督管理机构的作用，加强对企业内国有资产的监管力度。要完善国有资产评估机制，建立健全国有土地、资产资源、无形资产等估价体系，确保国有资产估值不受地方政府行政压力。在推行国有企业员工持股的试点化改革时，鼓励企业职工、技术人员、管理人员通过资本、技术等手段参股，成为企业股东，但不能将国有企业中的股份直接私人瓜分或者低价送股，不能将国有资产变为私人资产。是否坚持增量改革，对保障混合所有制企业的公有属性和我国公有制经济的主体地位至关重要。可以将国有资产评估机构、第三方交易平台引入国有企业混合所有制改革进程中，并通过出台相关政策，营造良好的市场环境，使混合所有制改革与完善社会主义市场经济体制相辅相成。考虑到国家经济安全等重大问题时，对一些较为关键的领域的改革要注重筛选参与资本，选取与行业发展方向相同的资本，这样更利于提高混合所有制企业在关键领域和核心产业的改革效率，形成兼有规模经济和竞争效率的市场结构，做强国有资产，从而为推进城市贫困治理，实现共同富裕奠定坚实的经济基础。

第四，多措并举妥善安置职工。在国有企业混合所有制改革进程中，按照供给侧结构性改革的要求，许多国有企业都出现了精简规模、大量裁员的现象，就业吸纳能力减弱。加之当前世界经济发展呈下行态势，整体就业环境更为紧张，国有企业需要承担起维护社会稳定、促进就业的社会责任，安排好已经精简人员的就业问题，切实做到"转岗不下岗、转业不失业"，从而保障中低收入家庭收入，缓解贫富差距过大。具体而言：其一，要通过职工代表大会或其他形式，认真听取下岗职工的意见，对其个人及家庭情况进行了解，对确实有特殊困难的职工通过"政府托底安置＋市场分流安置（转岗、转业、创业、劳务输出等）"的方式，保障其基本生活。其二，对职工实现再就业进行培训。以劳动力市场为主体，根据职工的自身禀赋和市场需求，对需要再就业的职工开展短期培训、职业学校培训等，形成多层次、多渠道、多形式的分流人员转业转岗制度，为劳动力市场有效运作提供基本保障。其三，对一些破产企业，实施"带资分流"，利用一切可利用的资源，保障部分职工的吃饭问题。对一些"去产能"困难企业，政府可以出台降低"五险一金"的缴纳比例、减轻税费负担等相关扶持政策，同时扩大失业保险享受范围，降低企业职工安置成本。其四，可以出台鼓励劳务输出和国际产能合作，合理引导下岗职工向"一带一路"沿线部分劳动力资源短缺的国家转移，这样一来，不仅能够较好地解决部分职工的安置问题，还能推进国际产能合作的开展。① 其五，制定统一职工安置政策并做好宣传。政府要与国有资产管理部门、人事以及劳动部门建立紧密联系，统一制定政策，对有能力自主创业和不适合再就业的职工，要采取针对性的安置政策。同时，要及时向职工宣传好相关补助、安置、再就业政策，稳定职工情绪。

|第二节| 坚持和完善分配制度，强化城市贫困人口权利保障

贫困概念往往蕴含着被剥夺与被排斥的含义，从更深层次可以理解为"权利贫困"。世界银行曾指出："当某些人、某些家庭或某些群体没有足够的资源去获取他们在那个社会公认的，一般都能享受到的饮食、生活条件、舒适和参加某些活动的机会，就是处于贫困状态。"党的十九大报告对实现"人民对美好生活的向往"这一奋斗目标有了更加精炼的表述，即

---

① 常修泽等. 所有制改革与创新：中国所有制结构改革 40 年［M］. 广州：广东经济出版社，2018：423.

要"在幼有所育、学有所教、劳有所得、病有所医、老有所养、住有所居、弱有所扶上不断取得新进展，保证全体人民在共建共享发展中有更多获得感"①。七个"有"不仅构成了个体生活的全部过程，而且从逻辑上承认了在城市公共生活中人们所必须享有的受教育权、居住权、劳动权、保障权等一系列的城市权利。②党的二十大报告同样指出："我们坚持把实现人民对美好生活的向往作为现代化建设的出发点和落脚点，着力维护和促进社会公平正义，着力促进全体人民共同富裕，坚决防止两极分化。"因此，在协调推进全面建设社会主义现代化国家、实现第二个百年奋斗目标，以中国式现代化全面推进中华民族伟大复兴的时代背景下，必须深入贯彻党中央的指示精神，及时评估、调整各项分配政策，注重解决好城市贫困人口获取权利的机会和渠道不足问题，确保与其他社会群体能够同等地获得各方面的权利，并增加更多的资产，以增强其面对冲击时恢复脱困的自立能力。

一、促进就业，保障贫困人口的劳动权

就业作为一种创造补偿性收入的手段，具有将就业提供与现金工资相结合的显著优势。要解决城市贫困，必须促进就业，只有稳定就业，才会减少人们陷入贫困的概率。针对当前城市贫困人口在就业过程中存在的各种显性和隐性的排斥现象，应从以下几个方面着手，消除就业歧视，施以权利救济，保障劳动者的公平的就业权利和就业机会，最大限度地实现社会充分就业。

第一，强化就业优先政策。要加快产业转型升级，积极推进产业融合，通过优化调整产业结构，稳定制造业就业比重，提高服务业比重，发展新兴产业和民营经济，创造出更多的就业岗位，实现产业增长点和就业

---

① 中共中央党史和文献研究院. 十九大以来重要文献选编：上 [M]. 北京：中央文献出版社，2019：17.
② 姚尚建. 城市减贫的权利再现 [J]. 理论与改革，2020（3）：98-106.

增长点的有机结合，不断扩大就业规模。同时，要加强对各种灵活的非正规就业的扶持。非正规就业是解决城镇职工再就业问题、加快农村劳动力转移、促进社会经济稳定的一条重要途径。在我国城市中还存在着很多非正规就业者，我们要积极利用非正规就业的力量，通过加强监管、引导、扶持、培训，进一步提高城市低收入者的就业机会和空间，减少城市贫困发生率。具体而言：政府必须转变观念，从制度或法律层面上给予非正规就业者公平的社会地位和待遇，并加强正面宣传和引导；政府要正确处理和小摊小贩之间的关系，应给予小摊小贩合法的地位，在治理时宜疏不宜堵；政府应大力扶持小资本和小经营者，为他们提供宽松的谋生环境，如注重关口管理为过程管理，降低非正规就业门槛等；帮助非正规就业组织获得融资的机会，建立非正规就业补贴优惠制度，扩大税收减免政策的覆盖面；完善非正规就业的社会保障。

第二，完善就业制度，促进就业公平。就业机会并不仅是获得一份工作，而是体现在多个方面。国家劳工组织曾将就业机会界定为"包含得到职业培训的机会、得到就业的机会、得到在特殊职业就业的机会以及就业条件"。联合国在《经济、社会和文化权利公约》中提出，平等就业机会应该包括平等地自由选择职业的权利、获得平等的就业和职业培训的权利、不得任意解雇的权利、同等的提升机会和同工同酬。因此，平等的就业机会不仅仅是国家通过多种形式，为广大劳动者提供一份工作那么简单，它还包含了使劳动者通过平等的就业机会进一步获得就业、公职及相关待遇的社会经济权利，其本质是人们在获取工作和取得相应待遇时，能否被公正对待。制度是社会全体成员能够共同遵守的规章或准则，科学合理的社会制度是实现社会秩序稳定的重要保障。各项就业制度制定得公平正义，是我们追求就业公平的首要前提。其一，完善职业标准和职业准入制度。新时代应规范招人用人制度，打破就业的地区和行业壁垒，取消包括性别、地区、城乡等在内的就业歧视，以促进劳动力要素的自由流动，增强劳动力市场包容性。特别是要清理和取缔对农民工的一切歧视性规定和不合理的限制，不得在城市就业的条件和范围上设置任何关于对劳动者户籍和来源地的限制。以婚姻、生育为由对女性施加不合理的就业限制必须要坚决杜绝。消除就业招聘中的"35 岁"门槛现象。对于有特殊要求的职业，如果确实对求职者的年龄、性别、身高和体能有特殊要求，则应遵守公开原则，解释清楚其限制的理由与必要性。其二，健全社会保障制度。一个完善的社会保障体系是社会公平正义的重要体现，就业与社会保障制度实际上是相互联系的、整体的政策体系。一方面，就业是社会保障的先决条件。只有社会实现充分就业，才能为现代社会保障制度提供资金来源。另一方面，社会保障可以有效缓解就业矛盾，解决劳动者疾病等重大风险的担忧。社会保障体系的不完善，会损害我国就业公平的环境。就目前而言，我国还需要进一步加强社会保障体系与就业制度的衔接。其三，深化教育改革以推动教育公平。"扶贫先扶志，扶贫必扶智"，扶智的关键在于教育，特别是职业教育。教育能够推动劳动者更好地就业，对有劳动能力的贫困人口的教育不仅能使他们获得工作所需的知识和技能，而且能改变他们的思维方式，培养他们的创造力和创造能力，不断提升其自身竞争能力，使他们立足社会并逐步改善自身贫困、落后的面貌。因此，要积极发展职业教育和成人教育，秉持愿培尽培的原则，持续大规模开展职业技能培训，努力建立职前、职后教育与培训的衔接体系，适应国情特点，促使初级、中级和高等职业教育和培训与普通教育和成人教育相联系，提高职业技能培训的针对性和实效性，鼓励城市年轻的贫困人口积极参加专业技能培训，提高就业能力。

第三，健全就业公共服务体系，为劳动者就业提供有效服务。没有制度化、专业化、社会化和有效的公共就业服务，就不可能实现充分的社会就业和公平就业，政府在其中应发挥主导作用。其一，强化公共就业服务体系的制度支持和保障。劳动力市场的运行依赖于市场规则的运行，我国要进一步加强劳动力市场方面的立法工作，为确立劳动力在劳动力市场上的主导地位提供相关体制支持和保障，以实现劳动者职业自主权、平等机会和获得就业服务的权利。其二，建立覆盖城乡的公共就业服务体系。城乡双方要共同构建城乡社区公共就业服务网络，稳定拓展社区超市、便利店和社区服务岗位，建立外来农民工就业信息平台，将公共职业培训信息、相关政策和职业咨询服务扩展到基层。同时，必须发展中介机构和引导社会力量参与就业服务，向劳动者提供就业安置、职业指导和就业信息服务。其三，推动就业服务资源适当向重点群体倾斜。要确保不同区域之间在就业公共服务上的服务项目、服务方式和服务资源方面大体相当，在此基础上，推动就业服务资源适当向高校毕业生、农民工、退役军人等群体倾斜，特别是要加大对残疾人、零就业家庭等城市困难群体的一对一精准帮扶力度，确保公共就业服务有效地惠及各个群体，为扩大就业规模、提高就业质量、改善就业结构提供制度保障。

第四，健全就业机会公平的法律制度建设，为实现公平就业营造良好的法治环境。就业是解决城市贫困问题的最有效途径，只有加强对劳动者权益的保障，才有可能进一步缩小城市贫富差距。要完善相关的劳动法律法规，确保面对劳动者合法利益遭受侵害时有法可依、有迹可循，政府要充分保障劳动者选择就业的权利，保障劳动者拥有公平的就业机会，使就业程序更为规范化，营造在面对劳动者和雇主产生劳资纠纷时更具有可操作性的法律环境。具体而言：其一，尽快出台公平就业法，纠正一些地方和部门违反劳动法规和法律的歧视性规定。同时，研究制定规范劳动时长和避免长时间连续工作与超时加班的条例，尤其是要加强对同工同酬的法律保障。其二，加大对就业歧视的惩罚力度。政府作为社会公共利益的代表和倡导者，在确保就业公平方面负有重要的责任。要利用法律和监管工具，进一步加强对就业歧视行为人的制裁。其三，加大对就业弱势群体的法律援助，不断提高其法律意识和权利保护意识。在经济高度发展过程中，我国城市贫困人口的构成也有了很大的变化，除了传统的"三无"人员，还包括下岗职工、低保边缘户、农民工、毕业大学生、低收入退休人员等群体。一些以往不属于贫困范畴的人员，也有可能会因为产业结构调整、市场波动等因素成为就业弱势群体，这是我们需要关注的。政府要整合资源，充分关怀就业弱势群体，实现最大程度的公平。就业弱势群体一直以来是一个特殊的群体，真正做到对他们的法律援助，要在思想上进行革新，加强与普法部门的联系和协调，提高对法律援助工作的认识，从而不断强化劳动者的维权意识，碰到危害劳动者合法权益的情况，劳动者需要明白自身有何权益、如何维护权益，并且主动维护自身权益，才能保证更为公平的劳资关系。在向就业困难者提供法律援助方面，应强调国家的社会责任，不应将政府向就业弱势群体提供的法律援助视为施舍。同时加强政府对改善就业困难者社会福利制度的责任，并将法律援助制度与社会保障、税收等方面联系起来。

二、提高劳动报酬，保障贫困人口薪资权益

相关数据显示，低保边缘家庭的第一大收入来源为劳动收入。[①] 新时代推进城市贫困治理，必须保障贫困人口的薪资权，不断增加其劳动收入。

第一，完善最低工资标准和工资指导线形成机制。最低工资保障的最低生活水平是职工的最低生活水平，如果受物价上涨等因素而下降，就会直接危及职工及其家属的生活条件。当保护职工和及其家属与企业承担人工成本的能力难以兼顾时，合理提高职工的最低工资标准，保障职工及其家属的基本生活条件，应该是首要目标和基本底线。自 2003 年《最低工资规定》颁布后，各地积极调整最低工资标准，以更好地保障低收入职工的薪酬权利。未来仍应根据经济发展、物价水平等因素不断调整最低工资标准，构建工资正常增长机制。对于可能给部分企业利润和就业带来的负面影响，建议政府可以采取减税、政策扶持等综合配套措施，适时适当

---

① 王杰秀．中国城乡困难家庭社会政策支持系统建设数据分析报告：上 ［M］．北京：人民出版社，2019：12．

降低社保费率，减轻企业负担，为职工工资的正常增长提供可持续保障。但如果是原来的工资基础较低的情况，即便确定了增长幅度，也不能保障工资反映劳动者的劳动要素的贡献和企业的实际经营情况。为克服这一弊端，可以构建以劳动者的社会功能工资为标准的工资制度，作为最低工资水平和工资指导线的依据。即从劳动报酬对于劳动者自身和家庭及整个经济社会运行和发展的影响作用等社会功能来评价和界定劳动工资水平。①

第二，积极推行工资集体协商制度。这一制度旨在由劳资双方通过集体民主协商来促使本企业工资分配形式和分配水平的方案优化，它是在市场经济条件下保证工资增长的根本途径。目前，我国集体谈判大都是在上级组织的推动下启动运行的，很难看到职工的诉求表达与愿望，更谈不上职工主体的直接参与。造成这一现象的原因大概有以下几点：一是雇主和劳动者之间的组织化程度较低；二是工会仍存在一定程度的错位现象，大多数仍是由政府主导的半官方组织，在工资谈判中对保护劳动者利益的功能发挥不足；三是集体谈判制度本身仍有待完善。这样一来，劳动者只能成为劳动力市场上的单一个体的被动接受者，从而导致很多私营部门的从业者工资普遍较低。为此，需要着力推行区域性、行业性职代会制度，完善私营企业内部利益协调机制和工资集体谈判机制。集体协商制度体系中需要进一步完善工会制度、劳资对话和劳工利益表达机制。这两项制度有利于使市场环境下企业雇员新手水平从"提低"的侧面缩小收入绝对差额。从工会层面来说，关键是要处理好党对工会的领导与工会独立性之间的关系。为处理当前在工资协商工作中"不敢谈"的困境，使工资协商富有成效，必须坚持在党的领导下，形成独立于企业管理者的基层工会机制，向社会招聘职业化、社会化的工会主席，使其独立于企业，工资

---

① 王云中，苑芳. 社会功能依据：当前中国劳动者报酬的界定［J］. 马克思主义研究，2011（12）：55-60＋158.

薪酬由企业和工会的特定经费解决。在一些的较小的企业，可以组建企业间的联合工会，或直接由行业和地区工会负责，从最大程度上保证工会主席有效履行维权职能。从劳资对话和劳工利益表达机制层面来说，我国可以参考英国所实行的"低收入委员会"模式，即成立特定的委员会，由法律专家、劳动者代表、政府官员和企业代表等构成其成员，举办最低工资方案的辩论和提议意见。当委员会与政府出现不同意见，政府可以把这一方案交予同级人大常委会，通过其讨论裁定最终方案，进而维护劳动者在工资分配上的权利。由于最低工资制度也和社会发展、人民生活脉脉相通，因此，在专家委员会之外更要援用民众参与听证，从而汇集各方代表，听取不同声音，进一步维护、调和各方利益，提升裁决效能。

第三，加强最低工资的立法。在最低工资标准的立法上，需提升层次，尽早出台全国性的最低工资法及其相关的处罚制度，尽快统一最低工资内涵，定义其范围与标准，从立法层次切实保障低收入者的工资水平。目前，我国各省（自治区、直辖市）在最低工资的内涵上还存在不同的标准，主要分歧在于最低工资标准是否包含个人交纳的住房公积金和社保费用等。伴随经济不断进步，最低工资标准还需要在纳入劳动报酬的同时，进一步加上住房公积金和社会保险等。而今我国仅北京和上海等少量地区，把个人交纳的社会保险算在最低工资标准内。尽管不同地区间具有经济事实差别，然而，也不可就此放任地方自行定义最低工资制度的内涵，更不可因某一省份的特殊情况妨碍劳动者权益。因此，人力资源与社会保障部门应该经由行政规章细化全国性法律，更加具体的划定最低工资内住房公积金与社会保险费的规模区间，不同地区可以因地制宜采用区间中的某一比率，从而符合不同省（自治区、直辖市）的需要，也利于法律的统一性。此外，尽管最低工资的立法主要是为了维护劳动者的权益，保障其基本生活，但同时也应对其对社会与经济效益予以考量。如果仅仅关注劳动者，而不考虑最低工资标准在经济方面的效益，定会疏忽单位企业的利益，造成在最低工资提高的同时，企业不胜重压，个别企业倒闭，不利于经济发展，进而给劳动者就业带来负面影响。因此，必须综合考虑各方利益，对最低工资制度的对应社会、经济影响进行长远考虑。

三、赋予城市贫困人口更多财产权利

真正的按劳分配不仅包含劳动的工资性收入，而且还应包括劳动的财产性收入。在城市贫困治理中，保护城市低收入群体的资产，帮助其管理投资，应成为今后一项重要的社会政策。这种政策背后的理念在于，资产的功能不仅在于占有，还能激发贫困人口不断努力、勇于承担风险和创造未来、积极参与社区生活等一系列积极的行为结果。党的十八大进一步提出，要"多渠道增加居民财产性收入"。作为个人可支配收入的重要组成部分，财产性收入的增加是有效拉动城市贫困人口收入持续较快增长、改善人民生活不可或缺的重要一环。

第一，创新金融体系。多元化的金融产品有利于充分提升人民的财产性收入，进而有利于缩小逐步扩大的收入差距，进一步健全按要素分配的体制机制，推动收入分配更加合理有序。其一，加强金融产品的多元化。金融产品的多元化，对人民群众的财产性收入具有十分重要的影响。要抓紧清除金融市场的歧视性障碍，形成一套机构多元化的金融体系，推动多层次资本市场健全成长，向人民群众供给充足的金融服务、产品，消除金融市场的发展不足，撬动居民财产性收入的提升，从而实现中等收入阶层的扩大化。其二，大力推动专业性普惠金融发展。以着力推动普惠金融发展为先决条件，融合互联网的新型技术，更加有利于通过普惠金融实现普通人民的财产性收入提升。譬如，已有的 P2P 网络借贷、京东小金库理财、余额宝、理财通、众筹等产品，畅通了普通人民的理财渠道。其三，要加强对金融体系的监管。多元化的金融产品与兴起的互联网金融，对于充分提升中低收入者的财产性收入水平具有部分作用，这同时也体现了以后的发展走向。但是，针对创新产品接连冒头的金融市场，监督管理变得越发棘手。因此，实时开发能和金融市场新情势相匹配的执法措施，建立一批专业金融人才刻不容缓。另外，还需进一步健全相关制度，如涉及违反法规举动的处分制度、拓展中小投资人的维权途径制度、关于中小投资人的补偿求援制度等等。通过法制化、规范化的发展，保障我国金融市场的健康发展，使人民群众拥有更多可以稳固提升财产性收入的途径，增加中低收入群体的财产性收入。

第二，明晰要素产权，建立人力资本产权，保障居民拥有财产性收入的造血能力。人力资本财产权是对个体中能够产生经济价值的知识、技术以致健康程度等实现占领、使用、措置、利益分派的权利，为劳动者根据其所具备的知识、技术、经验、熟练水平、管理能力、健康等能力与素养而获得的产权。区别于企业的员工持股、高管股票期权、岗位风险股，获取人力资本产权无须持有人通过物质资本出资，只需借助劳动者的人力资本就能够建立。习近平总书记指出："劳动是财富的源泉，也是幸福的源泉。人世间的美好梦想，只有通过诚实劳动才能实现；发展中的各种难题，只有通过诚实劳动才能破解；生命里的一切辉煌，只有通过诚实劳动才能铸就。"[①] 特别是对于城市贫困群体来说，他们最大的资本就是所拥有的一般劳动力。因此，若要解决好初次分配里的公平问题，切实提高居民收入。首先，政府要从法律上证实人力资本所有权隶属人力资本载体，通过立法形式真切划定人力资本所有者除身为物质资本所有者的聘用者外，也与物质资本所有者一般具备资本投入的权利，能够获得企业的剩余分享权、控制权，如此完成物质资本产权与人力资本产权的有机融通、平等协作，对抗物质资本所有者在劳动者权利上的掠夺。其次，政府要健全人力资本产权权能组织。由于人力资本产权权能的多样化，建立人力资本产权制度的时，应当健全人力资本产权权能组织，界定权能归属，继而健全市场机制配设人力资源的根底，激发政府、企业、个人等投资主体，加入开

---

① 习近平谈治国理政：第 1 卷 ［M］. 北京：外文出版社，2018：46.

发人力资源的主动性，加大劳动者在企业剩余价值分配协商之中的参与权利。

第三，依法加强对公民财产权的保护。目前我国已经制定了《中华人民共和国物权法》《中华人民共和国证券法》《中华人民共和国所得税法》等与财产性收入相关的法律制度，但有一些法律还需进一步完善。例如，资本市场还存在着信息披露不规范、大股东操纵股市等问题，导致中小投资者的合法权益得不到法律保护。《住房公积金管理条例》还不利于农民工群体获得不动产。这些法律制度都需要不断修订和完善，以创造一个更加公正公平的法律环境，保障居民财产性收入不受侵犯。

第四，加强市场监管，保护城市居民投资的合法权益。其一，加强证券市场监管，规范股利分配。随着我国金融市场威力的逐步释放，股息和红利将不再是富裕人群的专属品，而成为全体公民获得财产性收入的主要方式之一。因此，有必要规范上市公司的股利发放，严厉打击内幕交易行为。其二，调控房地产市场，促进财产性收入合理增长。住房作为我国根文化的一种形式，是居民愿倾其所有为之付出的财产。然而，当前房地产市场恶意炒房行为的存在，致使居民此类财产的财产性收入不具有持续的稳定性。为此，政府要坚决贯彻"房住不炒"定位，加强对投机性行为的引导和打击，还原房产的居住属性。同时，也要稳定房地产价格预期。这是因为对于城市低收入群体来讲，其承担风险的能力是脆弱的，一旦生计出现问题，其财产性收入将趋近于零。此外，可以考虑增加廉租房、经济适用房等保障性住房的供给，让中低收入群体能够保留一部分剩余收入投入到其他财产上，从而获得一定的财产性收入。

四、完善再分配机制，促进社会公平稳定

再分配是在初次分配的基础上由政府主导重新进行分配的重要手段，是缩小收入差距、维护社会公平、增进人民福祉的有效途径，也是政府履

行其调节收入分配职能的应有之义。相关资料显示，2019 年城市低保家庭的第一大收入来源为转移性收入，占家庭总收入比例的 61.21%。① 新时代治理城市贫困，必须要充分发挥再分配的调节机制，在再分配调节中更加注重公平，着力提高城市贫困治理水平。

第一，深入推进税收制度改革，发挥其调节收入分配的作用。税收是国家财政收入来源的主要手段，有着极强的调高的高能，是对初次分配结果进行直接调控的工具，适度的宏观税负、科学合理的税收制度对于完善国民收入再分配格局、促进社会公平发展具有十分重要的意义。但是现阶段我国税收制度仍然存在着一些需要进一步解决的问题，如间接税的比重过高、个人所得税不够完善等，因此必须推动税收制度改革。一是健全直接税体系。要完善税制结构，提高直接税在税收中的比重，降低间接税在税收中的比重。直接税是按照支付能力原则"区别对待"的，能够促使更富裕成员对公共金库作出更大贡献，从而转化为扶助贫困人口的支出，增进其福利。但目前我国税收收入中将近 70% 都来自于间接税，必须尽快调整这一比重，推动我国税制结构由间接税为主向直接税为主转变。具体来说，就是要适时开征房地产税、遗产税与赠予税。近年来，随着房地产市场价格预期的不断拉升，居民也同样非理性地将投资更多放在房地产购置上，从而造成财产分配中房地产占比一支独大的局面。房地产税是调节存量财富的重要手段，目前来说，各项开征房地产税的相关条件已基本成熟，要积极推动相关立法工作，抓住时机适时开征，抑制城市的房价，构建地方税系。遗产税与赠予税对调节财富的边际差异、抑制财产分配的代际传递的作用，也应得到充分重视并积极予以推进。二是推进分类与综合相结合的个人所得税改革。个人所得税是调节收入分配最有力的工具。结合当前形势，一方面，要改变个人所得税的征收模式，把工薪所得与其他

---

① 王杰秀. 中国城乡困难家庭社会政策支持系统建设数据分析报告：上［M］. 北京：人民出版社，2019：12.

收入尽可能综合的基础上，降低低档税率，体现量能负担原则。另一方面，个税改革要从单一地调整个税起征点等举措转向综合改革，既要保证个税的覆盖范围广，又要增加"零税率"档，以保证城市贫困人口尤其是低保边缘户不再被税负压力所困扰。

第二，健全覆盖全体社会成员的社会保障体系。社会保障能够运用多种直接或间接的手段为弱者的能力提供援助，从而预防剥夺和弱势。城市贫困群体往往因其可行性能力有限和具体条件不足而在参与社会保障方面处于不利地位。新时代应坚持应保尽保原则，加快健全覆盖全民、统筹城乡、公平统一、可持续的多层次社会保障体系。其一，完善社会保险体系。社会保险制度改革作为完善社会保障体系的重要一环，要结合时代发展，调整社会保险的保障内容及保障标准。切实履行 2020 年中央一号文件所提出的"放宽失业保险稳岗返还申领条件、开展新业态从业人员职业伤害保障试点"。在当前就业形势更加多元化、人口高流动性的条件下，由以居民户籍为依据，调整为覆盖常住人口参保，提高参保质量。建立正常的调整机制，不断适度提高，加快形成以职工保险为主体，居民社会保险为兜底的保障格局。同时还要积极推动社会养老的发展，减轻财政养老的负担，形成多样化的养老制度。[①] 进一步完善医疗报销制度，切实解决低收入人口的疾病治疗和医疗报销问题。优化调整失业、工伤保险的使用范围，帮助农民工、非正规就业群体更好地抵御意外风险和降低贫困程度，防止贫困程度进一步蔓延甚至严重化。在建立更加便捷的社会保险转移接续机制的基础上，尽快实行社会保险的全国统筹和统一管理、统一支付和统一结算制度，增加社会保险、社会统筹中国家财政支付比重，不断提高保障水平和保障待遇。为降低城市贫困人口在生产生活中面临的各种风险，可以有针对性地开发一些与需求相匹配的扶贫保险产品，以满足其

---

① 解垩，李敏. 相对贫困、再分配与财政获益：税收和转移支付的作用如何？[J]. 上海财经大学学报，2020，22（6）：3-20.

多元化的保险需求。其二，统筹城乡社会救助体系。新时代应完善最低生活保障制度，健全城乡低收入群体基本生活保障标准与物价上涨挂钩的联动机制，逐步提高救助标准，优化保障结构设计，提高保障资金使用率。解除其他社会救助项目与低保制度对象识别机制的挂钩，以便使足够多的城市贫困人口能够获得低保和整个社会救助制度的帮助。围绕城市贫困家庭的需要，特别是受疫情灾情影响的城市贫困群众，健全分层分类的社会救助体系。例如，上海市于 2013 年起实施的、2016 年修订的《上海市因病支出型贫困家庭生活救助办法》，对解决日益突出的支出型贫困取得了积极的帮扶效果。同时，进一步将最低生活保障、灾害救助、失业保障、再就业培训和服务、教育与医疗救助等制度和政策整合为一体化的城市贫困救助体系，通过综合评估申请者在多少个维度上处于贫困状态以及在各个维度上的贫困程度，形成一些"套餐组合"，构建综合救助格局，进一步丰富和完善社会救助项目，实现社会救助"一门受理、协同办理"，从而面向不同需求的申请者提供资源和服务，提高社会救助的针对性和适应度。继续扩大救助范围，将从低保和特困人口的覆盖范围扩大到城市低收入人口，同时将救助项目的一部分从户籍人口扩大到常住人口，以便所有居民都能最终在常居住地获得救助，并不断提升最低生活保障的筹资层次。在进行制度设计时还应当贯彻预防贫困的理念，在上游消除贫困产生的条件和机制，主动回应和解决社会问题，提前干预的时机，防患于未然，形成对城市贫困人口的社会保护。同时提高社会救助精准化水平，健全社会救助对象精准认定机制，从而实现扶贫资源的最佳配置。在大数据时代，还应积极推进"互联网＋社会保障"，形成不同区域、不同部门之间合理有效的协作机制，消除信息壁垒，推动社会保障制度功能更好地发挥。其三，完善社会福利制度。社会福利属于社会保障体系中的最高层次，是由政府主导的，随着经济的发展，不断满足人们日益增长的物质和精神需要，提高人民生活水平和质量的相关社会服务与各类津贴。新时代我国社会福利应及时补上养老服务、儿童福利短板，进一步发挥促进教育事业发展的作用。[①]

　　第三，增加民生支出，增强转移支付的再分配功能。转移支付是中央政府返还地方财政、平衡地方财政的重要手段，也是支撑地方政府利用这些资金，对一些低收入群体进行生活保障，以达到调节收入差距目的的重要手段。因此，新时代推进城市贫困治理，要建立更加规范、透明、公开的转移支付制度。其一，要完善转移支付结构。要结合各地区发展实际情况及现实需要合理调整一般性转移支付，要向全社会公开转移支付的设置因素、设置条件等信息，建立政府扶贫部门和贫困人口之间的沟通平台和机制，增强社会公众对转移支付的了解度和认可度，真正减少城市贫困人口在财政转移支付过程中利益被剥夺的现象。[②] 例如，通过实地走访和调查的方式，完善城市低收入群体的实名登记制度，从而加强对贫困人口的针对性救助。同时要减少转移支付资金的种类，优化调整资金投向，加大对涉及人民群众切身利益相关项目如教育、卫生保健支出的转移支付力度，坚决压缩行政管理费用的支出，适当降低经济建设支出比重，普及义务教育和基本医疗服务，解决城市贫困人口"因贫失学辍学""因病致贫""因病返贫"问题，提早防范贫困风险的发生。特别是要建立稳定的教育财政投资增长机制，加大对城市贫困人口后代的教育投入，促进各级各类就学机会、就学优质学校机会的公平，从而阻断城市贫困代际转移。其二，要在转移支付中处理好各级政府间的财政关系。逐步确立为基层组织提供支持的财政机制，充分发挥基层组织的基石作用，切实推进基本公共服务均等化。其三，要重视区域发展差距，加强横向转移的试点工作。当前，东中西部地区发展水平差距较大，东部发达地区有条件带动和帮助中西部不发达城市实现经济发展，从而实现转移支付的纵向和横向综合发

---

　　① 郑功成. 面向 2035 年的中国特色社会保障体系建设：基于目标导向的理论思考与政策建议 [J]. 社会保障评论，2021，5（1）：3-23.

　　② 解垩，李敏. 相对贫困、再分配与财政获益：税收和转移支付的作用如何？[J]. 上海财经大学学报，2020，22（6）：3-20.

展，推动转移支付在新时代城市贫困治理中发挥出更大效能。同时，应继续把支出重点放在中西部相对偏远地区的低收入者身上，加强"造血"式的转移支付，使转移支付在减轻贫困和缩小收入差距方面充分发挥作用，从而逐步缩小贫困地区和发达地区之间的收入差距。其四，要设计科学合理的效益评价与考核指标。可以通过建立监督人员资格认定制度、制定监督工作量化考核办法、建立监督者再监督制度、实行监督责任追究制度等形成行之有效的监督制约体系，确保资金使用效益的最大化。

五、继续完善"第三次分配"

第三次分配即以初次分配、再分配为基础，促进社会财富和资源第三次流动的完成。2016年《中华人民共和国慈善法》颁布后，党的十九届四中全会明确指出要"重视发挥第三次分配作用"[①]。这是党中央首次将第三次分配纳入我国的收入分配体系，确立了慈善事业在我国经济社会发展中的重要地位，对于新时代城市贫困治理工作释放了积极信号。同时，中华民族历来具有行善、帮助困难者、善待世界的传统美德，儒家所讲的"仁爱"，墨家所讲的"兼爱"，佛教所讲的"慈悲"，道教所讲的"积德"，虽然在表述上不尽相同，但都蕴含着救人济世、福利为民的慈善思想。并且，目前我国业已成为世界第二大经济体，出现了一定规模的富裕阶层和中产阶层，具备了发展慈善事业的良好物质基础。总之，发挥第三次分配的作用，是新时代完善分配制度的基本途径之一，要大力发展慈善事业，加大对低收入阶层特别是社会最低阶层和生活不幸者援助力度，努力使第三次分配在再分配上的有益补充蜕变成有效补充。

第一，构筑参与慈善事业的激励机制，发挥企业社会责任作用。推动企业积极投身公益慈善事业的关键在于通过税收优惠、价值引导等方式，

---

① 中共中央关于坚持和完善中国特色社会主义制度　推进国家治理体系和治理能力现代化若干重大问题的决定 [N]. 人民日报，2019-11-06 (1).

大力构筑参与慈善事业的激励机制，激发其参与慈善事业的内生动力。其一，应利用舆论的力量，将企业的捐献状态及时向社会发布，宣传报道其慈善行为，通过各式慈善捐献榜的名次排列，让慈善企业感受社会的普遍认可与崇敬，进一步增强企业参与慈善的动力；其二，要贯彻税收优惠政策，针对企业的捐献状态给予税收优惠，使其拥有足够的热情度和信任度；其三，要健全企业信用评级制度。当前的企业信用评级仍不健全，而慈善捐献恰展露了企业的社会信用，因此可以把企业慈善捐献归进其评级指标，进而动员企业的慈善供应。只有通过增强税收优惠，应时布告其慈善状态，且和信用评级相关联，第三次分配才能得到进一步的发展提升，从而增进城市扶贫的效果。

第二，推动慈善组织的机构建设，增强慈善组织的公信力。政府应设立专门的慈善组织管理机构，统一监管与调和慈善组织，解决当下多元监督主体之间扯皮和互相推脱的不利形势。应进一步推动慈善组织的人力资源建设，增强慈善工作人员的综合素养。应动员富裕群体与企业出钱设立多类社会基金，并让独立的基金管理委员会进行管理，根据基金章程划定的用途运营，如用在赞助教育、医疗、科学研究、卫生、文化，抑或用在救难、扶贫帮困和助学等慈善事业。应加强慈善组织与基金会的评价监管工作。慈善组织、基金会必须加强法律保障、政府监管、社会监督和内部监控，贯彻透明化管理，畅通问责与投诉渠道，贯彻对慈善组织的监管评价，增强民间慈善组织的公信度，使得捐献款的运用、项目的建立具备良好的信用，营造群众自愿捐献的社会氛围。

第三，打造"人人为我，我为人人"的城市扶贫新氛围。要判断一个社会的文明程度，一个重要依据在于社会成员参与公益慈善的广度、深度。公益慈善除了关乎钱与物，更关乎社会成员的精神、道德，这是第三次分配的关键思想源泉。公益慈善的首要力量，恰为最广大的人民群众。应弘扬扶贫济困的传统美德，引导、动员和鼓励更多人加入公益慈善事业，除了一部分高收入阶层尤其是先富阶层，还应鼓动更多有责任、爱心和担当的热心群众，为那些需要帮助的城市贫困群体贡献一份力量。推崇人人参与公益，人人贡献，人人得益，也就是每个人均应体贴他人，关注公益，为社会作贡献。企业家等富裕人群因其经济实力较强，不容辩驳的应当在公益慈善事业中占有重要地位。然而，公益慈善并不单纯是富裕人群的专属。所有社会成员均应树立公益慈善意识，增强进行公益慈善的主动性，个人可以通过爱心捐赠、志愿服务和结对帮扶等途径参与进来，通过人人献出一份爱，充分整合和利用社会资源，汇聚出援助城市贫困群体的庞大的公益力量。

第四，积极完善第三次分配的体制机制。为了加强社区非政府组织与政府和贫困人口之间的有效互动，政府部门还应颁布专门法律，落实合作保障。虽然《中华人民共和国慈善法》的颁布保障了慈善组织的利益，规范了慈善组织的发展，但在法律上，政府与非政府组织之间的合作机制尚未明确，非政府组织权益难以得到保障，合作实施各环节还存在法律缺位现象。因此，要改革慈善体制，特别是社会组织管理体制，增强社会组织的独立性，必须尽快出台《社会组织登记管理条例》，构建政府、市场、社会组织相互合作、相互促进的社会治理格局与管理体制，提高慈善机构参与城市扶贫减贫的积极性和主动性。此外，需要不断完善第三次分配的制度体系。这些制度包括公益企业的税收减免制度、慈善组织的捐赠制度、社会救助制度等。进而从价值层面、制度供给、组织架构、实现机制、利益平衡和政策工具等方面，形成实现第三次分配制度创新的治理之道。

六、规范收入分配秩序

混乱的收入分配秩序易导致收入分配不公，严重拉大收入差距。规范收入分配秩序是提高城市低收入者收入水平的必然要求。

第一，改革权力运行约束与监管体系。其一，改革与健全权力约束体系。健全我国的权力约束体系，合理配置决策权、执行权、监督权，划清每一部门与其内部在权力和职责上的分界线，明晰自身的职责和权限，确保权责统一、职责定位精准，保障权力的正确运用与高效运转。完善约束权力的机制，以法律制度约束权力主体在权力运用上的职责界限与执行规范，推动领导干部清廉、依法执政。强化市场与道德在约束、规范权力方面的力量，削弱行政权力在微观经济活动方面的干涉，防止行政垄断、非竞争性现象，同时加大对领导干部政治素养、政治道德的培育力度，发挥道德潜移默化的约束功能。其二，建立健全权力行使的监管体系。在权力监管的整体规划上加大力度，通过加大党内监督力度、重视人大监督、加强对政协民主监督的支持、加大群众监督和舆论监督的力度，进一步建立健全权力运行监管体系，对腐败行为如权力寻租、权钱交易等予以严厉的打击和取缔，严防权力私有化、暗箱化和资本化。

第二，建立群众的多层利益表露体系。其一，健全群众利益表露的制度保证。应科学推选出可以表达不同阶层人民需求与利益的人大代表，充分发挥人大代表行使代表群众利益诉求、调和群众利益关系的功能。推动弱势群体代表参与人民政协，加强对基层群众在政治参与意识、能力方面的培养力度，使基层群众能够享用越来越多的民主权利，从而通过正常渠道保护其利益、反映其诉求。其二，要鼓励群众合理表露自己的利益诉求。加大对人民群众进行法制宣传教学的力度，让人民群众通过法律程序表露利益诉求，通过法律方式处理纠纷、通过法律武器保障自身权利。疏通依法化解利益矛盾、摩擦的渠道，健全仲裁诉讼、行政复议、司法调解等法律途径，降低费用和门槛，使人民群众更情愿行使法定程序。增强司法调和社会利益矛盾的力量，司法机关需研究当下社会的主要矛盾摩擦，制定与贯彻有关司法指导建议与阐释，化解社会重难点问题，增强司法公信力。其三，扩大群众合理化的利益表露途径。就政府而言，要牢牢把握服务型政府这一观念，重视处于弱势地位的城市贫困人口的利益诉求，要建立完善社情民意传达体系、健全人大与政协代表体系、完善信访快速反应联动体系等涉及群体利益表达的体系，使得利益遭受损害的群众可以合理有效地表露其利益诉求，要通过互联网等信息技术，健全利益表达的途径，加强利益表达的时效性。就民间组织与网络媒体平台而言，应发挥好联络政府与城市贫困群体的桥梁作用，向政府部门有力反映城市贫困群体面临的现实困难；网络媒体平台需充分利用其传播速度快和影响规模大等特点，为城市贫困群体创造全新的利益表露途径。

第三，加大收入分配领域的立法、执法力度。其一，深入完善收入分配的法律规章。在初次分配方面，应加快出台工资支付法，健全工资增长机制、工资集体谈判一系列工资指示制度；认真贯彻《中华人民共和国劳动合同法》及《劳务派遣暂行规定》，维护劳动者的正当权利，改善劳动者收入，推动同工同酬的实行。在再分配方面，应健全税收基本法，大力发扬税收在缩小收入分配差距方面的功能；出台资源税法，确保国家资源的长期、可持续开采与出让利益共享；健全《中华人民共和国预算法》，监管约束国家财政预算，推动财政预算更加偏向民生领域；完善《中华人民共和国社会保险法》及其实施细则，促进城乡统筹的养老保险制度出台；出台户籍法，破除户籍制度在城乡居民共享平等社会福利待遇方面的约束，促进城乡一体化发展。在第三次分配方面，进一步健全《中华人民共和国慈善法》，推动慈善事业更加规范化与法制化，大力发扬其缩小收入分配差距的辅助功能。其二，增强收入分配方面的执法力度。应增强与劳动相关的法律规章的执法力度，督促各单位落实最低工资等一系列法律规章，维护劳动者的正当权利，改善劳动者报酬。依法管束垄断行业，肃清行政性垄断等取得的高收入，认真执行《中华人民共和国反垄断法》，实行竞争机制，更好地管理垄断行为与收益。依法增强管控收入分配关系的力度，逐步提升低收入者收入，推动合理、规范的收入分配秩序的形成。

第四，规范各类收入。当前，农林牧副渔职工的平均工资普遍低于电力、通信、金融、保险等行业，这样的分配结果加剧了收入分配的不公，有悖于生产资料公有制下的分配公平与正义。因此，必须完善垄断行业工资总额和工资水平双重调控政策，加强对垄断行业的监管和审计，对垄断行业的各种税收、价格等方面加强调控。完善垄断行业企业内部工资分配的制度改革，加大对垄断行业职工收入的税收调节力度，防止行业收入差距扩大。同时，规范其他领域的各类收入。推进行政和事业单位工资制度改革，规范各类津贴和奖金的发放，完善事业单位科研课题和研究项目经费管理办法，激发科研人员的积极性和创造力。完善领导干部财产公开制度。进一步推进费改税，清理整顿各种行政事业性收费和政府性基金。

第五，健全现代支付和收入监测体系。公开透明是最好的监督和制约。无论是财产公开，还是财产申报，都需要现代支付和收入监测体系提供保障，从而实现保护合法收入、取缔非法收入、合理调节过高收入的目标。具体可以从以下几个方面开展工作，一是加快建立现代支付结算体系，建立金融账户实名制，推广持卡消费，规范现金管理。二是完善机关和国有企业单位发票管理和财务报销制度，全面推行公务卡支付结算制度。三是建立健全社会信用体系和收入信息监测系统，完善个人所得税信息管理系统。四是建立城乡住户收支调查一体化制度，建立高效便捷的数据采集系统等。[①]

|第三节| 坚持和完善社会主义市场经济体制，
为城市治贫提供动力保障

城市贫困治理需要多层次的经济制度体系的支持，在这个体系中，除了生产资料的所有制和分配制度，还有一种非常重要的制度形式，就是经济体制。改革开放以来，我们党成功建立了社会主义市场经济，创造了经

---

① 陈宇学. 改善收入分配促进社会公平正义 [M]. 北京：中国言实出版社，2015：204 - 206.

济发展的奇迹。之所以称为社会主义市场经济，就是要坚决维护我国的制度优势，有效防止资本主义市场经济的弊端。坚持和完善社会主义市场经济体制，既要体现资源配置的一般市场规律和以等价交换为基础的市场制度的一般规定，又要充分发挥政府的作用，体现社会主义经济的特殊规律，体现党的领导和社会主义制度的特殊规定，为城市减贫治贫提供强大动力支撑。

一、加强贫困治理中政府的作用

市场不是解决所有社会问题的灵丹妙药，加强贫困治理中政府的作用，是各国政府不可回避的责任。新时代城市贫困治理要坚持社会主义市场经济体制，充分发挥社会主义市场经济体制将社会主义制度优势与市场经济手段相结合的显著优势，这就要求我们构建政府与市场良性互动的合作机制，以弥补市场机制失灵的不足。

第一，政府必须高度重视城市贫困问题。长期以来，我国政府一直把重点放在消除农村贫困和城市的失业贫困上，而忽视了城市贫困治理。事实上，正如前面的分析一样，近年来，随着经济社会的深度转型，尤其是在城乡一体化进程的推动下，导致城市贫困的原因更加多元化，生活型、发展型、支出型贫困日渐突出，贫困城市贫困群体结构有了新的变化，流动人口的贫困问题明显。总之，我国城市贫困现象日益严重，贫困程度不断加深，相应的社会风险也在不断积累，需要引起特别关注。因为如果不能有效地缓解或治理这一问题，不仅关系到全面深化改革的整体战略布局，而且会影响到整个社会心态和和谐稳定。可以说，城市贫困不仅是一个与生活条件有关的经济问题，而且是一个与社会稳定有关的政治问题。政府应适时调整扶贫战略，同等看待城市贫困与农村贫困治理工作，不仅需要尽快采取相关政策提高城市贫困阶层的收入水平，帮助他们摆脱贫困，缓解贫困阶层固化和缩小居民间收入差距过大的现象，还要更加重视能力扶贫和权利扶贫，从而减少部分群众持续贫困对经济社会和谐发展的负面影响。具体来说，可以借鉴农村精准扶贫的宝贵经验，通过支持生产和就业发展一批、教育扶贫脱贫一批、低保政策兜底一批等，来满足不同城市贫困人口的实际需要。

第二，要转变政府职能，建设公共服务型政府。政府职能并不是在任何领域都是一模一样的，在市场能充分发挥动力的领域，政府要避免过度干预，在市场缺位的相关领域，政府要充分发挥其宏观调控的作用，真正做到"有所为"和"有所不为"。具体到城市贫困治理过程中，政府"有所为"是指在城市贫困治理的过程中，政府应充分发挥其主导和引导作用，利用其特殊地位和资源，为贫困治理的多元合作建立相应的政策平台和制度体系，并提供足够的资金支持和监管服务。这样，就能够更好地培育、引导和整合不同的扶贫行为主体，最终使贫困治理走上规范合法的发展道路。政府"有所不为"，即在国家、市场、第三部门和公民之间建立公私伙伴关系。在贫困治理的微观领域，政府应利用市场、企业、第三部门和贫困人口各自的优势，通过转让、租赁、合作、补贴、参与等多种形式，将不同的社会力量整合到城市贫困治理中。

第三，要构建有效的政府治理结构。提高政府治理能力和水平取决于建立有效的治理结构。政府治理结构的科学与否不仅依赖于政府自身治理能力，更需要公众的参与。公众参与是决定政府治理结构科学与否的另一个重要因素。城市贫困人口的身份具有多样性：一方面，他们是城市贫困治理成果的受益者，另一方面，他们也是城市扶贫的供给者和实践者。对于政府来说，必须认识到在贫困治理的斗争中，向贫困群众提供物质帮扶终究是有限的，要积极动员社会各界力量为城市贫困群体建立社会支持网络，满足他们的组织需要。要增强其政务活动信息的公开度和透明度，鼓励城市贫困人口参与相关减贫政策的制定，从而提高其摆脱贫穷的主动性和能动性。在贫困治理决策过程中，要把利益相关者的参与作为必要条件，积极倾听来自贫困群体的呼声，按照自下而上的脱贫需求，制定贫困帮扶方案，确保其利益要求反映在治理政策中。总之，通过保证公民最大限度地参与到政府治理中来，不仅有助于促进贫困个体增权意识的觉醒和增权行动的可持续性，而且有助于提高政府治理的科学性和有效性。

第四，要加快政府公共服务领域改革，促进公共服务的一体化和均等化。公共服务是政府的主要职能之一，但仍然存在着效率不高、功能缺失等问题。因此，要着力加快政府公共服务领域改革。其一，要压实政府在公共服务领域的责任。近年来，我国公共服务水平取得了十分明显的提升，但公共服务不平衡的问题尚未解决。城乡之间、区域之间公共服务水平仍有较大差距，许多城市困难群体仍然面临着如"看病难、看病贵""上学难"等现实问题。因此，要提高新时代城市贫困治理水平，需要加大公共服务支出，强化政府责任，解决政府在重要公共领域的缺位的问题。特别是，教育问题直接影响到下一代人的成长和他们摆脱贫困的机会。因此，适度倾斜教育资源显得尤为重要。具体来说，可以将优质中小学教育资源配置于贫困人口相对集中的内城区、保障房住区与富裕区域接合部，为贫困区域配备高素质的教师队伍。这样一来，可以为贫困区域的子女提供更好的学习环境，有效地阻止贫困的代际传递，促进不同社会阶层子女的融合，增进认识，减少社会隔离。针对保障房住区、流动儿童学校，还可以制定教师交流的政策和制度，通过使用互联网技术加强教学力量和提高教育水平。其二，要提高公共服务的供给效率。由于公共服务主要提供者为政府，在一定程度上造成了"垄断"的现象，缺少竞争机制，因此公共服务的效率往往处于比较低下的水平。在社会主义市场经济条件下，可以尝试将公共服务的提供者委托给企业、非营利组织和社会团体等，通过充分发挥市场的竞争作用和激励作用，针对多种类型城市贫困人群提供有效帮扶。如：为老年贫困人口提供医疗保健、养老服务机构，以满足他们的生存护理需求；劳动和就业组织可以为下岗职工进行再就业指导和培训；为城市贫困妇女提供家政服务等微型劳动密集型产业的就业机会；为贫困儿童提供教育基础设施等，从而提高公共服务的供给效率，丰富其形式。同时也要进一步强化政府的监管责任和能力，保证公共服务的质量和效益。此外，还可以考虑政府购买社会工作服务。专业社工介入贫困空间治理的优势在于社工秉持专业价值理念，运用个案、小组、社区工作方法，连接和动员社会资源，为困难群体解决不同层面的困难和问题，帮助个人、群体及社区取得更好的发展，同时，专业社会工作者还能参与社会政策的倡导，对社会福利、区域发展政策提出建议和意见，有助于为贫困群体争取合理的权利。

第五，要构建更好发挥政府作用的经济基础。经济基础决定上层建筑，要构建成熟的市场调控主体，就要先构建与此相适合的经济基础。因此，政府一定要切实摒弃传统的管理控制思想，避免出现"越位"现象，把政府控制资源的水平保持在合理的限度之内。但这并不意味着政府就要做"无为政府"，相反，成熟的市场调控主体更加要求政府要积极有为，降低国有资本和财政支出在竞争性领域的比例，提高其在公共服务领域的比例，更好地实现政府在宏观调控、改善民生以及城市贫困治理方面的重要作用。

第六，全力推进落后地区经济社会发展。一是继续借鉴农村产业扶贫经验，引导特色产业发展，促进欠发达地区差异化发展，提高城市贫困群体的就业水平和创收能力。二是继续借鉴结对扶贫的经验，以市场为导向，促进发达地区和欠发达地区优势互补，通过区域间合作实现双赢发展。三是加强对欠发达地区经济金融发展的政策支持，促进落后中小企业健康可持续发展，从而为城市贫困群体创造更多的本地就业机会。

二、增强市场主体活力，提高创富能力

改革开放 40 多年来，我国城市经济快速发展，为城市贫困治理奠定了强大的物质基础，这主要得益于各类市场主体活力的不断增强。但是，在构建更高水平的社会主义市场经济体制的进程中，我们也要清醒地认识到，当前仍存在着诸多束缚市场主体活力的弊端。我们必须着力解决这些深层次制约市场经济发展的阻碍，才能有效增强市场主体活力，从而多渠

道增加城市居民收入，促进我国经济持续健康发展。

第一，要进一步释放改革红利，激发创新活力。迈入向第二个百年奋斗目标进军的新征程，进一步释放改革红利，通过"做大蛋糕"来促进居民收入的增长，增强经济增长创造就业岗位的能力，扩大就业容量，关键在于推进创新驱动发展战略。创新是经济发展不竭的动力，是增加居民收入和缩小收入差距的根本支撑点。因此，要加快推动建立产学研相结合的技术创新体系，尤其是要加快推动先进制造业的发展。除此之外，更要切实解决好我国创新成果转化中出现的问题，深入研究我国创新成果对经济增长和全要素生产率的提高的贡献较低的原因，推动知识产权制度改革，从而进一步使创新成果更好地对接市场，充分发挥创新在促进经济发展和城市贫困治理中的重要作用。企业作为创造财富的主体，必须按照现代企业制度的要求，推进企业技术创新，创造出更优质的产品，并通过技术进步和知识积累使经济发展进入要素收益递增的良性循环状态，最终实现社会总产出增加和劳动者持续增收。

第二，要革除束缚各类市场主体积极性的各种体制障碍。坚持理顺政府和市场的关系，构建公平竞争的市场环境。其一，要深化行政审批制度改革，规范政府行为，更加科学合理地发挥政府作用。一方面要减少政府行政审批内容，简化政府审批职能，为企业发展尽可能提供便利；另一方面要继续深化税制改革，减轻企业尤其是重点领域企业和中小企业的税负，对其贷款、土地使用方面等实施支持政策，大力扶持和促进中小企业的发展，通过增加就业机会来缓解失业性贫困。除此之外，还应该取消非公有制企业进入市场的各种隐形壁垒，切实转变政府职能，为非公有制经济拓宽生存和发展空间。其二，要构建公平竞争的市场体制，建设统一开放、竞争有序的现代市场体系。非公有制经济在稳就业、促税收、保民生方面发挥着重要作用，但是由于市场体制机制的弊端导致社会主义市场经济中仍然存在着如垄断、恶性竞争等危害市场秩序的现象，影响非公有制经济积极效能的发挥。因此，政府必须充分发挥宏观调控的作用，加强市场监管、规范市场秩序，加快建立健全统一开放、竞争有序的现代市场体系，为市场经济的持续发展提供强大制度保障。

第三，要深化各类企业改革，推动经济可持续发展。其一，要全面深化国有企业改革，为新时代推动城市贫困治理夯实经济基础。一方面，要加快国有经济布局的结构调整和优化。当前，应该结合我国经济发展新情况和新要求，保证国有资本在关系国计民生和国家安全的关键领域发挥绝对控制作用，在其他领域要进一步拓展民营企业进入的空间，提高国有企业竞争力。另一方面，要做强做优做大国有经济。切实防止国有资本流失，进一步明确分类标准以及不同类型企业在市场经济中的作用和定位，建立健全国有资产监督管理机制，加强国有企业在关系国民经济命脉的重要行业和关键领域以及公共服务领域充分发挥作用。要积极推动国有企业混合所有制改革，实现国有资本的保值增值和竞争力提升。其二，要积极推动非公有制经济的发展，增强市场经济的发展活力。非公有制经济能拓宽居民就业渠道，增加居民收入，对于新时代城市贫困治理具有十分重要的意义。因此，必须积极推进非公有制经济的发展，正确把握非公有制经济在社会主义初级阶段对于经济发展和人民生活的重大意义，在实践中真正破除阻碍非公有制经济发展的壁垒。坚持政策规范与企业自我完善相结合，推动非公有制企业在城市贫困治理中发挥重要作用。

三、减少市场排斥

市场机制是以价值规律作用的机制，市场参与者主要通过价格、供求和竞争机制实现资源的有效配置，进而实现整个市场利益的最大化。对于那些市场竞争力差的产品、低技能的工人、管理能力不强的企业主，他们在市场中多表现为"挤出"或"排斥"作用，使他们在市场上处于边缘地位，阻碍他们有效参与和利用市场经济活动，这必然会导致区域经济发展不平衡，企业亏损甚至倒闭以及劳动力失业，从而影响市场经济效用的发挥，不利于城市贫困治理。为此，必须实施高标准市场体系建设行动，加快形成高效规范、公平竞争的国内统一市场。

第一，完善高标准的市场体系基础制度，规范市场行为。其一，要完善公平竞争制度。公平竞争是市场运行的有效机制。完善公平竞争制度有利于促进市场主体之间的竞争，优化资源配置。因此，要继续强化竞争政策的基础地位，保障市场经济运行的高效；落实公平竞争审查制度，解决以往不正当竞争带来的地域性企业垄断问题，保护各种所有制经济尤其是非公有制经济的合法利益，为城市贫困人口提供更多就业机会和选择，同时切断源自垄断部门的高额利润，缩小收入差距。其二，实行严格的产权保护制度。企业是市场创新的真正参与者，一直以来，个体、私营、外资等各类非公有制经济切实履行社会责任，通过发挥自身的产业和技术的长处，为社会提供多种就业岗位，依法保护企业家合法权益，加强产权和知识产权保护，有利于长期稳定激发各类市场主体活力。其三，实施全国统一的市场准入负面清单制度。实施全国统一的市场准入负面清单制度，是我国发挥巨大市场规模的优势的前提条件。为此，要进一步清除形成全国统一市场的各种障碍，提高贫困地区和贫困人口的市场参与度。此外，还需要明确负面清单在法律上的功能定位，加快减少部门和地区过多和混乱的负面清单，并及时调整负面清单，以适应行业和市场的发展。

第二，构建高标准的市场要素体系，破除劳动力和人才在城乡、区域和不同所有制单位间的流动障碍。判断现代化市场体系的标准之一就是要素市场的市场化，要素市场体系的发展若跟不上商品和服务市场体系的发展速度，就会限制资源有效合理地配置，阻碍商品和生产要素的自由流通，进而影响要素价格的公平性及其贡献的大小。其一，要深化劳动力市场改革，建立城乡统一的劳动力市场，改善劳动力市场环境。改革开放以来，受经济体制改革的影响，城市里面新增了许多农村剩余劳动力，这不仅为我国经济快速增长贡献了力量，也是农村人口脱贫的重要途径。发展至今，城乡二元性和户籍制度成为了农村劳动力跨地域流动以及获得劳动力价值合理补偿的阻碍，造成了劳动力市场的结构性矛盾。因此，必须深化户籍制度改革，加快公共资源向城市实际服务管理的转移，推动劳动力要素有序流动，消除限制平等就业和待遇的障碍，如部门分工和城乡分割，实现真正的同工同酬、平等就业和公平就业，为就业者创造公平的就业环境和机会。同时，政府还要为就业困难者提供公益性岗位，通过岗位购买的方式，解决这部分群体就业难的问题。[①] 此外，目前我国劳动力市场"一个是普通的劳动力市场，即劳工市场，一个是高素质的劳动力市场，即人才市场"。很明显，高素质劳动力的就业状况比普通劳动力更为有利，高素质劳动力的工资更高，晋升机会更大，就业相对稳定。相反，在普通劳动力市场上，工人的工资相对较低，就业不稳定，工作条件恶劣，社会福利很少。他们大都从事着"脏、苦、累、险"的工作，而且工作时间往往远超于法定工作时间。并且他们不能根据劳动法的规定领取加班费，也没有休息日或假期。这些边缘化的城市贫困人口由于缺乏发展机会，特别是就业机会，以及本身缺乏资源，遭受各种社会排斥。因此，需要不断完善相关法律，减少企业对员工保险责任的逃避，创造有利条件促使其担当保障就业和促进再就业的社会责任。同时，还要鼓励和引导用人单位积极承担起职工职业技能培训的任务，以提高农村进城就业者等被边缘化的贫困弱势群体的职业技能水平。其二，进一步改革农地流转制度。允许农地在不改变土地性质的情况下自由流转，建立土地承包经营权流转预登记制度，建立土地流转平台，扩大流转双方信息面，促进流转市场化。

第三，健全社会信用体系。中小企业是解决就业问题的主要途径。但长期以来，中小企业的发展的一个主要障碍是其融资需求难以得到满足。建立健全中小企业信用评价体系，完善金融信用信息基础数据库，创新小微企业征信产品，高效对接金融服务，最终形成多层次的中小企业融资担

---

① 孙远太. 城市贫困阶层的再生产机制及其治理政策研究 [M]. 北京：中国社会科学出版社，2016：236.

保体系，为中小企业向银行贷款提供信用担保，提高金融服务实体经济的能力，有助于提高小微企业融资的可获得性。通过完善金融市场，辅之以技术创新支持、实行有利于小微企业发展的税收政策等措施，将会有力促进中小企业的发展，从而增加城市贫困人口就业。建立社会信用体系，政府更要作表率。政务诚信对其他社会主体诚信建设具有重要的示范和指导作用。在政治领域，要以坚定的反腐态度和有力的反腐措施，大力打击腐败，赢得广大人民群众的信任；在社会领域，要不断推进基本公共服务均等化，为人民群众创造公平的教育、医疗和社会保障条件。①

---

① 柳霞，杨臻．健全社会信用体系政府如何作为［N］．光明日报，2014‐10‐18（7）．

参考文献

一、经典文献类

[1] 马克思恩格斯选集：第1—4卷 [M]. 北京：人民出版社，2012.

[2] 马克思恩格斯全集：第2卷 [M]. 北京：人民出版社，1957.

[3] 马克思恩格斯全集：第3卷 [M]. 北京：人民出版社，2002.

[4] 马克思恩格斯全集：第47卷 [M]. 北京：人民出版社，1979.

[5] 马克思恩格斯文集：第1卷 [M]. 北京：人民出版社，2009.

[6] 马克思恩格斯文集：第3卷 [M]. 北京：人民出版社，2009.

[7] 马克思恩格斯文集：第5卷 [M]. 北京：人民出版社，2009.

[8] 列宁选集：第4卷 [M]. 北京：人民出版社，2012.

[9] 列宁全集：第6卷 [M]. 北京：人民出版社，2013.

[10] 列宁全集：第22卷 [M]. 北京：人民出版社，2017.

[11] 列宁全集：第36卷 [M]. 北京：人民出版社，2017.

[12] 毛泽东选集：第2卷 [M]. 北京：人民出版社，1991.

[13] 毛泽东文集：第5卷 [M]. 北京：人民出版社，1996.

[14] 毛泽东文集：第6卷 [M]. 北京：人民出版社，1999.

[15] 邓小平文选：第1—2卷 [M]. 北京：人民出版社，1994.

[16] 邓小平文选：第3卷 [M]. 北京：人民出版社，1993.

[17] 江泽民文选：第1—3卷 [M]. 北京：人民出版社，2006.

[18] 胡锦涛文选：第1—3卷 [M]. 北京：人民出版社，2016.

[19] 习近平谈治国理政：第1卷 [M]. 北京：外文出版社，2018.

［20］习近平谈治国理政：第 2 卷［M］．北京：外文出版社，2017.

［21］习近平谈治国理政：第 3 卷［M］．北京：外文出版社，2020.

［22］习近平．摆脱贫困［M］．福州：福建人民出版社，2014.

［23］中共中央文献研究室．三中全会以来重要文献选编：上［M］．北京：人民出版社，1982.

［24］中共中央文献研究室．三中全会以来重要文献选编：下［M］．北京：人民出版社，1982.

［25］中共中央文献研究室．十二大以来重要文献选编：上［M］．北京：人民出版社，1986.

［26］中共中央文献研究室．十二大以来重要文献选编：中［M］．北京：人民出版社，1986.

［27］中共中央文献研究室．十三大以来重要文献选编：上［M］．北京：人民出版社，1993.

［28］中共中央文献研究室．十四大以来重要文献选编：上［M］．北京：人民出版社，1996.

［29］中共中央文献研究室．十五大以来重要文献选编：上［M］．北京：人民出版社，2000.

［30］中共中央文献研究室．十六大以来重要文献选编：上［M］．北京：中央文献出版社，2005.

［31］中共中央文献研究室．十七大以来重要文献选编：上［M］．北京：中央文献出版社，2009.

［32］中共中央文献研究室．十八大以来重要文献选编：上［M］．北京：中央文献出版社，2014.

［33］中共中央文献研究室．十八大以来重要文献选编：中［M］．北京：中央文献出版社，2016.

［34］中共中央党史和文献研究院．十八大以来重要文献选编：下［M］．北京：中央文献出版社，2018.

［35］中共中央党史和文献研究院．十九大以来重要文献选编：上［M］．北京：

中央文献出版社，2019.

[36] 中共中央国务院关于新时代加快完善社会主义市场经济体制的意见［M］. 北京：人民出版社，2020.

[37] 中华人民共和国国民经济和社会发展第十四个五年规划和 2035 年远景目标纲要［M］. 北京：人民出版社，2021.

[38] 中共中央关于制定国民经济和社会发展第十四个五年规划和二〇三五年远景目标的建议［M］. 北京：人民出版社，2020.

[39] 中共中央关于坚持和完善中国特色社会主义制度、推进国家治理体系和治理能力现代化若干重大问题的决定［M］. 北京：人民出版社，2019.

[40] 中共中央文献研究室. 习近平扶贫论述摘编［M］. 北京：中央文献出版社，2018.

[41] 中共中央文献研究室. 习近平关于社会主义社会建设论述摘编［M］. 北京：中央文献出版社，2017.

[42] 中共中央文献研究室. 习近平关于全面建成小康社会论述摘编［M］. 北京：中央文献出版社，2016.

[43] 中央宣传部. 习近平总书记系列重要讲话读本［M］. 北京：学习出版社，2016.

[44] 习近平. 在解决"两不愁三保障"突出问题座谈会上的讲话［J］. 求是，2019（16）：4-12.

[45] 习近平. 深入学习贯彻党的十九届四中全会精神　提高社会主义现代化国际大都市治理能力和水平［N］. 人民日报，2019-11-04（1）.

二、学术著作类

[46] 蔡昉. 中国人口与劳动问题报告：转轨中的城市贫困问题［M］. 北京：社会科学文献出版社，2003.

[47] 世界银行.1990 年世界发展报告：贫困问题·社会发展指标［M］. 北京：中国财政经济出版社，1990.

[48] 唐钧等. 中国城市贫困与反贫困报告［M］. 北京：华夏出版社，2003.

[49] 潘家华，魏后凯. 中国城市发展报告 No.4［M］. 北京：社会科学文献出版

社，2011.

[50] 郑志龙等．基于马克思主义的中国贫困治理制度分析［M］．北京：人民出版社，2015.

[51] 陈云．城市贫困精准治理体系的构建［M］．北京：科学出版社，2019.

[52] 洪银兴．新编社会主义政治经济学教程［M］．北京：人民出版社，2018.

[53] 世界银行．2000/2001 世界发展报告：与贫困作斗争［M］．北京：中国财政经济出版社，2001.

[54] 陈振明．政策科学：公共政策分析导论［M］．北京：中国人民大学出版社，2003.

[55] 李汉林．中国单位社会：议论、思考与研究［M］．上海：上海人民出版社，2004.

[56] 李松玉．制度权威研究［M］．北京：社会科学文献出版社，2005.

[57] 葛扬．中国特色社会主义基本经济制度［M］．北京：经济科学出版社，2018.

[58] 姚建平．中国转型期城市贫困与社会政策［M］．上海：复旦大学出版社，2011.

[59] 吴忠民，刘祖云．发展社会学［M］．北京：高等教育出版社，2002.

[60] 孙远太．城市贫困阶层的再生产机制及其治理政策研究［M］．北京：中国社会科学出版社，2016.

[61] 许光．福利转型：城市贫困的治理实践与范式创新［M］．杭州：浙江大学出版社，2014.

[62] 郑功成．中国社会保障改革与发展战略：救助与福利卷［M］．北京：人民出版社，2011.

[63] 常修泽等．所有制改革与创新：中国所有制结构改革 40 年［M］．广州：广东经济出版社，2018.

[64] 陈宇学．改善收入分配促进社会公平正义［M］．北京：中国言实出版社，2015.

[65] 祝建华．城市居民最低生活保障制度的评估与重构［M］．北京：中国社会

科学出版社，2011.

[66] 向德平，黄承伟. 减贫与发展 [M]. 北京：社会科学文献出版社，2016.

[67] 高云虹. 中国转型时期城市贫困问题研究 [M]. 北京：人民出版社，2009.

[68] 关信平. 中国城市贫困问题研究 [M]. 长沙：湖南人民出版社，1999.

[69] 于秀丽. 排斥与包容：转型期的城市贫困救助政策 [M]. 北京：商务印书馆，2009.

[70] 李彦昌. 城市贫困与社会救助研究 [M]. 北京：北京大学出版社，2004.

[71] 王杰秀. 中国城乡困难家庭社会政策支持系统建设数据分析报告：上，下 [M]. 北京：人民出版社，2019.

[72] 胡永和. 中国城镇新贫困问题研究 [M]. 北京：中国经济出版社，2011.

[73] 叶普万. 中国城市贫困问题研究论纲 [M]. 北京：中国社会科学出版社，2007.

[74] 党春艳. 转型期我国城市贫困问题研究：基于社会互构论视角 [M]. 郑州：郑州大学出版社，2014.

[75] 李军. 中国城市反贫困论纲 [M]. 北京：经济科学出版社，2004.

[76] 王春萍. 可行能力视角下城市贫困与反贫困研究 [M]. 西安：西北工业大学出版社，2008.

[77] 庄天慧，杨浩，蓝红星. 多维贫困与贫困治理 [M]. 长沙：湖南人民出版社，2018.

[78] 左常升. 中国扶贫开发政策演变 2001—2015 年 [M]. 北京：社会科学文献出版社，2016.

[79] 张磊. 中国扶贫开发政策演变 1949—2005 年 [M]. 北京：中国财政经济出版社，2007.

[80] 闫坤，刘轶芳. 中国特色的反贫困理论与实践研究 [M]. 北京：中国社会科学出版社，2016.

[81] 王大超. 转型期中国城乡反贫困问题研究 [M]. 北京：人民出版社，2004.

[82] 张瑞敏. 中国共产党反贫困实践研究 1978—2018 [M]. 北京：人民出版社，2019.

［83］汪三贵，张伟宾，杨浩，崔嵩．城乡一体化中反贫困问题研究［M］．北京：中国农业出版社，2016.

［84］张勇．中国就业制度变迁与公共政策选择［M］．南昌：江西科学技术出版社，2007.

［85］王朝明，申晓梅等．中国21世纪城市反贫困战略研究［M］．北京：中国经济出版社，2005.

［86］洪岚．制度与贫困：以制度演进促低收入人群收入增长［M］．北京：中国三峡出版社，2006.

［87］张福军．效率与公平兼顾的制度保障：公有制为主体的基本经济制度［M］．北京：国家行政学院出版社，2016.

［88］李太森．中国基本经济制度深化研究［M］．郑州：河南人民出版社，2014.

［89］彭森．十八大以来经济体制改革进展报告［M］．北京：国家行政学院出版社，2018.

［90］庞永红．分配正义与转型期弱势群体研究［M］．北京：中央编译出版社，2016.

［91］青连斌．分配制度改革与共同富裕［M］．南京：江苏人民出版社，2004.

［92］宋明．制度统筹贫困地区城乡发展研究［M］．北京：知识产权出版社，2013.

［93］杨志平．中国市场经济体制变革的理论与实践［M］．北京：中国社会科学出版社，2017.

［94］张占斌，张青．完善我国分配制度研究［M］．北京：国家行政学院出版社，2018.

［95］高培勇．加快完善社会主义市场经济体制［M］．广州：广东经济出版社，2020.

［96］谭中和．中国工资收入分配改革与发展［M］．北京：社会科学文献出版社，2019.

［97］韩俊．中国农民工战略问题研究［M］．上海：上海远东出版社，2009.

［98］朱玲．减贫与包容：发展经济学研究［M］．北京：中国社会科学出版社，

2013.

[99] 袁媛. 中国城市贫困的空间分异研究 [M]. 北京：科学出版社，2014.

[100] 林顺利. 城市贫困的社会空间研究 [M]. 北京：人民出版社，2015.

[101] 上海财经大学公共政策研究中心. 2002 中国财政发展报告：社会保障公共
政策研究 [M]. 上海：上海财经大学出版社，2002.

[102] 袁志刚. 中国就业报告 1978—2000 [M]. 北京：经济科学出版社，2002.

[103] 民政部政策研究中心. 中国城乡困难家庭社会政策支持系统建设项目数据
分析报告 2016：上 [M]. 北京：中国社会出版社，2016.

[104] 舒尔茨. 论人力资本投资 [M]. 吴珠华，译. 北京：经济学院出版社，1990.

[105] 阿马蒂亚·森. 贫困与饥荒：论权利与剥夺 [M]. 王宇，王文玉，译. 北
京：商务印书馆，2001.

[106] 阿马蒂亚·森. 以自由看待发展 [M]. 任赜，于真，译. 北京：中国人民
大学出版社，2002.

[107] 康芒斯. 制度经济学：上 [M]. 于树生，译. 北京：商务印书馆，1962.

[108] 凡勃伦. 有闲阶级论 [M]. 北京：商务印书馆，1964.

[109] 威尔逊. 真正的穷人：内城区、地层阶级和公共政策 [M]. 成伯清，鲍
磊，张戌凡，译. 上海：上海人民出版社，2007.

三、期刊论文类

[110] 李楠，陈伟. 社会主义基本经济制度优势转化为治理效能的三个维度 [J].
江汉论坛，2021 (5)：19 - 24.

[111] 国家统计局《中国城镇居民贫困问题研究》课题组. 中国城镇居民贫困问
题研究 [J]. 统计研究，1991 (6)：12 - 18.

[112] 奥迪·海根纳斯，克拉斯·德沃斯，张宏性. 贫困的定义及测定 [J]. 统
计研究，1991 (2)：77 - 80.

[113] 康晓光. 90 年代我国的贫困与反贫困问题分析 [J]. 战略与管理，1995
(4)：64 - 71.

[114] 吴忠民. 贫困问题与当代中国的贫困 [J]. 文史哲，1999 (6)：97 - 102.

[115] 张茂林. 90 年代中后期我国城镇贫困与反贫困问题探讨 [J]. 人口与经济，

1997 (2)：40-44.

[116] 乌德亚·瓦格尔，刘亚秋．贫困再思考：定义和衡量 [J]．国际社会科学杂志（中文版），2003 (1)：146-155.

[117] 骆祚炎．城镇化进程中的人口流动与城镇新增贫困人口问题分析 [J]．人口与经济，2007 (4)：46-51.

[118] 冯瑛，陈建东．贫困的本质及反贫困对策 [J]．统计与决策，2010 (20)：74-77.

[119] 檀学文，李成贵．贫困的经济脆弱性与减贫战略述评 [J]．中国农村观察，2010 (5)：85-96.

[120] 王文略，毛谦谦，余劲．基于风险与机会视角的贫困再定义 [J]．中国人口·资源与环境，2015，25 (12)：147-153.

[121] 左停，杨雨鑫．重塑贫困认知：主观贫困研究框架及其对当前中国反贫困的启示 [J]．贵州社会科学，2013 (9)：43-49.

[122] 郭熙保．论贫困概念的内涵 [J]．山东社会科学，2005 (12)：49-54＋19.

[123] 《中国农村贫困标准》课题组．中国农村贫困标准研究 [J]．统计研究，1990 (6)：37-42.

[124] 朱登兴，安树伟．中国农村贫困问题与城镇贫困问题比较研究 [J]．当代财经，2001 (9)：20-23.

[125] 王卓．中国现阶段的贫困特征 [J]．经济学家，2000 (2)：80-84.

[126] 郭熙保，罗知．论贫困概念的演进 [J]．江西社会科学，2005 (11)：38-43.

[127] 凌经球．乡村振兴战略背景下中国贫困治理战略转型探析 [J]．中央民族大学学报（哲学社会科学版），2019，46 (3)：5-14.

[128] 杨叶．贫困程度的测量 [J]．中国统计，1991 (10)：31-32.

[129] 童星，林闽钢．我国农村贫困标准线研究 [J]．中国社会科学，1994 (3)：86-98.

[130] 曲圣洁．测定贫困程度的综合评价法 [J]．统计与咨询，1995 (1)：25-27.

[131] 池振合，杨宜勇．贫困线研究综述 [J]．经济理论与经济管理，2012 (7)：56-64.

[132] 张晓妮，张雪梅，吕开宇，张崇尚．我国农村贫困线的测定：基于营养视角的方法 [J]．农业经济问题，2014，35（11）：58-64＋111．

[133] 张青．相对贫困标准及相对贫困人口比率 [J]．统计与决策，2012（6）：87-88．

[134] 陈宗胜，沈扬扬，周云波．中国农村贫困状况的绝对与相对变动：兼论相对贫困线的设定 [J]．管理世界，2013（1）：67-75＋77＋76＋187-188．

[135] 张立冬，李岳云，潘辉．收入流动性与贫困的动态发展：基于中国农村的经验分析 [J]．农业经济问题，2009，30（6）：73-80＋112．

[136] 王朝明，姚毅．中国城乡贫困动态演化的实证研究：1990～2005 年 [J]．数量经济技术经济研究，2010，27（3）：3-15．

[137] 程永宏，高庆昆，张翼．改革以来中国贫困指数的测度与分析 [J]．当代经济研究，2013（6）：26-32＋93．

[138] 宋敏，金博，李籽馥，高旭红．从贫穷到富裕：建党百年来我国贫困治理的庄严承诺与路径探索 [J]．西安财经大学学报，2021，34（2）：56-63．

[139] 侯守杰．后小康时代的相对贫困治理 [J]．西北农林科技大学学报（社会科学版），2021，21（2）：36-42．

[140] 王太明，王丹．后脱贫时代相对贫困的类型划分及治理机制 [J]．求实，2021（2）：51-69＋111．

[141] 王国敏，侯守杰．后小康时代中国相对贫困的特征、难点、标准识别及应对之策 [J]．内蒙古社会科学，2021，42（2）：106-113＋213．

[142] 杜庆昊．中国贫困治理演进逻辑与相对贫困治理机制 [J]．理论视野，2021（2）：75-80．

[143] 何慧超．中国城市贫困与治理：基于可行能力的视角 [J]．学习与实践，2008（2）：122-129．

[144] 唐丽萍，曹君君．城市化背景下我国城市贫困问题研究 [J]．甘肃理论学刊，2015（5）：113-117．

[145] 王锴．以相对贫困来看城市贫困：理念辨析与中国实证 [J]．北京社会科学，2019（7）：74-83．

[146] 罗玉辉，侯亚景. 中国扶贫改革 40 年：过去、现在和未来 [J]. 宁夏社会科学，2019 (5)：104 - 109.

[147] 曹艳春. 我国城市居民最低生活保障标准的影响因素与效应研究 [J]. 当代经济科学，2007 (2)：15 - 20＋124.

[148] 唐钧. 确定中国城镇贫困线方法的探讨 [J]. 社会学研究，1997 (2)：62 - 73.

[149] 张全红，周强. 中国贫困测度的多维方法和实证应用 [J]. 中国软科学，2015 (7)：29 - 41.

[150] 侯卉，王娜，王丹青. 中国城镇多维贫困的测度 [J]. 城市发展研究，2012 (12)：123 - 128.

[151] 吴鹏森. 中国城市贫困问题及其现代保障体系的建构 [J]. 南京师大学报（社会科学版），2008 (2)：33 - 39.

[152] 蒋贵凰，宋迎昌. 中国城市贫困状况分析及反贫困对策 [J]. 现代城市研究，2011 (10)：8 - 13.

[153] 洪大用. 试论改革以来的中国城市扶贫 [J]. 中国人民大学学报，2003 (1)：9 - 16.

[154] 范逢春. 城市新贫困：扶贫之囿与治理之道 [J]. 理论探讨，2016 (1)：156 - 161.

[155] 魏后凯，王宁. 参与式反贫困：中国城市贫困治理的方向 [J]. 江淮论坛，2013 (5)：9 - 17.

[156] 杨帆，庄天慧，王卓. 城市流动人口贫困识别与精准帮扶管理机制研究 [J]. 内蒙古社会科学（汉文版），2019 (3)：51 - 57.

[157] 周文明，谢圣远. 中国城镇居民最低生活保障制度的发展演进及政策评估 [J]. 广东社会科学，2016 (2)：206 - 212.

[158] 陈云. 城市新贫困治理问题研究 [J]. 理论探索，2015 (2)：94 - 98.

[159] 吴小芳. 我国城市就业救助政策研究 [J]. 社会保障研究，2011 (4)：67 - 77.

[160] 朱汉国. 新中国 70 年社会建设的成就与经验 [J]. 当代中国史研究，2019，26 (5)：141 - 152＋253.

[161] 李实，John Knight. 中国城市中的三种贫困类型 [J]. 经济研究，2002

(10)：47-58+95.

[162] 张冰子，贾珅，申广军．城镇贫困的特征演变 [J]．统计研究，2019，36 (2)：11-22.

[163] 郭君平，谭清香，曲颂．进城农民工家庭贫困的测量与分析：基于"收入—消费—多维"视角 [J]．中国农村经济，2018 (9)：94-109.

[164] 关信平．当前我国城市贫困的新特点及社会救助改革的新方向 [J]．社会科学辑刊，2019 (4)：81-89.

[165] 陈志钢，毕洁颖，吴国宝，等．中国扶贫现状与演进以及2020年后的扶贫愿景和战略重点 [J]．中国农村经济，2019 (1)：2-16.

[166] 曾明星，吴瑞君．论转型时期城市贫困化内涵嬗变及其新趋势 [J]．兰州学刊，2012 (11)：139-144.

[167] 李霞，韩保江．我国城乡双重贫困的表现、原因与对策 [J]．宁夏社会科学，2012 (5)：53-59.

[168] 李姗姗，孙久文．中国城市贫困空间分异与反贫困政策体系研究 [J]．现代经济探讨，2015 (1)：78-82.

[169] 慈勤英，张芳．城市贫困空间固化的社会治理研究 [J]．西南民族大学学报（人文社科版），2017 (3)：1-5.

[170] 张安驰．中国式分权下的经济发展与城市贫困人群获得感提升 [J]．经济与管理论，2020 (1)：15-25.

[171] 梁汉媚，方创琳．中国城市贫困的基本特点与脱贫模式探讨 [J]．人文地理，2011 (6)：61-66.

[172] 关信平．新时代中国城市最低生活保障制度优化路径：提升标准与精准识别 [J]．社会保障评论，2019，3 (1)：131-140.

[173] 周沛．城市贫民的生存现状与社会救助制度的完善 [J]．南通大学学报（社会科学版），2006 (5)：53-58.

[174] 柯雄，李宁秀．试析我国城市贫困人群的医疗保障问题：以社会剥夺与社会排斥的角度 [J]．中国卫生事业管理，2010，27 (11)：740-741+764.

[175] 张文宏，雷开春．城市新移民社会融合的结构、现状与影响因素分析 [J]．

社会学研究，2008（5）：117-141+244-245.

[176] 尹蔚民．着力保障和改善民生 加快建设中国特色社会保障体系：改革开放以来我国社会保障事业的成就和经验 [J]．党建研究，2008（11）：20-23.

[177] 贺庆生，刘叶．论我国城市贫困治理的现实困境与路径选择 [J]．学习与实践，2015（12）：81-88.

[178] 贺庆生．论我国城市贫困治理体系和治理能力建设 [J]．内蒙古社会科学（汉文版），2015，36（4）：160-165.

[179] 林闽钢．中国社会救助体系的整合 [J]．学海，2010（4）：55-59.

[180] 冯丹萌，陈洁．2020年后我国城市贫困与治理的相关问题 [J]．城市发展研究，2019，26（11）：102-107.

[181] 杨舸．流动人口与城市相对贫困：现状、风险与政策 [J]．经济与管理评论，2017（1）：13-22.

[182] 徐超，李林木．城乡低保是否有助于未来减贫：基于贫困脆弱性的实证分析 [J]．财贸经济，2017（5）：5-19.

[183] 叶响裙．我国城市贫困问题与最低生活保障制度 [J]．经济研究参考，2013（43）：70-75.

[184] 林闽钢．缓解城市贫困家庭代际传递的政策体系 [J]．苏州大学学报（哲学社会科学版），2013（3）：15-19.

[185] 陈云．拓展选择主义：城市贫困救助目标的再定位 [J]．西北人口，2016（4）：96-100.

[186] 盛广耀．中国城镇化的态势与转型发展 [J]．中国党政干部论坛，2016（4）：26-29.

[187] 臧元峰．双重转型背景下的城市贫困问题研究 [J]．现代城市研究，2017（7）：107-113.

[188] 高云虹．中国城市贫困问题的制度成因 [J]．经济问题探索，2009（6）：57-62.

[189] 罗必良．相对贫困治理：性质、策略与长效机制 [J]．求索，2020（6）：18-27.

［190］林伯强．中国的经济增长、贫困减少与政策选择［J］．经济研究，2003
（12）：15－25＋90.

［191］王雨林，黄祖辉．影响转型期中国农村贫困率指标的因素的分解研究［J］．
中国人口科学，2005（1）：52－59＋98.

［192］胡兵，赖景生，胡宝娣．经济增长、收入分配与贫困缓解：基于中国农村
贫困变动的实证分析［J］．数量经济技术经济研究，2007（5）：33－42.

［193］高云虹，刘强．收入增长和收入分配对城市减贫的影响［J］．财经科学，
2011（12）：90－98.

［194］万广华，张茵．收入增长与不平等对我国贫困的影响［J］．经济研究，
2006（6）：112－123.

［195］崔学刚，王成新，王雪芹，王波涛．新型城镇化背景下我国城市贫困问题
及对策［J］．宏观经济管理，2015（7）：34－36＋39.

［196］郭宇畅，谷明远．我国城市贫困现状、形成路径及应对举措［J］．经济研
究参考，2018（10）：23－28.

［197］朱方明，刘丸源．坚持和完善社会主义基本经济制度，保障脱贫攻坚任务
全面完成［J］．政治经济学评论，2020，11（2）：43－51.

［198］李兰英．城市贫困：原因分析及治理对策［J］．人口与经济，2003（6）：
42－45.

［199］孙芬．全面小康视角下的城市贫困问题［J］．兰州学刊，2004（2）：166－
167.

［200］陈永成，陈泽旭，刘小红．反城市贫困：基于财税政策的视角［J］．地方
财政研究，2012（6）：33－37.

［201］张思锋，汤永刚，胡晗．中国反贫困70年：制度保障、经济支持与社会政
策［J］．西安交通大学学报（社会科学版），2019，39（5）：1－11.

［202］孙咏梅．马克思反贫困思想及其对中国减贫脱贫的启示［J］．马克思主义
研究，2020（7）：87－95.

［203］刘玉亭，何深静，顾朝林，陈果．国外城市贫困问题研究［J］．现代城市
研究，2003（1）：78－86.

[204] 丁志刚，李航．精准扶贫中的"精神贫困"及其纾解：基于认知失调理论的视角 [J]．新疆社会科学，2019 (5)：136－144＋154.

[205] 何晓琦．长期贫困的定义与特征 [J]．贵州财经学院学报，2004 (6)：53－57.

[206] 王卓．论暂时贫困、长期贫困与代际传递 [J]．社会科学研究，2017 (2)：98－105.

[207] 俞可平．中国的治理改革 (1978－2018) [J]．武汉大学学报（哲学社会科学版），2018，71 (3)：48－59.

[208] 魏后凯，邬晓霞．中国的反贫困政策：评价与展望 [J]．上海行政学院学报，2009，10 (2)：56－68.

[209] 常韬，许萍，张立军．城市农民工生活质量现状调查与分析：基于 2012 年全国 20 个省区市的样本 [J]．调研世界，2013 (10)：32－35.

[210] 林闽钢．城市贫困救助的目标定位问题：以中国城市居民最低生活保障制度为例 [J]．东岳论丛，2011，32 (5)：13－19.

[211] 杨柳．社会阶层固化：应积极应对的严峻挑战 [J]．理论探索，2012 (5)：50－52.

[212] 杨上广，王春兰．大城市社会空间演变态势剖析与治理反思：基于上海的调查与思考 [J]．公共管理学报，2010，7 (1)：35－46＋124－125.

[213] 王祖强．正确把握公有制经济与非公有制经济的相互关系 [J]．上海经济研究，2020 (1)：5－10.

[214] 吴忠民．中国社会主要群体弱势化趋向问题研究 [J]．东岳论丛，2006 (2)：5－31.

[215] 姜雪．"十四五"时期中国国民收入分配格局研究 [J]．宏观经济研究，2020 (12)：5－19.

[216] 张广科，王景圣．初次分配中的劳动报酬占比：演变、困境与突破 [J]．中州学刊，2021 (3)：22－28.

[217] 高传胜．新时代我国城乡居民社会保险制度改革建设再思考：兼论人口流动对现行社会保险制度的挑战与应对 [J]．新疆师范大学学报（哲学社会科学版），2021，42 (3)：112－129＋2.

[218] 祝洪娇. 促进第三次分配以缩小收入分配差距 [J]. 当代经济管理，2018，40（7）：6-9.

[219] 杨黎明. 关于改革完善国企高管薪酬分配制度的再思考 [J]. 中国党政干部论坛，2014（6）：58-61.

[220] 王云中，苑芳. 社会功能依据：当前中国劳动者报酬的界定 [J]. 马克思主义研究，2011（12）：55-60＋158.

[221] 解垩，李敏. 相对贫困、再分配与财政获益：税收和转移支付的作用如何？[J]. 上海财经大学学报，2020，22（6）：3-20.

[222] 郑功成. 面向2035年的中国特色社会保障体系建设：基于目标导向的理论思考与政策建议 [J]. 社会保障评论，2021，5（1）：3-23.

[223] 姚尚建. 城市减贫的权利再现 [J]. 理论与改革，2020（3）：98-106.

[224] 李梦娜. 社会资本视角下城市农民工反贫困治理研究 [J]. 农村经济，2019（5）：121-127.

[225] 白永秀，刘盼. 全面建成小康社会后我国城乡反贫困的特点、难点与重点 [J]. 改革，2019（5）：29-37.

[226] 蒋永穆，万腾，卢洋. 中国消除绝对贫困的政治经济学分析：基于马克思主义制度减贫理论 [J]. 社会科学战线，2020（9）：167-176.

[227] 左停，贺莉，刘文婧. 相对贫困治理理论与中国地方实践经验 [J]. 河海大学学报（哲学社会科学版），2019，21（6）：1-9＋109.

[228] 刘琦. 新时代农民工面临的主要问题及解决路径 [J]. 经济研究导刊，2020（34）：23-24.

[229] 郑有贵. 巩固和完善基本经济制度是突破"贫困陷阱"的原动力 [J]. 当代中国史研究，2011，18（4）：9-11.

[230] 刘建华，丁重扬. 马克思主义经济学的贫困理论及其当代价值 [J]. 政治经济学评论，2012，3（2）：129-139.

[231] 邹升平. 试论社会主义市场经济的逻辑必然性及其完善路径 [J]. 新疆社会科学，2018（6）：34-40.

[232] 邹升平，贾力. 社会主义公有制与共享发展的逻辑共性及实践途径 [J].

思想理论教育，2018（7）：34-40.

[233] 邹升平．非公有制经济与共享发展的逻辑共性及实现途径［J］．中共天津市委党校学报，2017，19（3）：50-58.

[234] 张菊香．习近平脱贫攻坚战略思想对马克思恩格斯反贫困思想的时代创新探析［J］．思想理论教育导刊，2017（11）：42-46.

[235] 乔惠波．新时代社会主义基本经济制度的优势与治理效能［J］．求索，2021（2）：98-106.

[236] 白光昭．第三次分配：背景、内涵及治理路径［J］．中国行政管理，2020（12）：120-124.

[237] 张明皓，豆书龙．2020年后中国贫困性质的变化与贫困治理转型［J］．改革，2020（7）：98-107.

[238] 韩克庆．中国社会救助制度的改革与发展［J］．教学与研究，2015（2）：29-35.

[239] 马明德，陈广汉．中国居民收入不均等：基于财产性收入的分析［J］．云南财经大学学报，2011，27（6）：29-35.

[240] 易培强．收入初次分配要保障人民共享发展成果［J］．湖南师范大学社会科学学报，2013，42（2）：13-19.

[241] 袁惊柱．国有企业混合所有制改革的现状、问题及对策建议［J］．北京行政学院学报，2019（1）：71-78.

[242] 张好雨．混合所有制改革路径选择问题探析［J］．管理现代化，2018，38（5）：79-81.

[243] 曹艳春．我国城市居民最低生活保障标准的影响因素与效应研究［J］．当代经济科学，2007（2）：15-20＋124.

[244] 王宁，魏后凯，苏红键．对新时期中国城市贫困标准的思考［J］．江淮论坛，2016（4）：32-39.

[245] 冯丹萌，陈洁．2020年后我国城市贫困与治理的相关问题［J］．城市发展研究，2019，26（11）：102-107.

[246] 王翠琴，李林，薛惠元．改革开放40年中国医疗保障制度改革回顾、评估

与展望 [J]. 经济体制改革, 2019 (1): 25 - 31.

[247] 朱常柏. 改革开放以来我国城市社会救助事业的恢复和发展 [J]. 党史研究与教学, 2012 (6): 54 - 61.

[248] 李继霞, 翟天豪, 冯钰. 我国城市贫困治理现状、问题与对策 [J]. 社会治理, 2021 (3): 57 - 67.

[249] 罗明忠, 邱海兰. 收入分配视域下相对贫困治理的逻辑思路与路径选择 [J]. 求索, 2021 (2): 172 - 179.

[250] 李萍, 韦宁卫. 后扶贫时代我国相对贫困治理路径前瞻 [J]. 地方财政研究, 2020 (10): 71 - 81.

[251] 江治强. 全面建成小康社会后相对贫困及其治理 [J]. 中国党政干部论坛, 2020 (1): 71 - 74.

[252] 邓曲恒, 孙婧芳. 缩小财产差距 逐步实现共同富裕 [J]. 中国行政管理, 2017 (12): 138 - 140.

[253] 谭永生. 扩大我国中等收入群体规模的对策研究 [J]. 宏观经济管理, 2018 (9): 8 - 9.

[254] 刘伟, 陈彦斌. "两个一百年" 奋斗目标之间的经济发展: 任务、挑战与应对方略 [J]. 中国社会科学, 2021 (3): 86 - 102 + 206.

[255] 沈扬扬, 李实. 如何确定相对贫困标准?: 兼论 "城乡统筹" 相对贫困的可行方案 [J]. 华南师范大学学报 (社会科学版), 2020 (2): 91 - 101 + 191.

[256] 陈敦山. 中国共产党百年建设发展伟大成就与经验 [J]. 西藏民族大学学报 (哲学社会科学版), 2021, 42 (2): 8 - 13.

[257] 董克用, 沈国权. 党指引下的我国社会保障制度百年变迁 [J]. 行政管理改革, 2021 (5): 26 - 35.

四、学位论文类

[258] 庞洪伟. 中国城市贫困问题研究 [D]. 北京: 中央财经大学, 2019.

[259] 王海荣. 空间理论视阈下当代中国城市治理研究 [D]. 长春: 吉林大学, 2019.

[260] 党春艳. 转型期我国城市贫困问题研究 [D]. 武汉: 华中师范大学, 2013.

[261] 欧阳德君. 中国特色社会主义反贫困理论研究 [D]. 贵阳：贵州师范大学，2019.

[262] 王朝明. 中国转型期城镇反贫困理论与实践研究 [D]. 成都：西南财经大学，2004.

[263] 仇荀. 马克思主义贫困理论及当代中国贫困治理实践研究 [D]. 长春：吉林大学，2016.

[264] 李孝. 摆脱贫困的思考 [D]. 长春：吉林大学，2008.

[265] 高云虹. 中国转型时期城市贫困问题研究 [D]. 武汉：华中科技大学，2007.

[266] 周强. 多维贫困、不平等与反贫困政策绩效评估 [D]. 武汉：武汉大学，2017.

[267] 杨坚桢. 我国城市反贫困研究 [D]. 上海：华东政法大学，2017.

[268] 杨冬民. 城市贫困：从社会排斥角度分析 [D]. 西安：西北大学，2006.

[269] 孙明慧. 共享发展视阈下中国收入分配制度改革与反思 [D]. 长春：吉林大学，2017.

五、报纸类

[270] 蔡昉. 探讨脱贫攻坚战略的"未来升级版" [N]. 经济日报，2020 - 01 - 08 (11).

[271] 李鹏. 重视发挥第三次分配作用 [N]. 学习时报，2020 - 02 - 19 (5).

[272] 柳霞，杨臻. 健全社会信用体系政府如何作为 [N]. 光明日报，2014 - 10 - 18 (7).

[273] 时红秀. 新时代中国特色社会主义分配理论的新探索 [N]. 中国经济时报，2018 - 02 - 08 (5).

[274] 关信平. 关注城市贫困问题 提高城市反贫困行动力度 [N]. 中国社会报，2019 - 02 - 11 (2).

[275] 杨斌. 第三次分配：内涵、特点及政策体系 [N]. 学习时报，2020 - 01 - 01 (6).

[276] 王绛. 分层分类深化国企混合所有制改革 [N]. 经济参考报，2021 - 01 - 29 (1).

[277] 于洪生. 在共享共建中消除城市贫困 [N]. 人民日报，2016 - 04 - 18 (5).

[278] 杜江勤. 多点发力稳定农民工就业 [N]. 社会科学报，2020 - 12 - 17 (4).

[279] 人力资源和社会保障部等. 关于在化解钢铁煤炭行业过剩产能实现脱困发展过
程中做好职工安置工作的意见 [N]. 中国劳动保障报，2016 - 04 - 15 (2).

[280] 冯华. 贫富差距到底有多大？ [N]. 人民日报，2015 - 01 - 23 (17).

[281] 王光明. 精准聚焦相对贫困治理 [N]. 中国社会科学报，2020 - 10 - 21 (8).

[282] 白暴力等. 公有制经济是改革发展的中坚力量 [N]. 人民日报，2019 - 02 -
19 (9).

[283] 中华人民共和国国务院新闻办公室. 为人民谋幸福：新中国人权事业发展
70 年 [N]. 人民日报，2019 - 09 - 23 (14).

六、国外文献类

[284] Burgess Ernest. "Concentric Zone" Model of Urban Structure and Land Use
[M]. Alabama：Landmark Publication，1925.

[285] Hoyt H. The Structure and Growth of Residential Neighborhoods in American
Cities [M]. Washington D. C.：Federal Housing Administration，1939.

[286] Harris C D. E L Ullman. The nature of Cities [M]. Annals of the American
Academy of Political and Social Science，1945.

[287] Gans H J. From "Underclass" to "Undercaste"：Some Observations about
the Future of the Post-industrial Economy and its Major Victims. In：Min-
gione E. Urban Poverty and the Underclass [M]. Oxford：Blackwell，1993.

[288] Steward E W. Social Problems in Modern American [M]. New York：Mc-
Craw-Hill，1983.

[289] Zajczyk F. The Social Morphology of the New Urban Poor in a Wealthy Italian
City：the Case of Milan. In：Mingione E. Urban Poverty and the Underclass
[M]. Oxford：Blackwell，1996.

[290] Mingione E. Urban Poverty in the Advanced industrial World：Concepts A-
nalysis and Debates. In：Mingione E. Urban Poverty and the Underclass
[M]. Oxford：Blackwell，1996.

[291] Townsend. The International Analysis of Poverty [M]. New York: Harvester Wheatsheaf, 1993.

[292] Mingione E. The New Urban Poverty and the Underclass: Introduction [J]. International Journal of Urban and Region Research, 1993 (17): 145 - 152.

[293] Morris L D. Is There a British Underclass [J]. International Journal of Urban and Region Research, 1993 (17): 89 - 96.

[294] Neil McCulloch. Vulnerability and Chronic Poverty in Rural Sichuan [J]. World Development, 2003, 31 (3): 611 - 628.

后　记

谨以此书献给所有关心、爱护和帮助过我的人！

本书是在我博士论文基础上修改而成的。光阴似箭，转眼博士已毕业两年，曾在珞珈山的求学时光仿佛还在昨天。再回首，依然是道不尽的感激之情。

特别感谢我的导师李楠教授。从硕士到博士，六年时光，有幸成为您的学生。恩师给予我学术的指导，生活的关照，让我受益匪浅，也让我感动不已。特别是在参与导师国家社会科学基金重大项目的申报过程中，我步入并逐渐沉迷于贫困问题的研究，并为最终论文写作的完成打下了坚实基础。回顾整个论文选题和写作过程，李老师倾注了很多时间和心血。在选题方面，李老师以其前瞻性的视野和创新性的思维，建议我以"新时代城市贫困治理的基本经济制度保障"作为选题方向，在社会主义基本经济制度框架下，对新时代城市贫困治理问题展开研究。在确定了选题之后，李老师对整体写作思路和资料收集方面都进行了耐心、细心与用心的指点。在论文大纲的敲定上，从最初被老师否定，到最后大纲的生成，都凝结着李老师的精心指点、帮助和鼓励。在论文写作过程中，李老师在百忙之余仍不忘提醒我、鞭策我：对待博士论文的写作必须要拿出高度负责和认真的态度，不到上交论文的最后一刻，绝不停笔。在论文初稿出来后，李老师又给予了详尽的指导。导师深厚的知识底蕴、敏锐的洞察能力、严谨的治学态度以及勤勉的敬业精神都将使我终生受益。

感谢导师组沈壮海教授、丁俊萍教授、孙居涛教授、罗永宽教授、金伟教授，他们在我毕业论文的选题、结构框架、写作思路等方面提出了许多宝贵的意见和建议。感谢王海军教授、简新华教授、俞思念教授、颜鹏飞教授、陈金清教授，他们在我的论文写作过程中给予了许多的指导和帮助，使我的论文得以不断的改进和完善。你们渊博的知识、扎实而严谨的治学风范以及对科学研究敏锐的洞察力，都将激励我在求知求真的道路上不断前行。感谢学院的领导和行政岗位上的老师们，他们为我们提供了最好的服务，为我们创造了理想的学习环境。

感谢张奇、张夏、覃元元、王继晨、曾丽华、黄合、李昀励、陈孟林、倪梦迪等同门师兄弟师姐妹。忘不了你们在论文写作过程中对我的各种支持和鼓励，这份同门之谊，我会终生珍藏。本书得以出版，还要感谢中共安徽省委党校（安徽行政学院）的大力资助。

最后感谢我的父母和家人。你们是我求学路上最坚强的后盾，因为有你们，使我可以无条件、无压力的追逐自己的梦想，你们永远是我人生路上的铠甲，希望有一天我也有能力成为你们的依靠。

作者

2023 年 12 月